HEEL

A. Girdler / R. Hussey

HARLEY DAVIDSON

Das amerikanische Motorrad

HEEL

Impressum

HEEL-Verlag GmbH
Hauptstraße 354 · 5330 Königswinter 1
Tel.: 0 22 23/2 30 27 · Fax: 0 22 23/2 30 28

© 1992 by Motorbooks International Publishers & Wholesalers, PO Box 2, 729 Prospect Avenue, Osceola, WI 54020 USA

© 1992 Allan Girdler (Text),
Ron Hussey (Fotografien)

Deutsche Ausgabe:
© 1992 by HEEL AG, Schindellegi, Schweiz

Übersetzung: Peter Braun, Mannheim
Satz (Fremddatenübernahme):
Mänken GmbH, Bonn

Printed in Hongkong

ISBN 3-89365-302-3

Inhalt

	Besonderer Dank	7
	Vorwort	8
	Die Geschichte der „Motor Company"	10
Kapitel 1	**Modell 5, 1909** Die ersten Schritte	13
Kapitel 2	**Modell 5 D, 1909** Der erste V-Motor	23
Kapitel 3	**Modell J, 1916** Das erste „richtige" Motorrad	30
Kapitel 4	**Achtventil-Rennmaschine, 1921** Die Harley-„Schlägertruppe"	41
Kapitel 5	**WJ Sport Twin** Die andere Harley-Davidson	51
Kapitel 6	**Modell JD, 1926** Der große Zweizylinder kommt in die Jahre	59
Kapitel 7	**Modell VLH, 1936** Der beste Seitenventiler	66
Kapitel 8	**Modell E, 1936** Die legendäre „Knucklehead"	73
Kapitel 9	**Modell S, 1948** Zu klein, um echt zu sein	81
Kapitel 10	**Modell WR, 1941** The All American Racer	87
Kapitel 11	**W-Serie, 1951** Als Mutti nicht zu Hause war	95

Kapitel 12	**Modell KR, 1952** Der letzte Flathead-Triumph	102
Kapitel 13	**Modell KHK, 1956** Der Verlust der Unschuld	111
Kapitel 14	**XLCH Sportster, 1964** Harley erfindet das Superbike	116
Kapitel 15	**FLHE „Panhead"** Drücken, nicht treten	124
Kapitel 16	**FLH „Shovelhead"** Lang lebe der „King of the Road"	133
Kapitel 17	**FX Super Glide, 1971** Mut zur Lücke	140
Kapitel 18	**FXS Low Rider, 1977** Einen Schritt weiter	147
Kapitel 19	**XLCR Café Racer, 1977** Der „schwarze Ritter"	153
Kapitel 20	**FLT Tour Glide, 1980** Frischer Wind unter den Adlerschwingen	159
Kapitel 21	**Evolution FXST Softail, 1984** Und sie bewegt sich doch	165
Kapitel 22	**XR-750, 1972-1991** Die Königin des Dirt Track	171
Kapitel 23	**Evolution XLH Sportster, 1986** Hilfe vom „kleinen Bruder"	178
Kapitel 24	**FXRS Sport, 1980** Das beste Motorrad, das Harley je gebaut hat	184
	Index	192

Besonderer Dank

Immer wenn ich einem bestimmten Menschen für seine Mitarbeit an einem bestimmten Projekt meinen besonderen Dank ausspreche, fühlen sich die anderen Helfer unweigerlich übergangen oder ungerecht behandelt.

Diese Probleme ergeben sich bei dem hier vorliegenden Buch glücklicherweise nicht. Es ist daher voll und ganz Armando Magri gewidmet, der sich vor geraumer Zeit aus seiner Harley-Niederlassung in Sacramento zurückgezogen hat, um mehr Zeit für seine Sammlung zu haben. Er beschäftigt sich bereits mit Harleys und ihrer Geschichte, als die meisten von uns noch nicht einmal ihren Namen schreiben konnten, und stand mir bei allen Fragen mit Rat und Tat zur Seite.

Außerdem bedanke ich mich bei den Besitzern der in diesem Buch abgebildeten Motorräder, sowie bei der fachkundigen Jury, zusammengesetzt aus Johnny Eagles, Mike Shattuck, Arlen Ness, Willie G. Davidson, Bud Ekins und Jerry Hatfield. Und ein ganz spezielles Dankeschön geht hiermit an Nancy, die mich just an jenem Tage erhörte, als wir das Modell 5 fotografierten und sich mit einem Aufschub der Flitterwochen bis zur Drucklegung des Buches einverstanden erklärte, wenn wir dafür gemeinsam nach Daytona Beach fahren würden.

Allan Girdler
Rainbow, Kalifornien
21. Februar 1992

Vorwort

Um dieses Buch mit einem der besseren Klischees der amerikanischen Geschichtsschreibung zu beginnen: Die Geschichte der Harley-Davidson Motor Company muß sich wirklich so abgespielt haben, denn eine so verrückte Story hätte kein Mensch erfinden können. Wenn die „Motor Company", wie sie von ihren Mitarbeiter zärtlich genannt wird, sich nicht tatsächlich durch das einzigartige Zusammenspiel von Mut, Grips, Glück und Tolpatschigkeit aus einer Hinterhofwerkstatt zu einem kleinen wirtschaftlichen Wunder, ja zur Symbolfigur der freien Marktwirtschaft entwickelt hätte – kein Mensch hätte es je für möglich gehalten. Selbst die abgebrühtesten Sensationsreporter, die jederzeit Hitlers Testament oder Live-Interviews mit doppelköpfigen Weltraumgeschöpfen abdrucken würden, hätten die unglaublichen Stories einer „Knucklehead", einer „Sport" oder einer „Hummer" mit einem „wer's glaubt..." abgetan.

Im Fall unserer Geschichte stellt die Realität die menschliche Phantasie glatt in den Schatten.

Dennoch ist das vorliegende Buch keine Geschichtsstunde im herkömmlichen Sinn, obwohl der geneigte Leser eine Menge Fakten, Zahlen und Schlußfolgerungen vorfindet.

Stattdessen erwartet ihn eine exemplarische Untersuchung der wichtigsten Harley-Davidson-Modelle, mehr oder weniger chronologisch geordnet. Auf den folgende Seiten soll anhand einzelner, charakteristischer Beispiele aufgezeigt werden, wie die „Motor Company" mehrere hundert Weggefährten der frühen Jahre überlebte, und wie die Marke, die von der Konkurrenz, allen voran die Firma Indian, einst halb mitleidig, halb hochnäsig belächelt wurde, Kriege, Wirtschaftskrisen, Invasionen und Modetrends überdauerte und 1993 schließlich größer und prächtiger denn je ihren 90. Geburtstag feiern wird.

Spätestens zu diesem Zeitpunkt wird sich der Leser fragen, wer denn nun die Auswahl der in diesem Buch besprochenen „Meilensteine" vorgenommen hat.

Beginnen wir mit dem Präsidium der Jury, also meiner Wenigkeit. Meine erste Harley kaufte ich mir 1954. Es war eine VLH (zwar nicht so schön wie die im Buch abgebildete, dafür aber billiger), und sie war zwanzig Jahre alt. Ich kannte dieses Motorrad nur von den Legenden, die mir mein Vater erzählte, und gab mir große Mühe, nicht herunterzufallen. Damals war ich siebzehn Jahre alt.

Ich erwies mich als gelehriger Schüler, denn ich blieb nicht nur im Sattel sitzen, sondern kannte mich auch bald sehr gut mit alten Harleys aus, weshalb ich vor einigen Jahren auch einen entsprechenden Kaufberater verfaßte. Danach folgten ein historischer Abriß über die Rennsportgeschichte der „Motor Company" sowie ein detailliertes Werk über die XR-750, die übrigens auch im vorliegenden Buch gewürdigt wird. Heute besitze ich neben einer Evolution XLH Sportster eine straßentaugliche XR mit Graugußzylindern, deren Restaurierung mich Jahre meines Lebens gekostet hat.

Und jetzt klopfen Sie mir ruhig anerkennend auf die ölverschmierte Schulter. Aber bescheiden, wie ich nun einmal bin, will ich nicht verschweigen, daß ich dieses Projekt nicht ganz ohne fremde Hilfe in Angriff genommen habe.

Das wohlklingende „wir" bietet sich ja vor allem dann an, wenn man dem Leser suggerieren will, daß er bei Meinungsverschiedenheiten von vornherein in der Minderzahl ist. Aus diesem Grund habe ich mir eine Jury aus gestandenen Experten zusammengesucht, deren Namen Sie unter der Rubrik „Besonderer Dank" nachlesen können. An dieser Stelle sei deshalb nur darauf hingewiesen, daß sich zwei Mitglieder sehr gut mit den ganz frühen Modellen auskennen, andere dagegen eher mit den Modellen der zwanziger und dreißiger Jahre, die beiden Ex-Rennfahrer natürlich mit den Rennmaschinen und der eine Ex-Händler logischerweise mit den Motorrädern, die er in seiner aktiven Zeit betreute. Die meisten Juroren arbeiten außerhalb der „Motor Company", einige konkurrieren mit ihr und einer – Willie G. Davidson – ist auf jedem Tankemblem verewigt.

Die Auswahl erfolgte zunächst nach einem streng philosophischen Ansatz. Wir versuchten einfach, die wichtigsten Modelle der letzten neunzig Jahre aufzulisten. Doch Vorsicht: „Wichtig" ist nicht immer gleichzusetzen mit „meistverkauft", „erfolgreich" oder „beliebt". Tatsächlich wurden ein paar der ausgewählten Modelle vom Publikum regelrecht verschmäht – zumindest zu ihrer Zeit.

Außer diesem Ansatz gab es keine weiteren Beschränkungen. So sammelten wir fleißig Straßen- und Rennmodelle, große und kleine, ästhetisch gelungene und (in meinen Augen) potthäßliche. Wir erstellten eine Liste potentieller Anwärter, und plötzlich kam Leben in die Diskussionsrunde. Sei es, weil einer glaubte, man habe *das* wichtigste Modell schlechthin ausgelassen, oder (was häufiger der Fall war) daß eines der Jury-Mitglieder mit der Wahl eines bestimmten Modells absolut nicht einverstanden war. Wenn also genügend Juroren laut genug protestierten oder schlagende Gegenargumente herbeischafften, konnte ein solcher Anwärter auch wieder von der Liste gestrichen oder ein neuer hinzugefügt werden. So ging das einige Zeit hin und her, bis wir schließlich einen Konsens fanden, den wir Ihnen auf den folgenden Seiten präsentieren.

Mit der Liste in der Hand machten Ron Hussey und ich mich auf den Weg zu unzähligen Treffen, Tauschbörsen und Händlern, sogar nach Milwaukee fuhren wir, um die Besitzer solcher Maschinen nach ihrem Urteil zu fragen und besonders treffliche Exemplare auf Zelluloid zu bannen. Die meisten Exponate befinden sich übrigens in Privatbesitz, und das ist auch gut so, denn so bleibt die Geschichte eines einzelnen Motorrads lebendig (die Namen der Besitzer stehen übrigens jeweils im Anschluß an die erste Bildunterschrift eines Kapitels).

Noch eine letzte Bemerkung zum Auswahlverfahren: Sie werden feststellen, daß einige der abgebildeten Motorräder exemplarischen Charakter haben, das heißt unter Umständen eine ganze Modellreihe charakterisieren. Die XR-750 von Bill Werner und Scott Parker, seinerzeit Verteidiger des nationalen Meistertitels, steht somit stellvertretend für alle XR-750, die während der vergangenen zwanzig Jahre die amerikanischen Rundkurse bevölkerten.

Manchmal wählten wir aber auch bewußt ein Modell eines ganz bestimmten Baujahrs aus, weil nur dieses eine Modell einen End-, Anfangs- oder Wendepunkt in der Geschichte der Firma repräsentiert.

Schriftsteller haben im allgemeinen so ihre Probleme mit einer treffenden Schlußbemerkung, einem allumfassenden Fazit. Lassen Sie mich deshalb meinen Schlußsatz an den Anfang stellen, auch auf die Gefahr hin, daß Sie ihn erst ganz am Ende des Buches verstehen werden:

Der wahre Grund für den Erfolg der „Motor Company" liegt meines Erachtens in der Tatsache begründet, daß Harley-Davidson *immer* Motorräder baute.

Die Geschichte der „Motor Company"

Der Dichter Randall Jarell hat einmal gesagt, daß man, wenn man sich die alten, vergilbten Fotos des Familienalbums betrachtet, sich darüber im klaren sein sollte, daß die komisch anzusehenden Leute mit ihren steifen Krägen und ihren schmalzigen Bärten sehr wohl wußten, daß sie komisch aussahen und daß es ihre Bestimmung war, einmal ein Teil unserer Vergangenheit zu werden.

Jarrell wollte nur einen Witz machen, aber da gibt es eigentlich nichts zu lachen. Eher zu lächeln, so wie man sich ein Grinsen nicht verkneifen kann, wenn man sich an die bizarren Entwicklungen aus der Frühzeit der motorisierten Fortbewegung erinnert. „Lustige Idee", denken wir, „ein Motorrad mit Stützrädern zu versehen oder den Motor auf einen Anhänger zu packen, damit er die Fuhre schiebt." Lustig?

Oder nicht vielleicht eher eine sehr kreative Konstruktionsmethode? Ausdruck der längst vergessenen Fähigkeit, „um die Ecke" zu denken? Die schrittweise Beantwortung schwieriger Fragen, die uns heute nur simpel erscheinen, weil wir die Antworten bereits kennen? Je länger ich mir die Arbeit dieser Pioniere betrachte, desto mehr zweifle ich daran, ob ich jemals so etwas auf die Beine hätte stellen können. Und das gilt auch für Sie, lieber Leser!

Kommen wir nun zu William S. Harley und Arthur Davidson, zwei Schulfreunden aus Milwaukee im grünen Bundesstaat Wisconsin. Um die Jahrhundertwende waren sie gerade 19 bzw. 20 Jahre alt. Harley stand kurz vor dem Abschluß seiner Lehre als Technischer Zeichner und Davidson arbeitete in einer Textilfabrik als Werkzeugmacher.

Die beiden jungen Männer waren wie viele ihrer Zeitgenossen passionierte Fahrradsportler und natürlich fasziniert von der noch jungen Erfindung des Verbrennungsmotors, vor allem von seinen vielseitigen Verwendungsmöglichkeiten. Im Jahre 1900 bastelten sie ihren ersten Einzylindermotor zusammen. 1903 verpflanzten sie ihn in einen Rahmen und fuhren damit um die Häuserblocks, bis sie sich an den Bau eines zweiten Motors machten. Daß dieser größer und stärker als der erste wurde, sollte bald eine gewisse Tradition bekommen, doch davon später.

Im Spätjahr 1903 boten Harley und Davidson ihre erste Maschine zum Verkauf an. Wie die Prototypen und die nächsten knapp 50 Exemplare verfügte dieses Motorrad über einen einzelnen Zylinder mit zwangsgesteuertem Einlaß, d.h. wenn sich der Kolben nach unten bewegte, wurde durch den entstehenden Unterdruck ein sogenanntes „Schnüffelventil" geöffnet, das sich von selbst schloß, sobald der Kolben die über ihm befindliche Luftmenge zu verdichten begann. Die Maschinen verfügten über keinerlei Getriebe, sondern einen direkten Riemenantrieb von der Kurbelwelle zum Hinterrad, unterstützt durch einen normalen Fahrrad-Kettenantrieb mit Pedalen. Die ersten Exemplare erinnerten mit ihren simplen Rahmen und ungefederten Rädern ohnehin stark an den bewährten Drahtesel. Gebremst wurde über eine Rücktritt-Konusbremse in der Hinterradnabe, was angesichts der Höchstgeschwindigkeit von bis zu 70 km/h heute ziemlich gewagt erscheinen mag.

Die beiden Freunde erhielten bald tatkräftige Unterstützung von Arthur Davidsons Brüdern William A. und Walter, und zusammen gründeten sie 1907 die Firma Harley-Davidson (in dieser Reihenfolge klangen die Namen einfach besser, schließlich würde ja auch niemand freiwillig Wesson & Smith oder Royce-Rolls sagen).

Nicht nur in Amerika herrschte eine geschäftige Aufbruchstimmung, und die vier Partner konnten sich bei entsprechendem Ehrgeiz gute Erfolgschancen ausrechnen. Offiziell heißt es zwar immer, die Jungs hätten die ersten Motorräder nur für den Privatgebrauch gebaut und erst ans Verkaufen gedacht, als Leute sie auf der Straße ansprachen. Ich glaube eher, daß sie von Anfang an hofften, ihre Produkte zu verkaufen. Und das klappte dann ja auch ganz gut.

Sie waren natürlich nicht die einzigen Motorradhersteller in Amerika, aber im Gegensatz zu den zahlreichen anderen Motorrad-„Konfektionären" wußten sie, was sie taten. Während die Konkurrenz nämlich wahllos Motor, Rahmen und Räder verschiedener Hersteller zusammenkaufte und behelfsmäßig motorisierte Fahrräder unters Volk brachte, beschritt Harley-Davidson einen anderen Weg. Walter Davidson war nicht nur ein begnadeter Mechaniker, sondern auch ein talentierter, unerschrockener Fahrer. William Harley hatte seine Ausbildung inzwischen beendet und beschäftigte sich mit eigenen Konstruktionen, wie zum Beispiel der geschobenen Vorderrad-Kurzschwinge, wie sie bis 1949 in allen Harleys verbaut wurde und erst kürzlich unter der Bezeichnung „Springer-Gabel" wieder an einem Sondermodell auftauchte.

Arthur Davidson entpuppte sich als Geschäftsmann mit dem sprichwörtlichen „guten Riecher" und erkannte schon sehr früh, daß ein Motorrad nur so viel wert war wie sein Händler. William Davidson hatte zwar mit Motorrädern eigentlich nichts am Hut, konnte aber trotz seiner handwerklichen Vorbildung hervorragend mit Menschen umgehen.

Beide Familien waren Mitglieder der im Amerika der Jahrhundertwende schnell prosperierenden Facharbeiter-Mittelschicht. Diese zeichnete sich durch Talent, Ehrgeiz, Energie, Fleiß, Intelligenz und die Bereitschaft aus, nötigenfalls ein wenig auf die Früchte ihrer Arbeit zu warten. Die Familien waren es auch, die den vier jungen Männern zu etwas Startkapital verhalfen. Vater Davidson baute den Schuppen, in dem die ersten Motorräder entstanden, und eine Tante, Janet Davidson, linierte am Wochenende Tanks und Schutzbleche frei Hand und entwarf nebenbei auch das rot-schwarze Logo, das die Maschinen aus Milwaukee heute noch ziert.

Nach dem ersten verkauften Motorrad hatten die vier Freunde erkannt, daß es nicht genügte, einfach einen Fahrradrahmen zu bauen und einen Motor hineinzuhängen. Die Motoren wurden größer, die Rahmen stabiler. In den Stunden nach Feierabend entstanden 1904 bereits zwei, 1905 acht und 1906 stolze 50 Maschinen, alle nach dem gleichen Strickmuster, denn Qualität bedeutete ihnen mehr als Innovation. Als ihnen 1907 150 feste Bestellungen vorlagen, machten Harley und die Davidsons Nägel mit Köpfen und gründeten die „Motor Company".

Und nun ist es an der Zeit, die Produkte für sich selbst sprechen zu lassen.

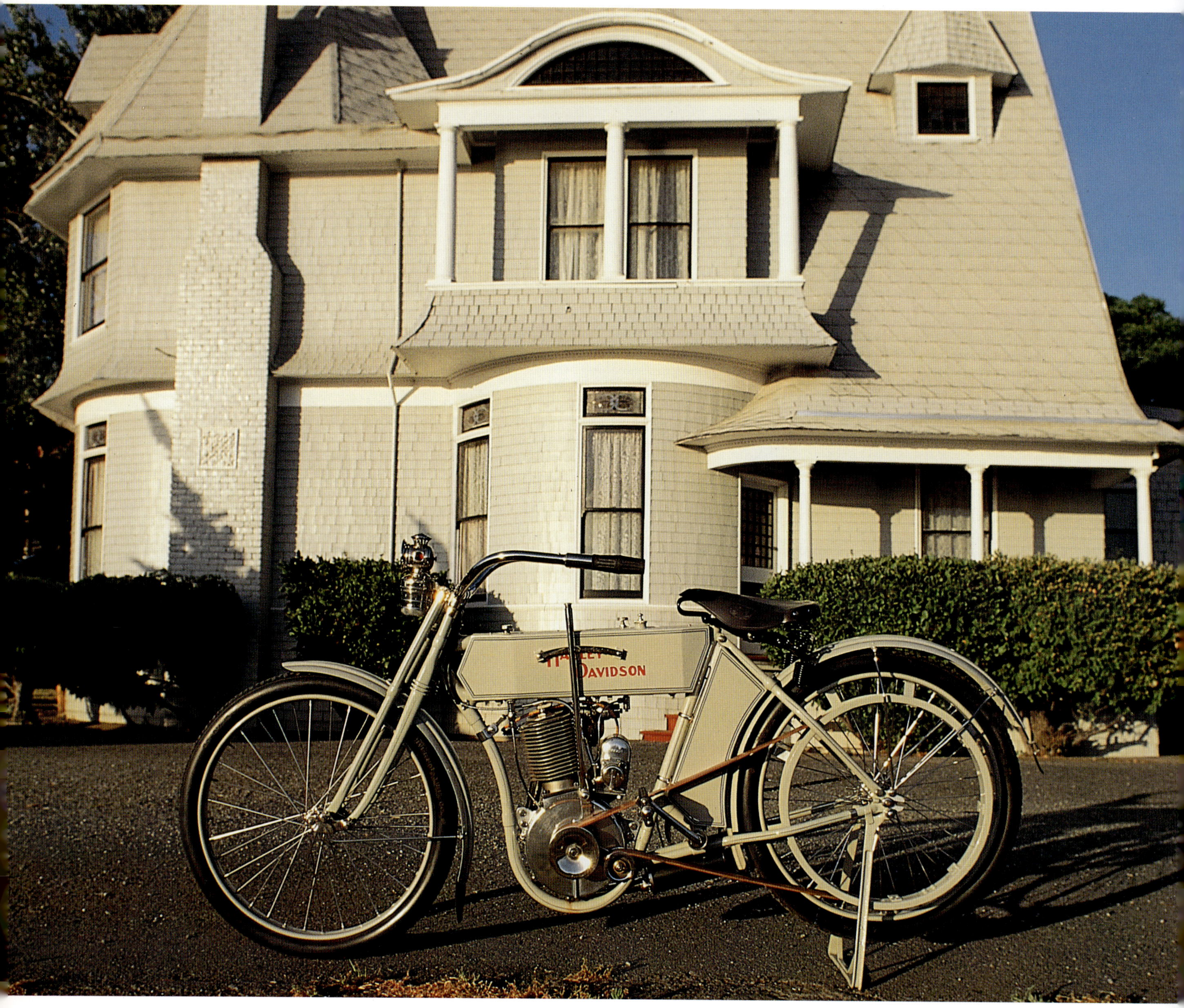
HARLEY
DAVIDSON

Kapitel 1

Modell 5, 1909

Die ersten Schritte

Wenn man den Fans von heute etwas von einer Einzylinder-Harley erzählt, erntet man meist nur ein mitleidiges Lächeln. Doch im Jahre 1909 war man froh, wenigstens einen Zylinder zur Arbeit überreden zu können. So primitiv der Zweizylinder-V-Motor aus heutiger Sicht auch anmuten mag, niemand kann sich der Erkenntnis verschließen, daß ein Motorrad erst einmal laufen lernen muß, bevor es rennen kann.

So, und nun betrachten wir uns doch einmal dieses Modell 5A von 1909. Auf den ersten Blick sieht die Maschine mit ihrem zusätzlichen Pedalantrieb aus wie ein Fahrrad - fast nimmt man die Pedale sogar ernster als den links angeordneten Treibriemen zum Hinterrad. Das Modell 5 – so genannt, weil die Firma 1904 gegründet wurde und 1909 somit als fünftes Modelljahr gilt – verfügte über eine Freilaufnabe mit Rücktrittbremse, ein Zulieferteil des damals noch ziemlich großen Motorradherstellers Thor.

Den streng logischen Aufbau erkennt man erst beim zweiten Hinsehen. Während nämlich die meisten anderen Motorräder seinerzeit tatsächlich nichts anderes als motorisierte Fahrräder waren, baute Harley-Davidson von Anfang an Motorräder. Rahmen, Räder und Bedienungselemente waren weitaus solider dimensioniert als bei der Konkurrenz, auch wenn die Harley dadurch verhältnismäßig schwer und teuer geriet.

Der Transportgedanke stand klar im Vordergrund, und so ließen sich Harley und die Davidsons anfangs auf keine Experimente ein. Wie schon der Ur-Prototyp von 1903 konnte auch das Modell 5 seine Abstammung vom Fahrrad nicht verleugnen, auch wenn alles ein wenig wuchtiger wirkte. Der Motor basierte auf einer Konstruktion des französischen Kraftfahrt-Pioniers de Dion und bestand im wesentlichen aus einem runden, senkrecht geteilten Kurbelgehäuse, einer einfachen Kurbelwelle mit Schwungscheiben und einer außenliegenden Flachriemenscheibe, einem spärlich verrippten Zylinder und einer Pleuelstange samt gußeisernem Kolben.

Der Brennraum saß seitlich versetzt neben der Zylinderbohrung und verfügte über ein von unten hineinragendes, von einem Nocken im Steuergehäuse rechts neben dem Kurbelgehäuse betätigtes Tellerventil. Das an der Oberseite des Brennraums montierte „Schnüffel"-Einlaßventil funktionierte automatisch, d.h. es öffnete, wenn der sich nach unten bewegende Kolben einen Unterdruck erzeugte, und schloß wieder, sobald der nach oben sausende Kolben oder die Verbrennungsexplosion einen Überdruck im Zylinder hervorriefen. Eine verblüffend einfache Sache.

Motorkonstruktionen dieser Art waren bis zum Ausbruch des Ersten Weltkriegs gang und gäbe. Wegen der unterschiedlichen Ventilbauarten (automatisches Einlaßventil und nockengesteuertes Aus-

Das Modell 5 von 1909 repräsentiert mit seinem leicht nach vorn geneigten Einzylindermotor und dem Riemenantrieb klassischen Gründerzeit-Motorradbau. Besitzerin: Joy Baker, Vallejo, Kalifornien.

Der solide, zweidimensionale Rohrrahmen konnte seine Abstammung vom Fahrrad nicht verbergen. In dem länglichen Kasten zwischen Sattelrohr und Hinterrad war das unverzichtbare Werkzeug und – falls vorhanden – die Zündbatterie untergebracht.

laßventil) spricht man meist von einem „wechselgesteuerten Motor". Die im englischen Sprachgebrauch verwendete Bezeichnung „i.o.e." (für „inlet over exhaust") bezieht sich auf die Einbaulage des Einlaßventils über dem Auslaßventil, die charakteristische Form von Zylinder und Brennraum verleitete die Amerikaner zu der Bezeichnung „F-head" („F-Kopf"), und das seitlich stehende Auslaßventil wird wegen seiner separaten Einbaulage gerne auch „pocket valve" („Taschenventil") genannt.

Die Gemischaufbereitung besorgte ein primitiver Walzenschieber-Vergaser, der von einem über das obere Rahmenrohr gestülpten Tank mit Fallbenzin versorgt wurde. Bis zum Jahre 1909 hatte sich Glenn Curtiss' Erfindung des Drehgriffs zur Vergasersteuerung (auch als „Wickelgasgriff" bekannt) allgemein

Der Antrieb des Hinterrads erfolgte über diesen breiten Flachriemen. Der kleine Hebel oberhalb der Riemenscheibe ist der Riemenausrücker, der in Ermangelung eines Getriebes wenigstens die Aufgabe einer Kupplung übernahm.

Zugegeben, der pedalunterstützte Einzylinder mit seiner Karbidbeleuchtung und dem antiquierten Flachriemenantrieb roch nach industrieller Frühzeit, aber der technische Fortschritt war nicht mehr aufzuhalten.

Was auf den ersten Blick aussieht wie ein türkischer Samowar ist in Wirklichkeit der Scheinwerfer. Im unteren Behälter entsteht aus Karbidbrocken und Wasser ein zündfähiges Gas, das vor dem Reflektor im oberen Gehäuse abgefackelt wird.

durchgesetzt, doch herrschte noch eine geraume Zeit Unklarheit darüber, ob man diesen Griff nun besser am rechten oder am linken Lenkerende montieren sollte. Indian entschloß sich für das linke Ende, mit dem Effekt, daß, wer seine Indian auf Rechtsgas umbaute, den Griff nach vorne drehen mußte, um Gas zu geben. Der Besitzer mag sich an diese Eigenheit gewöhnt haben, aber wehe, wenn sich jemand die Maschine auslieh!

Das Schmiersystem des „Model 5" funktionierte so automatisch wie das Einlaßventil: Wenn der Kolben hochfuhr, saugte der entstehende Unterdruck ein

Das sogenannte „Schnüffel"-Einlaßventil bot den Vorzug, keinen komplizierten Steuermechanismus zu benötigen, da es als Rückschlagventil auf atmosphärische Druckveränderungen reagierte. Das längliche Gehäuse beherbergt eine Zahnradkaskade zum Antrieb des Magnetzünders.

Die 1909 eingeführte und zunächst nur gegen Aufpreis erhältliche Magnetzündung ersetzte bald auch beim Standard-Modell die unzuverlässige Batteriezündung.

paar Tropfen Öl in das Kurbelgehäuse, wo sie sich als feiner Nebel auf allen bewegten und unbewegten Teilen niederschlugen, bevor sie verdunsteten oder verbrannten. „Schleuder-" oder „Verlustölschmierung" nannte man das, je nachdem, was man zum Ausdruck bringen wollte. Marv Baker, der Besitzer der hier abgebildeten Maschine, muß jedoch von Zeit zu Zeit Öl aus dem Kurbelgehäuse ablassen, weil er das antike Stück nicht so hart 'rannimmt, wie Harley-Davidson das vorgesehen hatte.

Wenn wir gerade von Verlust sprechen: Die Zündanlage der Standardausführung bestand aus Zündkerze, Unterbrecherkontakten und einer Zündspule, die ihren „Saft" aus drei Trockenzellen-Batterien bezog. Diese waren nicht wiederaufladbar, so daß die Harley-Ritter seinerzeit im Drugstore neben einer Dose Öl auch immer ein paar Batterien kaufen mußten.

Unser Modell 5 verfügt bereits über den ab 1909 erhältlichen, von der Nockenwelle angetriebenen Magnetzünder, der seinen eigenen Strom produzierte. Es handelt sich also strenggenommen um ein Modell 5A.

Über eine funktionierende elektrische Anlage verfügte die Maschine deshalb noch lange nicht. Der Scheinwerfer besaß einen kleinen Tank, in dem sich aus Karbidbrocken und Wasser ein Gas bildete, das man vor dem Reflektor abfackeln konnte. Zweck der Beleuchtungseinrichtung war demnach eher gesehen zu werden, als selbst zu sehen.

Im heutigen Verkehr ist ein derart spartanisch ausgestattetes Motorrad fast nicht mehr zu bewegen. Das abgebildete Exemplar gehört Joy Baker aus Vallejo, Kalifornien. Ihr Ehemann Marv restaurierte das gute Stück, das normalerweise von ihrem Sohn Randy gefahren wird. Allerdings ausschließlich bei besonderen Anlässen.

Bevor man losfahren kann, muß man erst einmal die Funktion der verschiedenen Hebel verstehen. Der Hebel links am Tank spannt den Lederriemen zwischen Kurbelwelle und Hinterrad. Man läßt den Riemen also erst einmal durchhängen und strampelt sich mit Hilfe der Pedale auf eine bestimmte Geschwindigkeit. Dann strafft man den Riemen und hofft, daß man die Zündung auf „spät" gestellt hat. Eine Kupplung oder gar ein Getriebe gibt es nicht. Erschwerend kommt hinzu, daß der Riemen möglichst nicht durchrutschen sollte. Wenn der einzelne Zylinder also sprotzend und knallend zum Leben erwacht, spielt man (möglichst gleichzeitig) mit Zündverstellung, Gasgriff und Riemenausrücker, und die 5A schießt mit Riesensätzen davon. Die Maximaldrehzahl beträgt nämlich nur um die 300 Umdrehungen pro Minute. Ganz recht, hundert, nicht tausend! Der H-D-Einzylinder verfügt über 491 ccm Hubraum (oder 30 cubic inches, kurz cu. in., wie der Amerikaner sagt) und leistet zwischen zwei und drei Pferdestärken. Randy Baker schätzt, daß auf ebener Strecke gut 70 km/h „drin" sind. Dann ist aber auch schon Schluß, denn das geniale Schnüffelventil funktioniert nur bei Drehzahlen bis 500/min, danach reicht die Ansaugzeit nicht mehr zum Öffnen. „Wenn er nicht mehr schneller mag, spuckt er Dir Sprit ans Hosenbein", sagt Randy.

Klingt wie ein gigantisches Spielzeug, was? Ist es eigentlich auch, aber das Wichtigste war damals, daß der H-D-Single auch tatsächlich lief. Die erste Harley-Davidson legte in den Händen ihrer ersten fünf Besitzer über 100.000 Kilometer zurück. Arthur Davidson suchte den kommerziellen Erfolg und verkaufte sein Motorrad an Postkuriere und andere Reisende, die ein Pferd brauchten, das nur Futter fraß, wenn es tatsächlich arbeitete. Im Jahre 1908 nahm Walter Davidson auf einer völlig serienmäßigen Maschine mit großem Erfolg an einem der bedeutendsten Langstreckenrennen Amerikas teil.

Die Konstruktion war robust und (nach damaligen Maßstäben) zuverlässig. Die von Bill Harley noch während seiner Lehrzeit entworfene Vorderradgabel war den Konkurrenzprodukten zumindest ebenbürtig. Die wegen ihres wirkungsvollen Schalldämpfers unter dem Spitznamen „Silent Grey Fellow" („stiller, grauer Kumpel") bekannte Harley-Davidson verfügte also über einen kräftigen, kaum beanspruchten Motor und einen robusten Antrieb – zwei Charaktereigenschaften, die man den Maschinen aus Milwaukee noch heute zugute halten muß.

Zugegeben, der pedalunterstützte Einzylinder mit seiner Karbidbeleuchtung und dem antiquierten Flachriemenantrieb roch nach industrieller Frühzeit, aber der technische Fortschritt war nicht mehr aufzuhalten. In der Zwischenzeit legte der Single, der sechs Besitzer überdauerte, den Grundstein zur nächsten Entwicklung, die Harley-Davidson in das Motorradgeschäft und auf die Siegerstraße brachte.

Während die meisten anderen Motorräder seinerzeit nichts anderes als motorisierte Fahrräder waren, baute Harley-Davidson von Anfang an Motorräder.

Das Größenverhältnis zwischen vorderer und hinterer Riemenscheibe diktierte die erreichbare Höchstgeschwindigkeit. Der Riemenkranz am Hinterrad mußte trotz der bescheidenen Motordrehzahl von 300/min riesig ausfallen, weil der getriebelose Motor über keinerlei Primärübersetzung verfügte.

Seite gegenüber:
Der Rahmen des „Model 5" wies noch ein geschwungenes Unterzugrohr auf, wie es für alle frühen Harley-Davidson-Modelle bis Baujahr 1910 charakteristisch war.

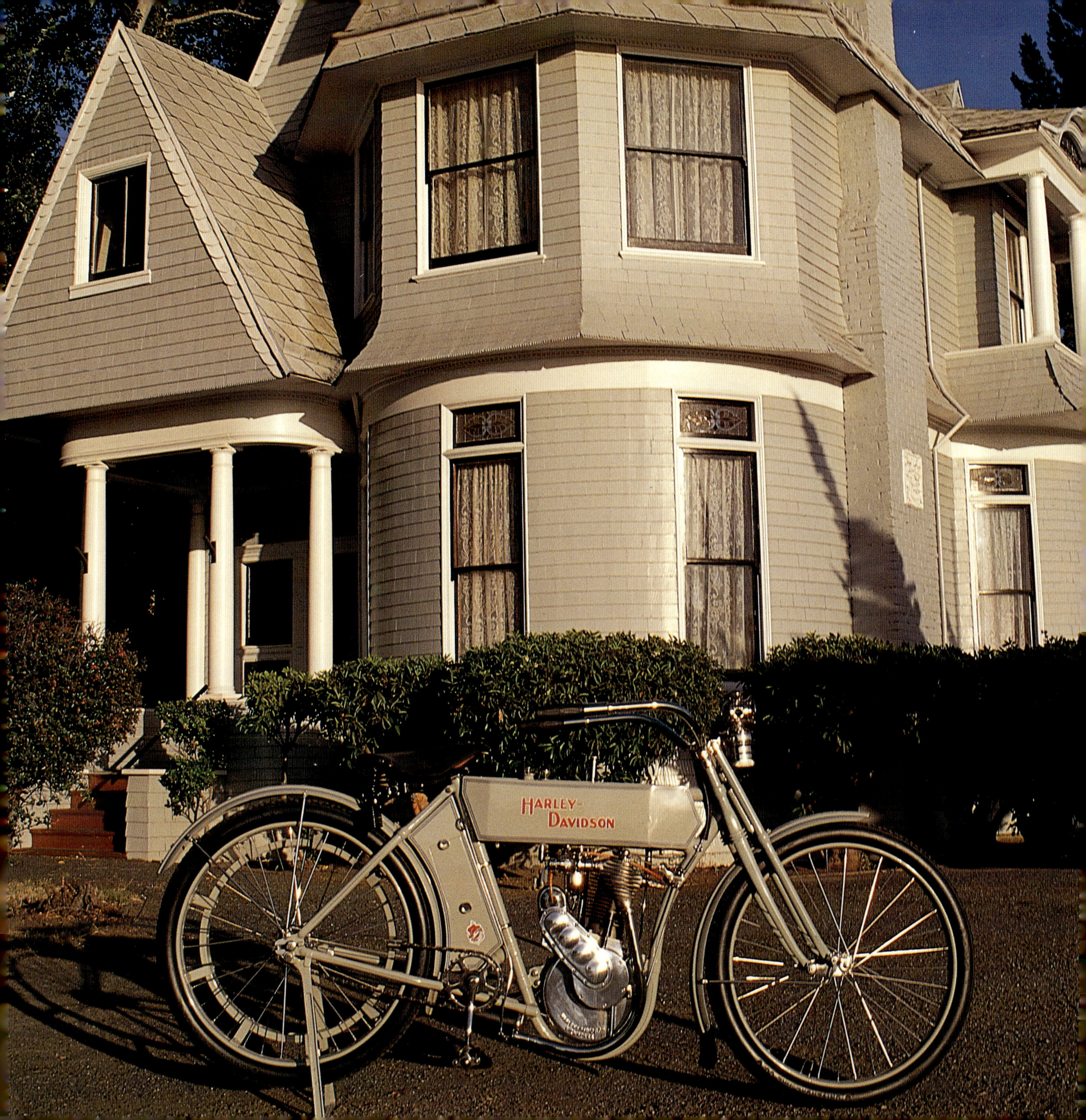
HARLEY-
DAVIDSON

1917
1916
FIRST REAR STROKE
STARTER
FIRST SPRING SUSPENSION
SEAT POST, CLUTCH.
Dropped TANKS
TO LOWER SEAT.
1911
1909
HARLEY-
DAVIDSON
1909

Kapitel 2

Modell 5 D, 1909

Der erste V-Motor

Um eines vorweg zu sagen: Harley-Davidson hat den V-Motor nicht erfunden.

So charakteristisch der Klang und die Optik der beiden aus dem gemeinsamen Kurbelgehäuse sprießenden Zylinder auch sein mögen: Erfunden hat Harley den V-Motor nicht. Es führte nur einfach kein Weg daran vorbei.

Man stelle sich nur die Rahmen vor, in die unsere Motorradpioniere ihre Triebwerke verpflanzten. Im Prinzip handelte es sich dabei um den altbekannten, kaum verbesserungsfähigen Fahrradrahmen, bestehend aus zwei zu einem Parallelogramm zusammengefügten Rohrdreiecken. Kaum verbesserungsfähig, weil das Dreieck neben dem Ei zu den mechanisch stabilsten Formen der Natur zählt.

Müßte man nun den besten Platz für den Einbau eines Motors auswählen, würde sich jeder halbwegs intelligente Mensch für den tiefsten Punkt des vorderen, auf dem Kopf stehenden Dreiecks entscheiden, der wie geschaffen ist für ein rundes Kurbelgehäuse.

Als Motoren kamen in erster Linie Einzylinder in Frage, die ein geschickter Werkzeugmacher in der Not sogar selbst bauen konnte. Außerdem kann bei einem einfachen Motor nicht so viel kaputtgehen.

Leider läßt sich ein Einzylinder nicht beliebig vergrößern. Irgendwann einmal stößt er an eine Leistungs- und Belastungsgrenze, die heute zwar etwas höher liegen mag, aber im Prinzip wie schon 1909 einfach nicht überwunden werden kann.

Motorräder mit mehreren Zylindern gab es schon lange bevor sich Harley mit den Davidsons zusammentat, darunter so kuriose Konstruktionen wie Fünfzylinder-Sternmotoren im Vorderrad, aber auch Reihenvierzylinder, die ihrer Zeit zu weit vorauseilten. Die meisten Multis waren einfach zu schwer und glichen ihren Leistungsvorsprung damit wieder aus.

Manche Konstrukteure wiederum waren von dem dreieckigen Fahrradrahmen und dem runden Kurbelgehäuse so fasziniert, daß sie damit zu experimentieren begannen. Den Zylinder konnte man beispielsweise nach hinten neigen, bis er parallel zum Sattelrohr stand oder dieses sogar ersetzte (z.B. Indian). Oder man konnte ihn nach vorne kippen, bis er am Unterzug anlag.

An dem runden Kurbelgehäuse fanden aber auch zwei Zylinderfüße Platz. Man mußte nur das Gehäuse etwas verstärken – es mußte nicht einmal doppelt so stark oder doppelt so schwer werden. Wenn man das Pleuel des zweiten Zylinders neben dem des ersten am selben Hubzapfen anlenkte, mußte man das Kurbelgehäuse nur wenige Millimeter ausweiten. Oder man konnte ein Gabelpleuel verwenden, das das andere wie eine Faust umgreift. Mit etwas Phantasie ließ sich die Ventilsteuerung mit dem bestehenden Einzylinder-Steuermechanismus bewältigen, und gleiches galt auch für die Zündung. Mit minimalem Aufwand konnte man so Zylinderanzahl und Leistungsausbeute verdoppeln, oder, bei reduziertem

Halb Urahn, halb schwarzes Schaf: Das Modell 5D verfügte über den ersten in Serie produzierten V-Motor von Harley-Davidson. Wenn man die Auslegung der Motorkonstruktion mit dem Einzylinder-Modell vergleicht, kann man sich der fundamentalen Logik der Entwicklung einfach nicht entziehen. Besitzer: Harley-Davidson Motor Company.

Vergaser und Ansaugbrücke füllen den Spalt zwischen den Zylindern. Bei den verchromten Kappen an der Oberseite der Zylinderköpfe handelt es sich um die Gehäuse der Rückholfedern, die den Schließvorgang der Einlaßventile unterstützen.

Die Firmengründer erkannten, daß der große Einzylinder nach wie vor eine Daseinsberechtigung hatte, wenn es um kostengünstige Fortbewegungsmittel ging. Sie wußten aber auch, daß ein Zylinder irgendwann nicht mehr ausreichen würde.

Hubraum, die Einzelbelastungen der Zylinder bei gleicher Leistung verringern. Der benötigte Platz war vorhanden: Das Rahmendreieck wurde vom Einzylinder ohnehin nicht ausgefüllt.

Der V-Motor war so gesehen, zumindest auf dem Motorradsektor, eine logische Weiterentwicklung des stehenden Einzylinders. Einen „Erfinder" gab es also nicht, und anfangs auch keine genau definierten Spielregeln. Das Rahmendreieck erlaubte nur relativ kleine Zylinderwinkel, und so entstanden in Amerika, Deutschland, England oder Schweden unzählige Versionen mit 42°, 45°, 47°, 52° usw., und alle funktionierten.

Einen konstruktiven Nachteil hatten sie jedoch gemeinsam: Die Zündabfolge eines echten V-Motors ist nicht symmetrisch. Da bei einem Viertaktmotor

Der Zylinderwinkel beträgt 45 Grad; Brennräume, Zündkerzen und Ventile sind in seitlichen Erweiterungen des Zylinders angeordnet. Die Amerikaner nannten dies anschaulich „Taschenventile".

Die V-Maschine war im wesentlichen eine größere Variante des bewährten Singles mit vielen identischen Bauteilen wie den unter dem Rahmenoberzug angehängten Öl- und Kraftstofftanks, Werkzeugkasten etc.

nur alle zwei Kurbelwellenumdrehungen eine Zündung erfolgt, wird man einen Zweizylinder-Viertakter natürlich so auslegen, daß bei jeder Umdrehung einer der beiden Zylinder zündet. Dieser regelmäßige 360°-Abstand verringert bzw. verlängert sich natürlich bei einem V-Motor um die Gradzahl des Zylinderwinkels. Je enger dieser ist, desto geringer ist der Zündversatz. Bei einem 45°-V-Motor ergeben sich so Zündabstände von 315°, 405°, 315° und 405°, mit dem Effekt, daß der Motor vibriert. Schüttelt. Spiegelbilder verzerrt. Hände und Füße einschläfert. Und Anbauteile abbrechen läßt.

Es gibt Mittel und Wege, um diese Vibrationsneigung abzuschwächen oder zu kaschieren (siehe Kapitel 20 über die FLT), aber was ein echter V-Motor ist, der läßt sich nicht so ohne weiteres bän-

26

digen. Aus diesem Grunde haben sich auch Motorenkonzepte wie Boxer, Paralleltwins und Reihenmotoren durchgesetzt, die eigentlich gar nicht in das Rahmendreieck eines Fahrrads passen.

Genug der Vorrede, kommen wir zu Harley-Davidson. Die Firmengründer waren clever genug, sich zu informieren, was die anderen machten. Und sie erkannten, daß der große Einzylinder nach wie vor eine Daseinsberechtigung hatte, wenn es um kostengünstige Fortbewegungsmittel ging. Zumindest vorläufig noch.

Sie wußten aber auch, daß ein Zylinder irgendwann nicht mehr ausreichen würde. David Wright erwähnt einen Prototyp mit V-Motor, der bereits 1907 auf einer Ausstellung gezeigt worden sein soll. Leider gibt es hiervon keine Fotos, doch schon zwei

Die Maschine wird wie ein Fahrrad angetreten und in Schwung gebracht. Die winzige Freilaufnabe mit Konusbremse im Hinterrad erscheint angesichts der möglichen Höchstgeschwindigkeit von knapp 100 km/h heute ziemlich gewagt.

„Volltanken. Beide", mag der Harley-Reiter damals zum freundlichen Mann an der Tankstelle gesagt haben. Über die kleine Handpumpe konnte der Motor an Steigungen oder bei hohen Drehzahlen mit zusätzlichem Schmieröl versorgt werden.

Jahre später tauchte das Modell 5D in den Prospekten auf, das über eben diesen V-Motor verfügte.

Die Zweizylindermaschine basierte zweifellos auf dem Single: Gleiche Rahmenbauart, wenngleich etwas länger und wuchtiger, gleiches Styling und gleiche Extras, dazu wie alle 1909er-Modelle mit im Innern des Lenkers verlegten Bowdenzügen und einer Thor-Bremse im Hinterrad ausgestattet. Alle Zweizylinder verfügten über eine Magnetzündung und rollten auf 28-Zoll-Rädern – beides war für die Einzylindermodelle nur gegen Aufpreis erhältlich.

Das Kurbelgehäuse war gegenüber dem Einzylinder etwas versteift und natürlich um einen zweiten Zylinderfuß erweitert worden. Der Zylinderwinkel betrug 45°, woran sich bis heute nichts geändert hat. Die Zylinder selbst stammten vom Einzylinder-Modell, waren jedoch in der Bohrung von 84 auf 76,2 mm zurückgebüchst worden. Am Kurbelwellenhub von 89 mm hatte sich nichts geändert, so daß der neue Motor nun über ca. 820 statt 491 ccm Hubraum verfügte (50 statt 30 cu.in.). Wahrscheinlich hätte es etwas weniger auch getan...

Die Zylinderköpfe stammten ebenfalls vom Einzylinder, so daß eine Nocke ausreichte, um die beiden neben den Zylindern stehend montierten Auslaßventile zu betätigen. Die Einlaß-„Schnüffler" funktionierten ohnehin automatisch. Zu einer Kupplung oder einem Getriebe hatte es indes noch nicht gereicht: wie die Einzylindermodelle wurde auch die 5D per Fahrradpedalerie angetreten und trieb über einen Flachriemen das ungefederte Hinterrad direkt vom Kurbelwellenstumpf aus an.

Offensichtlich sollte der Zweizylinder mehr Leistung und vor allem eine höhere Geschwindigkeit bringen, was ihm auch gelang. Während die Einzylinder um die 4 PS leisteten, produzierte der V-Motor zwischen 6,5 und 7 PS, je nachdem, welcher Quelle man Glauben schenkt. An dieser Stelle sei vielleicht bemerkt, daß uns diese Quellenangaben keinesfalls hinters Licht führen wollen. Die unterschiedlichen Leistungsangaben basieren eben auf mehr oder minder subjektiven Erinnerungen in Ehren ergrauter Historiker, und irgendwo hat wohl jeder irgendwie recht.

An guten Tagen und auf glatter Fahrbahn konnte so ein Zweizylinder locker über 100 km/h erreichen, aber wo gab es seinerzeit in Amerika schon glatte Fahrbahnen? Dem Projekt war jedenfalls kein großer Erfolg beschieden – zumindest wurden nicht viele Twins verkauft. Das hier abgebildete Exemplar stammt aus der Harley-Davidson-Sammlung, und soweit man weiß, existiert auf der ganzen Welt außer diesem nur noch ein einziges, intaktes 1909er-Modell dieses Typs. Der Verkauf lief sehr schleppend, weil der Zweizylinder die in ihn gesetzten Erwartungen nicht erfüllen konnte.

Von offizieller Seite heißt es, daß die Kraftübertragung die gestiegene Motorleistung nicht verkraftete: Der Riemen rutschte hilflos durch. Warum Harley nicht den vom Einzylinder her bekannten Riemenspanner verwendete, ist nicht überliefert. Klingt seltsam.

Eine zweite Variante führt an, daß die Einlaß-Schnüffelventile mit der gestiegenen Höchstgeschwindigkeit und Motordrehzahl an ihre Grenzen stießen. Dies klingt schon plausibler, denn anhand der Fotos ist zu erkennen, daß Ein- und Zweizylinder über ungefähr gleich große Riemenscheiben verfügten, mithin also gleich übersetzt waren. Während der Einzylinder bei 70 km/h also das Drehzahllimit gerade so ausschöpfte, drehte sich der Zweizylinder bei 100 km/h buchstäblich selbst die Luft ab.

Hinzu kam, daß der V-Motor nur sehr schwer zum Leben zu erwecken war. Auch die später nachfolgenden Modelle hatten ihre Startmucken, so daß manche besorgte Ehefrau den Harley-Händler bat, die Maschine doch zurückzunehmen, bevor ihr Mann nach der vierzigsten Pedalrunde um den Häuserblock einem Herzschlag erlag!

Wahrscheinlich war es die Summe dieser drei Handicaps, die Harley und die Davidsons bewog, das Modell im Folgejahr nicht mehr anzubieten. Aber wer bei der Einleitung gut aufgepaßt hat, der ahnt bereits, was unsere findigen Motorradbauer 1911 in die Ausstellungsräume der Händler stellten: eine neue Maschine mit Zweizylinder-V-Motor, jetzt allerdings mit einer Riemenspannrolle und zwei ordnungsgemäß über Nocken, Stößelstangen und Kipphebel gesteuerten Einlaßventilen.

Der Rest ist, wie man so schön sagt, Geschichte.

Müßte man den besten Platz für den Einbau eines Motors auswählen, würde sich jeder halbwegs intelligente Mensch für den tiefsten Punkt des vorderen, auf dem Kopf stehenden Dreiecks entscheiden, der wie geschaffen ist für ein rundes Kurbelgehäuse.

Kapitel 3

Modell J, 1916

Das erste „richtige" Motorrad

Ein *richtiges* Motorrad erkannte man 1916 daran, daß es keine Fahrradpedale und keinen Flachriemenantrieb mehr besaß (wer konnte auch ahnen, daß der Riemenantrieb in den Achtzigern fröhliche Urständ' feiern würde). Besitzer: Custom Chrome Industries, Morgan Hill, Kalifornien

Zugegeben, die Überschrift klingt ziemlich reißerisch, schließlich war Harley-Davidson schon 12 Jahre im Geschäft. Und dann waren da ja noch die 160.000 Kilometer, die die erste Harley in zehn Jahren zurückgelegt hatte – charakterisierte diese Leistung etwa nicht ein „echtes" Motorrad?

Ja und nein. Die ersten Harleys waren zwar weniger Fahrrad als die meisten ihrer Konkurrenten, doch auch sie kamen nicht ganz ohne Pedalhilfe aus, wenn es mal richtig steil wurde. Außerdem mußte der Motor nach jedem Halt neu gestartet werden, und auch der Flachriemen bereitete jede Menge Probleme. Die Werksaufzeichnungen belegen, daß William Harley sich über die Vorzüge des Kettenantriebs sehr wohl im klaren war, aber andererseits wollte er seine Maschinen nicht auf Kette umbauen, solange es keine Kupplung gab, die besser und zuverlässiger funktionierte als der bislang verwendete Riemenspanner. Diese Kupplung kam erst 1912 und wurde im Hinterrad montiert.

Das V-Triebwerk wurde 1911 in stark verbesserter Form wieder als Top-Motorisierung ins Programm aufgenommen, doch bildeten die Einzylinder nach wie vor das Rückgrat der Modellpalette.

Dies sollte sich bald ändern, denn die mit den Achtventil-Maschinen (siehe Kapitel 4) im Rennsport gesammelten Erfahrungen in bezug auf Ventilsteuerzeiten, Vergaserabstimmung und Leistungssteigerung begannen auf die Serie abzufärben. Auch die wechselgesteuerten Motoren profitierten von dieser Entwicklung, und so saßen bereits 1915 alle Bauteile des V-Motors am richtigen Platz, wo sie auch bis 1929 bleiben sollten.

1916 stellte die „Motor Company" ein neues Modell vor, das alle seit Beginn der Motorradproduktion gemachten Fortschritte widerspiegelte. Es war ein richtiges Motorrad ohne Bezug zur Fahrradtechnik, und es soll an dieser Stelle veranschaulichen, wie es Harley-Davidson gelang, den Giganten Indian einzuholen.

Das etwas langhubig ausgelegte, wechselgesteuerte Triebwerk hatte knapp 1000 ccm (61 cu.in.) Hubraum, was schon damals eine magische Zahl war. Die Zylinder standen in einem Winkel von 45° zueinander und verfügten über einen gemeinsamen Vergaser. Der vordere Kolben war an einem Gabelpleuel montiert, und alle Ventile wurden mechanisch betätigt, wobei jeder Zylinder über eine eigene Nockenwelle mit nur einem Nocken verfügte. Da diese Wellen mit halber Kurbelwellendrehzahl liefen, war es dank geschickter Wahl der Kipphebel-Anlenkpunkte möglich, zwei Ventile zu verschiedenen Zeiten über ein und denselben Nocken zu öffnen bzw. zu schließen.

Leistungsangaben waren zwar noch nicht üblich, doch garantierte Harley-Davidson seinen Zweizylinder-Kunden eine Mindestleistung von 11 PS, weil auf dem Prüfstand schon bis zu 16 PS gemessen worden

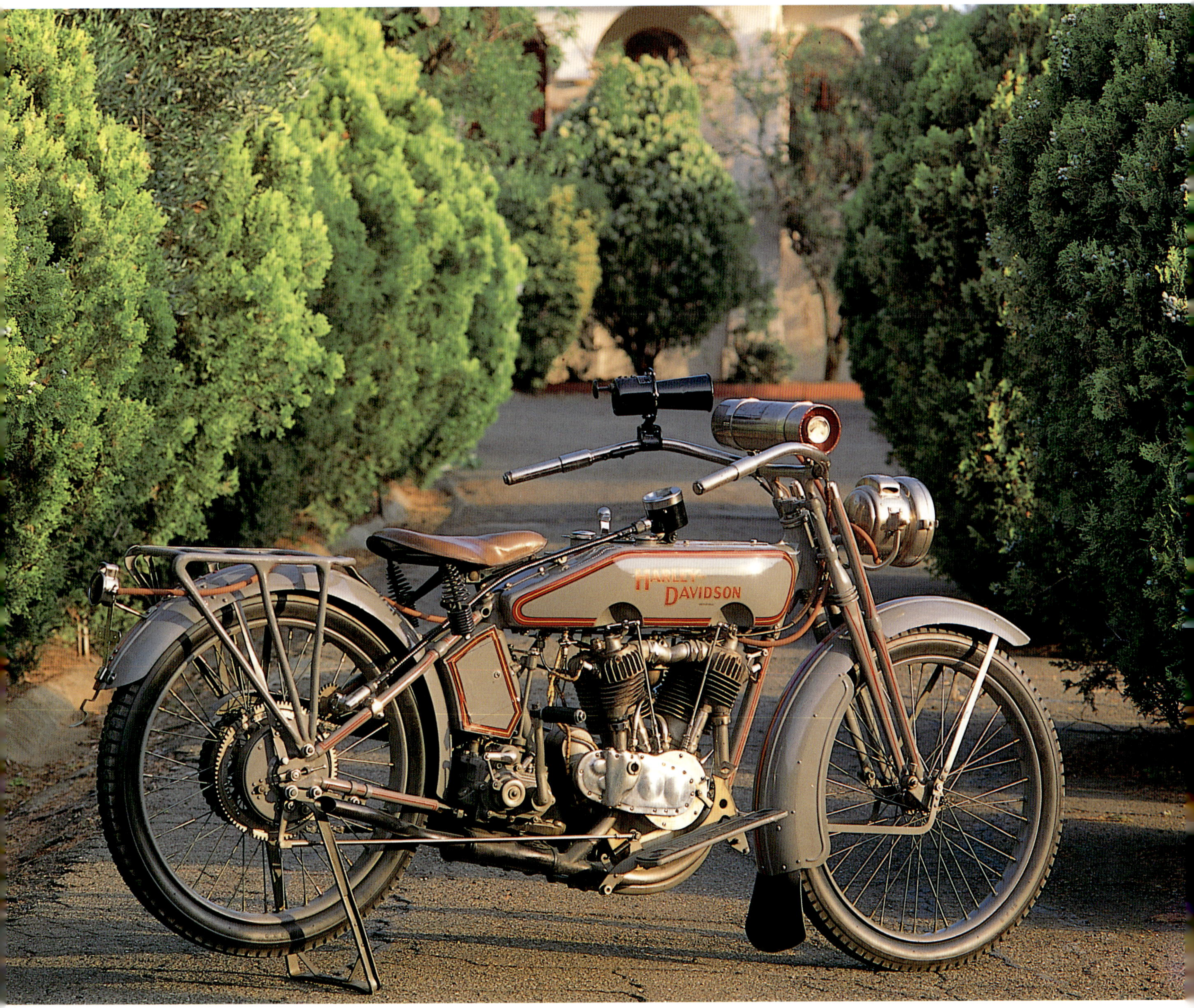
HARLEY
DAVIDSON

Vier säuberlich hintereinander aufgereihte Nockenwellen betätigen die seitlich stehend angeordneten Ventile des 1000-ccm-Triebwerks. Bei der vernickelten Rohrleitung am Steuergehäuse handelt es sich um die Ölversorgung der Ölpumpe, über deren ordnungsgemäße Funktion den Fahrer ein Schauglas informiert.

waren. 11 PS waren mehr als genug, denn es brauchte damals schon einen nervenstarken Fahrer, um die 100-km/h-Schallmauer zu durchbrechen!

Der Hinterradantrieb erfolgte über zwei Ketten, eine sogenannte Primärkette zwischen Kurbelwelle und Kupplung, und eine zweite, sogenannte Sekundärkette zwischen Getriebeausgangsritzel und Hinterradzahnkranz.

Der Startmechanismus hatte ebenfalls eine wichtige Entwicklung erfahren. Zuerst kam die besagte Kupplung in der Hinterradnabe, die ein Antreten des Motors ohne Aufbocken des Hinterrads erlaubte. Das Modell J von 1916 verfügte bereits über ein einzelnes, nach hinten wegschwenkendes Pedal, das damals noch als „Trittstarter" bezeichnet wurde, was auch irgendwie seriöser klingt als das heute gebräuchliche Wort Kickstarter. Man konnte mit einem Bein auf der Erde stehen und mit dem freien Fuß nach dem Pedal treten – und wenn man keinen Fehler machte und der Motor gut eingestellt war, brabbelte der V2 sofort los. So sollte es auch bis 1965 bleiben.

Die automatische Ölpumpe war ebenfalls ein großer Schritt in Richtung Zuverlässigkeit. Zwar wurde das Motor-Innenleben immer noch von herumspritzendem Schleuderöl geschmiert, das irgendwann verdunstete oder verbrannte, doch war nun zumindest

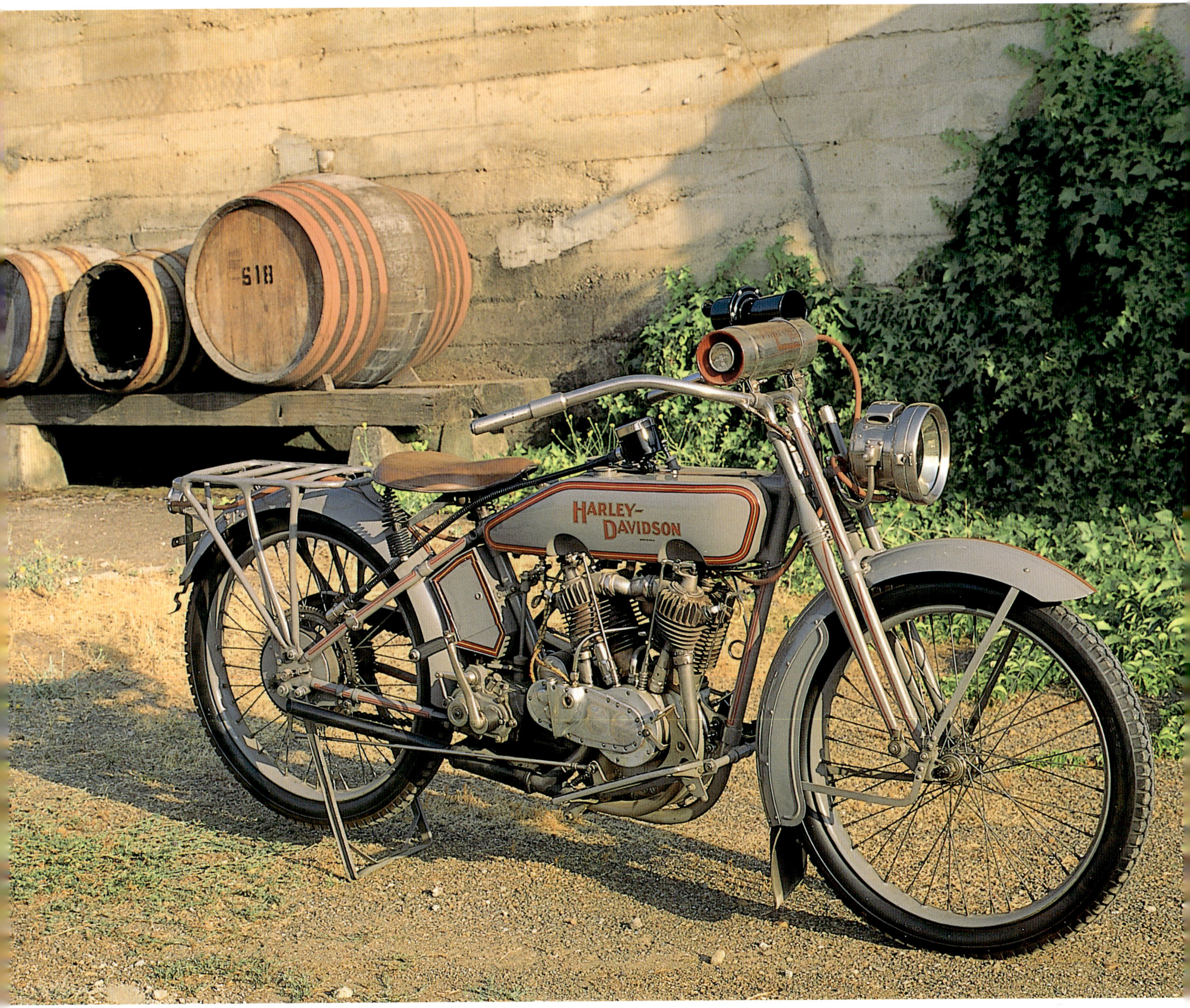
S18
HARLEY-
DAVIDSON

Vorhergegangene Seite:
Auf den Kettenantrieb mußte die große Harley-Davidson so lange warten, bis die Qualität der handelsüblichen Ketten den strengen Maßstäben ihrer Erbauer gerecht wurde.

Die Fahrradpedale sind mittlerweile einem echten Kickstarter gewichen. Zur Erleichterung der Startprozedur können die Auslaßventile mit Hilfe eines Ausrückhebels offengehalten werden, damit die Kolben zumindest während des Antretens nicht gegen den Kompressionsdruck bewegt werden müssen.

Der Scheinwerfer stammt von Klaxon, einer Marke, die heute eher für ihre Signalhörner bekannt ist. Er wird aus einem separaten Lenkertank mit Leuchtgas versorgt.

eine genau dosierte Zufuhr gesichert. Wenn man diese Dosierung, wie in der Vergangenheit von verschiedenen Herstellern probiert, allein dem Fahrer überließ, lief man Gefahr, daß ein vorsichtiger Motorradler zuviel des Guten tat und das Kurbelgehäuse überschwemmte. Beim Modell J mußte der Fahrer nur bei schweren Steigungen die Schmierung per Handpumpe anreichern. Im normalen Fahrbetrieb reichte die Fördermenge der automatischen Ölpumpe völlig aus, wovon er sich anhand eines Schauglases selbst überzeugen konnte.

1916 hatte die Elektrizität ihren Ruch von schwarzer Magie weitgehend verloren, doch gab es immer noch genügend Käufer, die lieber auf Azetylengasbeleuchtung setzten. Der hier gezeigte Scheinwerfer stammt von Prest-O-Lite, heute den meisten Lesern wohl nur noch als Hersteller von Lacken und Spachtelmassen (in Deutschland „Prestolith") ein Begriff. Gegen Aufpreis gab es das Modell J auch mit einer Lichtmaschine samt Trennrelais, damit die Batterie nicht überkochte, sowie eine abnehmbare (!) Rückleuchte, die auch als Reparaturleuchte verwendet werden konnte. Ganz schön pfiffig!

Auch in punkto Linienführung hatte das Modell J eine Evolution durchgemacht. Der ehemals kantige Satteltank erhielt sanft geschwungene Konturen, und der bislang in einem am Sattelrohr aufgehängten Reservoir transportierte Ölvorrat befand sich nun in einer der beiden Tankhälften. Die Schutzbleche waren zu voluminösen Kotflügeln angewachsen, die Spritzwasser und Straßenschmutz wirksam vom Fahrer fernhielten.

Großen Federungskomfort durfte dieser natürlich nicht erwarten; das Hinterrad war nach wie vor

Nächste Seite:
Trotz einer unverkennbaren Verwandtschaft zu den Modellen 5 und 5D sieht man dem J-Modell eine praxisorientierte Weiterentwicklung und zaghafte Modernisierung an.

35

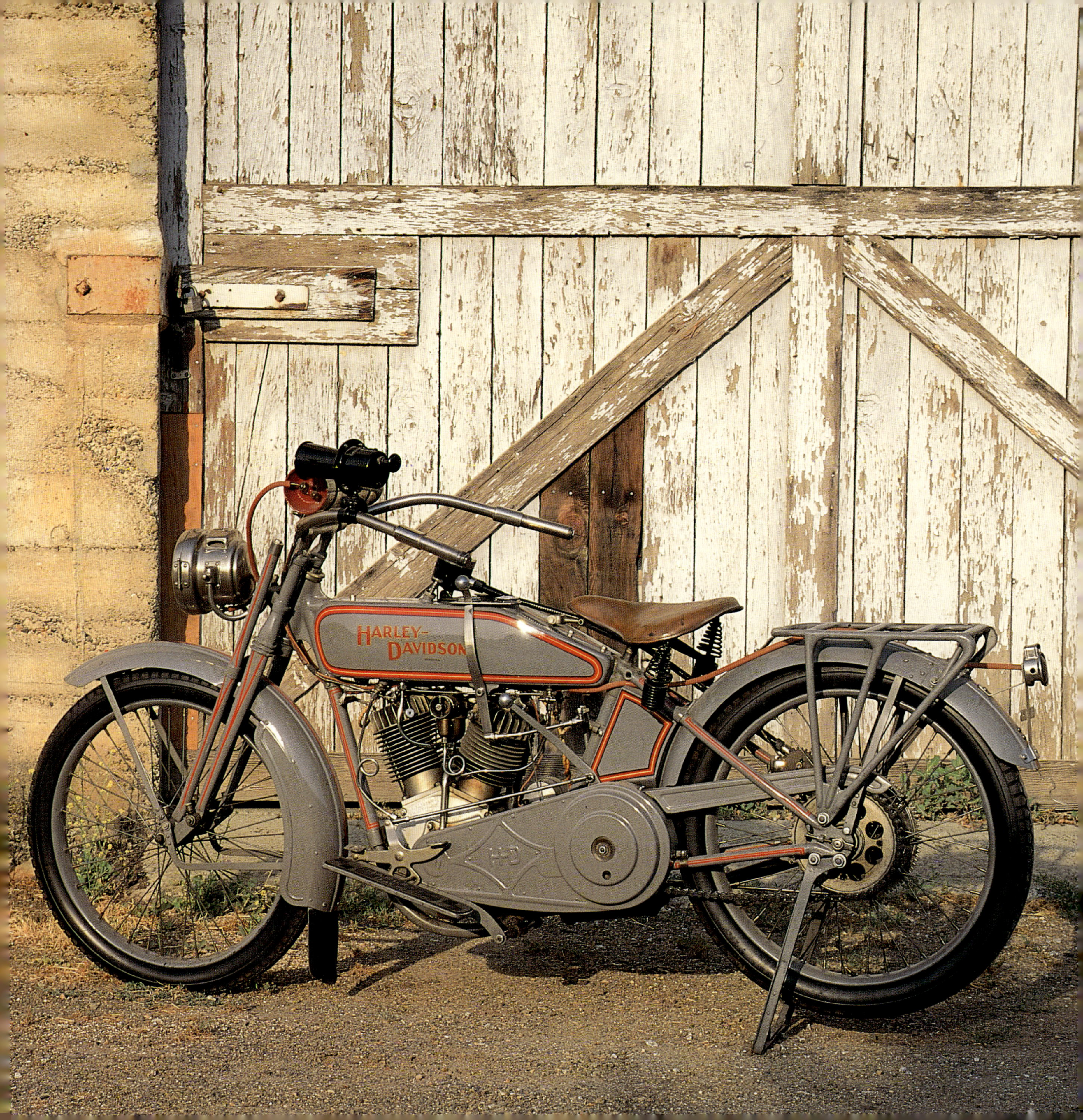
HARLEY-
DAVIDSON

starr aufgehängt, und die „Springer"-Kurzschwinge vorn verfügte über maximal zwei bis drei Zentimeter Federweg. Die Konkurrenz, allen voran Indian, bot zwar ausgeklügelte Vorder- und sogar Hinterradfederungen an, doch funktionierten diese auf dem Papier besser als auf der Straße. Bei der Harley wußte der Käufer wenigstens, was er hatte. Die historische Stellung des J-Modells ist somit durch drei wesentliche Punkte gekennzeichnet. Zum ersten darf es als gelungener Versuch gelten, so etwas wie eine „Firmenidentität" zu etablieren. Die Maschine verleugnete ihre Abstammung vom „Silent Grey Fellow" nicht, obwohl dem Betrachter schon beim ersten Blick klar war, daß er hier ein modernes Fahrzeug vor sich hatte, das der allgemeinen Motorradentwicklung einige Schritte vorauseilte.

Die Kupferleitungen für Öl und Kraftstoff verfügen über eine Dehnspirale, weil der V-Motor doch ziemlich vibriert und das spröde Material rasch ermüdet.

Die schlanke Silhouette wird durch den quer montierten Leuchtgastank am Lenker und das wuchtige Klaxon-Horn etwas getrübt.

Großen Federungskomfort durfte man natürlich nicht erwarten; das Hinterrad war nach wie vor starr aufgehängt, und die „Springer"-Kurzschwinge vorn verfügte über maximal zwei bis drei Zentimeter Federweg.

Zum zweiten überzeugte die Maschine durch sorgsam durchdachte Details. So wurde die Kupplung über eine am linken Trittbrett montierte Fußwippe betätigt. Das Pedal verfügte über keinerlei Rückholfeder und blieb, wenn man den Fuß von der Wippe nahm, einfach in der gewünschten Stellung. Zusätzlich gab es jedoch einen hinter dem links am Tank montierten Schalthebel angebrachten Kupplungs-Handhebel, für den Fall, daß man den linken Fuß für Balanceübungen freihaben mußte. Auch die aufwendige Betätigungsmechanik des Ventilaushebers, der das Antreten des mächtigen V-Motors erst ermöglichte, verdiente Beachtung. Harley hatte wahrlich an nichts gespart.

Und zum dritten schließlich hatte die „Große" einen ganz gewaltigen Vorteil verglichen mit den früheren Harleys: Sie war nicht nur einfach zu bedienen, sondern auch überaus zuverlässig. Natürlich gab es noch einiges zu tun (man denke nur an Beleuchtung und Federung), aber das Modell J brachte seinen Fahrer sicher ans Ziel und wieder nach Hause. Und wenn die Maschine etwas verwegener aussah, als sie tatsächlich war, dann konnte das dem braven Familienvater ja nur recht sein!

An der Tankoberseite befinden sich die beiden Schraubdeckel für Öl- und Kraftstofftank, die Schalthebelkulisse sowie der vom Hinterrad angetriebene Tachometer.

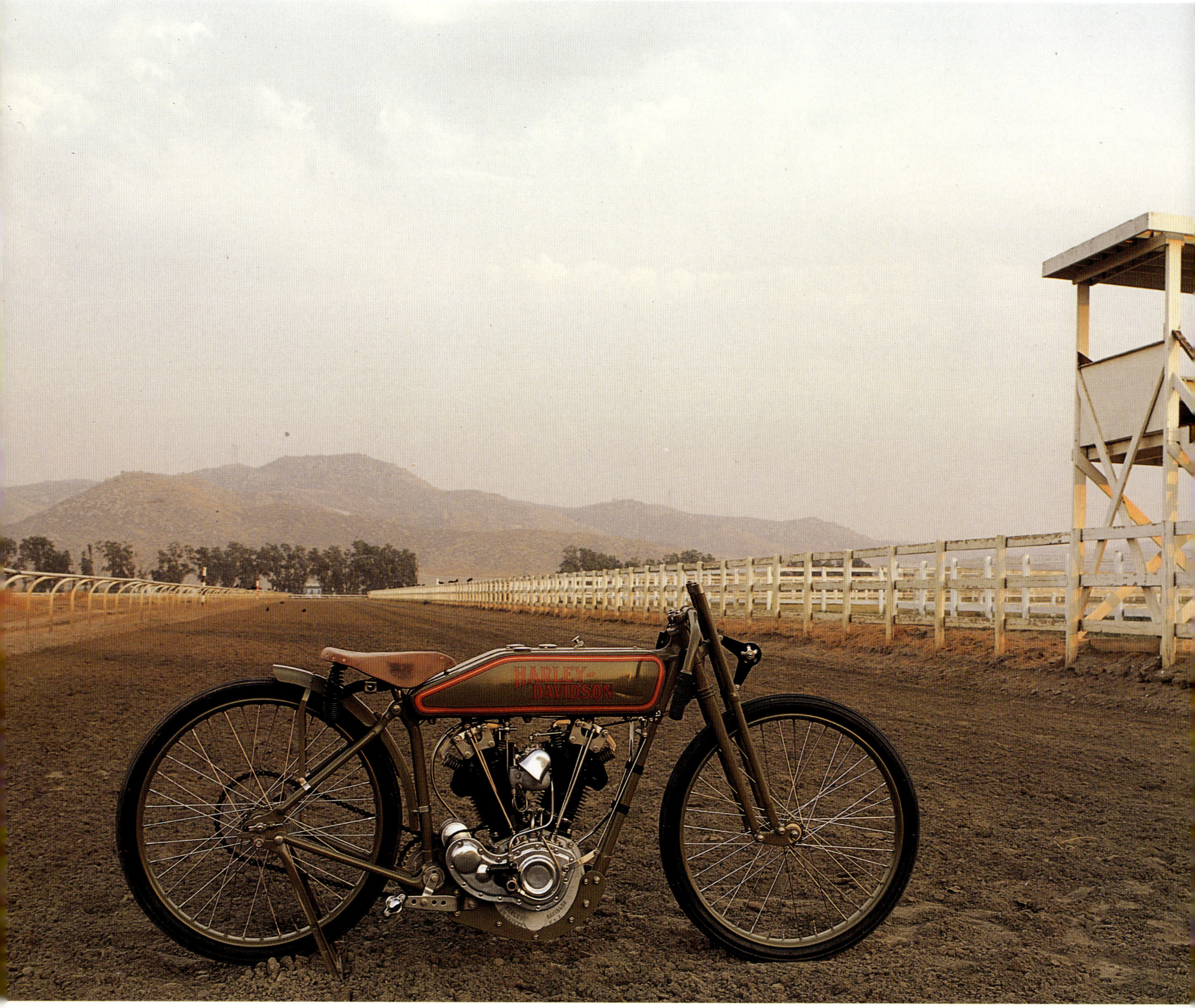
HARLEY-DAVIDSON

Kapitel 4

Achtventil-Rennmaschine, 1921

Die Harley-„Schlägertruppe"

Mit dem Rennsport hatten Harley und die Davidsons anfangs nichts im Sinn. Wir erinnern uns, daß die Firmengründer und verschiedene Familienmitglieder zwar gerne bei Zuverlässigkeitsfahrten und anderen Amateurveranstaltungen teilnahmen, aber damals galt es schon als Erfolg, überhaupt im Ziel anzukommen. Tatsache ist, daß Harley-Davidson in den ersten zehn Jahren nach der Firmengründung keinerlei offizielles Rennteam unterhielt.

Am 4. Juli 1914, dem amerikanischen Nationalfeiertag, schickte die „Motor Company" dann ein Werksteam nach Dodge City, wo auf einem gestampften Lehmoval alljährlich ein berühmt-berüchtigtes 500-Kilometer-Rennen ausgetragen wurde. Woher dieser plötzliche Sinneswandel rührte, ist nicht überliefert, doch brachte Harley gleich sechs Maschinen an den Start, stark modifizierte Versionen des 1000-ccm-Modells mit wechselgesteuerten Ventilen. Vier Maschinen fielen aus, doch die beiden anderen gingen mit erheblichem Vorsprung vor der Konkurrenz durchs Ziel.

Durch harte Entwicklungsarbeit und mit einer gehörigen Portion Glück gelang es dem Werksteam bald, sich im vorderen Mittelfeld der nationalen Konkurrenz zu etablieren. Es war eine großartige Zeit voller Sensationen, und wer glaubt, die Japaner hätten die Weisheit gepachtet, der wird mit ungläubigem Staunen von Vierventil-Zylinderköpfen und zwei obenliegenden Nockenwellen, exotischen Materialien und ausgeklügelten Federungssystemen lesen, die die ach' so rückständigen Amerikaner schon vor dem Ersten Weltkrieg ausprobierten.

Schon damals wurden die großen Erfolge jedoch weniger von ambitionierten Privatfahrern, als von den engagierten Werksteams herausgefahren. Schlachtfelder waren die unzähligen 1600-Meter-Aschenbahnen, Relikte aus der großen Zeit der Pferderennen, sowie befestigte Hochgeschwindigkeitsovale mit Steilkurven. Bergrennen an unbefestigten Hängen waren auch sehr populär und vor allem der billigste Weg, eine Rennveranstaltung aufzuziehen. Es war eine Zeit, in der Politiker und Pfarrer noch stundenlang redeten, und der Mann von der Straße verfügte über ein unglaubliches Durchhaltevermögen, so daß er selbst Rennen über 300 oder 500 Kilometer auf einem Meilenoval bis zum Schluß mit gespanntem Interesse verfolgen konnte. Außerdem - auf der abgelegenen Farm hätte er am Sonntag ohnehin kaum etwas verpaßt.

In Amerika engagierten sich seinerzeit mehrere Motorradwerke im Rennsport. Wir erinnern uns an Marken wie Indian, Excelsior, Emblem, Merkel und die aufsehenerregende Cyclone, die ihren Erbauern zwar nicht viel Profit einspielte, dafür aber bereits mit zwei obenliegenden Nockenwellen aufwarten konnte, während die Konkurrenz noch auf stehende Ventile setzte.

Damals wie heute galt jedoch die Devise: Mehr Leistung, mehr Geld. Die Wettbewerbsmaschinen

Die Achtventil-Rennmaschine vor heimischer Kulisse, dem Speedway-Oval. Besitzer: Pete Smiley, Homeland, Kalifornien.

Eine exzentrische Zwischenritzellagerung ermöglicht das Spannen von Primär- und Sekundärkette, obwohl Motor und Hinterrad starr im Rahmen montiert sind.

brauchten mehr Leistung, aber Harley und die Davidsons sahen nicht ein, warum sie dafür einen neuen Motor konstruieren sollten. So entwickelte Harley-Davidson 1916 ein Motorrad, das heute in der Kategorie „Superbike" an den Start gehen könnte.

Anstatt aber nun in die Tiefen der Rennsportgeschichte hinabzusteigen will ich lieber aufzeigen, was die überlieferten Rennergebnisse *nicht* auszudrücken vermögen, nämlich was genau Harley-Davidson unternahm, um dem braven 1000-ccm-V-Motor auf die Sprünge zu helfen.

Nach allem, was man heute weiß, besorgten sich die Jungs der Entwicklungsabteilung Kurbelgehäuse, Schwungscheiben und andere Grundbauteile direkt aus dem Ersatzteilregal. Das Basistriebwerk stammte also vom Modell F, das bei 84 mm Bohrung und 89 mm Hub über einen Hubraum von exakt 999 ccm (61 cu.in.) verfügte. Dies war gleichzeitig die Obergrenze

Über das zierliche Gestänge am vorderen Rahmenunterzug lassen sich beide Auslaßventile auf „Durchzug" stellen. Aufgrund der getriebelosen Direktübertragung besteht die einzige Möglichkeit zum Anlassen des Motors darin, daß sich der Fahrer anschleppen läßt und bei Erreichen der gewünschten Drehzahl den Ventilausheber wieder einrückt.

Es war eine Zeit, in der Politiker und Pfarrer noch stundenlang redeten, und der Mann von der Straße verfügte über ein unglaubliches Durchhaltevermögen, so daß er selbst Rennen über 300 oder 500 Kilometer auf einem Meilenoval bis zum Schluß mit gespanntem Interesse verfolgen konnte.

der großen Hubraumklasse für Rennsportveranstaltungen.

Als erstes wanderten natürlich die serienmäßigen Zylinderköpfe auf den Schrott. Sie wurden durch neue Teile mit je zwei hängend angeordneten Ein- und Auslaßventilen ersetzt, die von einer zentralen Nockenwelle im Steuergehäuse neben den Zylinderfüßen angetrieben wurden.

Der theoretische Vorteil liegt auf der Hand: Je freier ein Triebwerk atmen kann, desto mehr Leistung produziert es. Vier Ventile sind hier natürlich besser als zwei, und wenn die Kanalführung außerdem ein relativ geradliniges Ein- und Ausströmen der Gase erlaubt, ist dies allemal effektiver, als wenn sie, wie bei stehenden Ventilen, „um die Ecke" in die Brennräume hinein- bzw. hinausgeleitet werden müssen.

Zwar kannte man damals noch bei weitem nicht alle Feinheiten des Gaswechsels, doch hatte Harley mit dem Engländer Harry Ricardo einen der führenden Experten auf dem Gebiet der Brennraumgestaltung unter Lizenzvertrag, was der „Motor Company" einen entscheidenen Vorteil gegenüber der Konkurrenz sicherte.

Der Motor verfügte über einen einzelnen, zwischen den Zylindern montierten Vergaser. Zwei wären wahrscheinlich besser gewesen, wie der Umbau des englischen Tuners Freddy Dixon bestätigte, doch die Leistung reichte auch so. Ein Bosch-Magnet sorgte für den richtigen Zündfunken, die Schmierung arbeitete wie bei den Serienmodellen F und J nach dem Verlustöl-Prinzip mittels einer automatischen Ölpumpe, und eine auf die Primärkette zielende Kurbelgehäuseentlüftung sorgte für die sinnvolle Weiterverwendung unverbrannten Schmierstoffs. Das Schleuderöl hatte aufgrund der nach vorne weisenden Drehrichtung der Kurbelwelle leider das Bestreben, nur die hintere Zylinderwandung zu benetzen, und dies gründlich! Aus diesem Grund erhielt der hintere Zylinder ein spezielles Schwallblech und der vordere eine zusätzliche Ölversorgungsleitung.

Es gab drei Motorversionen mit verschiedenen Kipphebelformen und entweder einer einzelnen Nockenwelle mit vier Steuernocken oder zwei getrennten Wellen mit je zwei Nocken. Die ersten Exemplare verfügten über kurze Auspuffrohre, die späteren (im Bild eine Version von 1921) über völlig offene Kanäle.

Doch auch innerhalb dieser Vorgaben schien kein Motor dem anderen in allen Details zu gleichen. Dahinter steckte indes keine Absicht: Die Ausführung richtete sich lediglich nach der Verfügbarkeit der Teile. Es gibt sogar Fotos einer Achtventil-Rennmaschine mit Fahrradpedal und Trittstarter, während alle anderen offensichtlich angeschoben werden mußten.

Was die Harley-Rennabteilung unter der Leitung von William S. Harley und dem von Thor abgeworbenen William Ottoway da auf die Räder gestellt hatte, war ein echter „Stock Block"-Rennmotor. Ganz im Stil der NASCAR-Regeln (National Association for Stock Car Automobile Racing), wo unter der Haube eines Chevrolet auch ein Chevy-V8-Motor arbeiten muß, und nicht wie in der Sportwagen-WM, wo sich hinter der Bezeichnung Jaguar in Wirklichkeit ein verkappter Formelrennwagen mit Ford-Cosworth-Rennmotor verbirgt.

Das „Stock Block"-Triebwerk saß in einem speziellen Rennfahrwerk, bei dem zwischen vorderem Rahmenunterzug und Sattelrohr eine breite, durch zwei Motor-Halteplatten geschlossene Lücke klaffte. Teilweise durchgehende Schrauben hielten das geteilte Kurbelgehäuse zusammen und befestigten es gleichzeitig am Rahmen, so daß der Motor eine mittragende Funktion erfüllte. Dieses Fahrwerk war dadurch steifer und wies wegen des tief unten montierten Motors einen niedrigeren Schwerpunkt auf. Das Hinterrad war starr befestigt, während das Vorderrad in der bewährten Harley-„Springer"-Kurzschwinge geführt wurde.

Die im Prinzip über den Ladentisch erhältliche Rennmaschine war im Katalog nur äußerst vage beschrieben und mit einer Bestellnummer versehen, die sich aus der Jahreszahl und einem „R" für „Racing" zusammensetzte (etwa 16R oder 17R). Die Ausstattung kann nur mit „splitternackt" umschrieben werden, denn es gab serienmäßig weder Kupplung, noch Getriebe oder Startvorrichtung, geschweige denn eine Beleuchtung oder andere Zugeständnisse an den Straßeneinsatz. Die Speedway- und Ovalstrecken-Rennmaschinen verfügten noch nicht einmal über Bremsen! Dies ist kein Scherz: Bremsen sollten auch noch für die nächsten fünfzig Jahre laut Reglement verboten bleiben, weil die Gefahr eines plötzlich abbremsenden Konkurrenten tatsächlich weitaus größer ist als das Risiko, geradeaus in die Begrenzungswände zu knallen.

Die Standardausführung der Rennmaschine verfügte über einen arretierbaren Ventilausheber, so daß man sich von einem Zugfahrzeug anschleppen ließ, bis man genügend Geschwindigkeit aufgebaut hatte, um das Zugseil loszulassen und den Ventilausheber freizugeben.

Die Kraftübertragung erfolgte über eine kurze Primärkette an ein Zwischenritzel, das anstelle eines Getriebes eingebaut war, und von dort über eine zweite Kette zum Hinterrad. Wer genau hinsieht, erkennt einen genialen Exzentermechanismus, über den sich das Zwischenritzel zur Veränderung der Kettenspannung vor- und zurückschieben läßt.

Die Motor-Halteplatten schließen die Lücke zwischen Sattelrohr und Unterzug und umspannen das Kurbelgehäuse, das im vorliegenden Fall seine Karriere übrigens einst in einer wechselgesteuerten Straßenmaschine begann.

Gefahren wurde langliegend und mit festem Griff um die nach unten weisenden Lenkerenden. Der kleine Hebel links neben den beiden Tankverschlüssen betätigt übrigens die Handölpumpe.

Seite gegenüber:
Die beiden Auslaßventile entließen die heißen Abgase in einen einzelnen Auspuffkanal mit kurzem Kragen. Man kann sich gut vorstellen, daß diese Motoren bisweilen regelrecht Feuer spuckten. Der Ventiltrieb liegt frei im kühlenden Fahrtwind.

Einige Achtventil-Rennmaschinen verfügten außerdem über eine Art Rutschkupplung in der Hinterradnabe, bestehend aus einem Ring an der Nabe und einem zweiten am Hinterradzahnkranz. Im normalen Fahrbetrieb wurde der Kraftschluß durch eine Reihe federbelasteter Kugeln hergestellt, die in entsprechende Vertiefungen am gegenüberliegenden Ring eingriffen. Wenn der Motor plötzlich blockierte, wurde die Federkraft überwunden, und der Zahnkranz konnte ein paar Raststellungen weit überspringen, um Schäden an Kette und Hinterrad zu vermeiden.

Der Firmenprospekt erwähnte ausdrücklich, daß Kupplung und Bremsen nur gegen Aufpreis zu haben waren und riet für die Teilnahme an Straßenrennen zum Kauf des auf Wunsch ebenfalls angebotenen Getriebes. Über verschiedene Kraftstofftankgrößen stand nichts in der Broschüre, doch man darf vermuten, daß der hier abgebildete größere Tank speziell für Marathon-Wettbewerbe auf abgesperrten Ovalen gedacht war.

Unverkäuflich

Bleiben wir noch einen Moment bei dem Firmenprospekt. Dieser nannte zwar, wie eingangs bemerkt, keine technischen Details, wohl aber die Verkaufspreise, nämlich 1500 $ für die Achtventil-Maschine und 1400 $ für die Halbliter-Vierventil-Rennmaschine, im wesentlichen eine 1000er mit amputiertem hinteren Zylinder für die Teilnahme an Kurzstrecken-Speedway-Rennen in der 500er-Profiklasse. Bemerkenswerterweise kosteten die käuflichen 1000er- und 500er-Rennmaschinen von Indian nur 350 bzw. 300 $.

Dies kann nur bedeuten, daß Harley-Davidson überhaupt kein Interesse an einem möglichen Verkauf ihrer Rennmaschinen hatte. Und so weit man weiß, verkauften sie auch keine. Keine einzige.

Wir können nur vermuten, wieviele Rennmaschinen überhaupt entstanden. Es dürften wohl zwischen sechs und zehn Achtventiler gewesen sein – Genaueres wissen weder Steve Wright, ein Rennhistoriker, der sogar verblüffende Kopien der Achtventilköpfe angefertigt hat, noch Willie G. Davidson, in dessen Besitz sich die von Wright restaurierte Maschine heute befindet.

Das Team baute eben Maschinen für das Team. Glücklicherweise war Harley-Davidson schon damals eine feste Größe im internationalen Motorradgeschäft und unterhielt Niederlassungen in fast allen Ländern der Erde, in denen es Benzin und Straßen gab. Die einflußreicheren unter diesen Niederlassungen erhielten auch schon einmal eine werksvorbereitete Rennmaschine, um sie bei nationalen Rennen ihren Lokalmatadoren zur Verfügung zu stellen.

Unschlagbar

Am 22. Februar 1921 absolvierte der Harley-Werksfahrer Otto Walker auf dem 1600-Meter-Steilwandoval im kalifornischen Fresno eine Runde mit fliegendem Start mit einer Durchschnittsgeschwindigkeit von 173,41 km/h (107,78 mph). Das anschließende 50-Meilen-Rennen gewann er mit einem Schnitt von 163,2 km/h (101,43 mph). Es war das erste Motorradrennen der Welt, in dem eine Durchschnittsgeschwindigkeit von über 100 Meilen pro Stunde erzielt wurde. Später siegte Walker beim 25-Meilen-Rennen auf dem Steilwandoval von Beverly Hills mit einem Schnitt von 168,02 km/h (104,43 mph), und es sollte über sechzig Jahre dauern, bis bei Rennen auf Ein-Meilen-Kursen wieder Durchschnitte von über 100 Meilen gefahren wurden.

Wie diese Zahlen belegen, muß die Einliter-Harley verteufelt schnell gewesen sein. Wieviel Leistung der ohv-Zweizylinder prduzierte, vermag niemand genau zu sagen, aber es war mit Sicherheit eine ganze Menge.

Dies bedeutet nicht, daß die Konkurrenz von Anfang an zum Hinterherfahren verdammt war. Auch Indian und Excelsior waren dick im Geschäft. Der Grund für diese vordergründige Überlegenheit ist wohl eher in einer geschickten Wettbewerbsstrategie zu suchen. Zeitgenössische Berichte legen die Vermutung nahe, daß Harley stets eine oder zwei sehr schnelle Achtventil-Maschinen ins Feld schickte, um die Konkurrenz zu demoralisieren und sie zu einer motormordenden Fahrweise zu verleiten. Wenn die Triebwerke der „scharfen" Harleys dann nach der Hälfte der Renndistanz verrauchten (und mit ihnen auch die der Konkurrenz), übernahmen die langsameren, aber zuverlässigeren Harley-Rennmaschinen mit wechselgesteuerten Motoren die Spitze und fuhren, wenn alles klappte, den Sieg nach Hause.

Das Werksteam war eine Klasse für sich. 1921 gewannen die Harley-Boys alle nationalen amerikanischen Meisterschaftsläufe, was der Mannschaft rasch den Spitznamen „Schlägertruppe" einbrachte.

Unverständlicherweise löste Harley kurz vor Beginn der Saison 1922 das Werksteam auf. Jerry Hatfields Nachforschungen ergaben, daß Harley und die Davidsons wohl plötzlich ihr Interesse am Rennsport verloren hatten, nicht zuletzt, weil die sportlichen Erfolge sich nicht in dem erwarteten Maße auf die Verkaufszahlen niederschlugen. Walter Davidson kochte vor Wut, weil die Polizei von Dodge City weiterhin Indian-Motorräder fuhr, obwohl Harley das dortige Rennen viermal hintereinander gewonnen hatte.

Diese Begründung klingt trotz (oder gerade wegen) ihrer Lächerlichkeit plausibel. Wie dem auch

Die glänzende Rohrleitung zum Kurbelgehäuse versorgt den vorderen Zylinder mit zusätzlichem Schmierstoff, da durch die nach vorne drehende Kurbelwelle nur der hintere Zylinder ausreichend mit Schleuderöl benetzt wird. Die offenlaufende Primärkette wird mit Öldampf aus der Kurbelgehäuseentlüftung geschmiert.

sei, das Team wurde aufgelöst, und Fahrer und Mechaniker wechselten ins Lager der Privatiers. Von nun an fuhren sie wieder auf frisierten Serienmaschinen gegen die Konkurrenz, wie sie es vor 1914 auch schon getan hatten.

Unwiederbringlich

Die Achtventil-Werksmaschinen verschwanden in der Versenkung. Solche Geschichten schreibt nur das Leben: Wir erinnern uns, daß der Verkaufspreis der Rennmaschinen absichtlich so hoch angesetzt wurde, damit nur ja kein Privatmann sich eine solche Maschine leisten konnte. Die Fahrer erhielten als Mitgift nur die alten, wechselgesteuerten Motoren, mit denen sie den Rest des Jahrzehnts Rennen fuhren. Da die Werksmotoren in Amerika nie wieder auftauchten, vermuten Insider wie Jerry Hatfield, Steve Wright, John Cameron und Pete Smiley, daß sie aller Wahrscheinlichkeit nach verschrottet wurden! Smiley will sogar Achtventil-Teile in einer Mülltonne gesehen haben.

So unglaublich dies auch klingen mag, darf man doch nicht vergessen, daß sich in den zwanziger Jahren niemand um die sportliche Vergangenheit scherte, und mochte sie noch so glorreich gewesen sein. Was zählte, war einzig und allein die sportliche Zukunft! Das Werk hatte keine Verwendung mehr für die Motoren, und wenn sie in Privathand gewonnen hätten, wäre dies für Harley-Davidson ebenso schlimm gewesen, wie wenn sie verloren hätten.

„Moment mal", wird jetzt mancher denken, „wenn nur sechs oder zehn Maschinen gebaut wurden und angeblich keine lebend das Land verlassen hat, was ist das dann für ein Motorrad auf diesen Bildern?"

Nun, einige Maschinen waren ja an ausländische Importeure verliehen worden, und so kamen im Laufe der Jahre ein paar Überlebende aus den verschiedensten Ländern zurück in ihre Heimat. „Ein paar" ist wohl etwas übertrieben; genauer gesagt existieren heute noch ein fast komplettes Motorrad und einige Achtventil-Teile, eingebaut in verschiedene Motorräder. Ein solches befindet sich ausgerechnet in Italien, mit einem arg modifizierten Doppelschleifenrahmen und darüber hinaus mit Kupplung und Dreiganggetriebe versehen.

In den USA finden sich verschiedene Brocken. Willie G. besitzt ein von Steve Wright für teures Geld aufwendig restauriertes Exemplar. Sagen wir besser, „neu gebautes Exemplar", denn in Ermangelung wichtiger Teile, inklusive der Achtventilköpfe, mußte Wright neue Gußformen in Auftrag geben.

John Camerons Achtventiler, heute im Besitz von Daniel Statnekov aus Tesuque in Mexiko, ist eine Ex-Freddie-Dixon-Rennmaschine aus England. Da Cameron seinerzeit auf dem Salzsee von Bonneville fahren wollte, ließ er das originale Kurbelgehäuse zu Hause und verwendete stattdessen einen Zweinocken-Straßenmotor. Statnekov verwendet zur Zeit große Mühe auf den Wiederaufbau des ohv-Triebwerks und die Rekonstruktion des originalen Fahrwerks, das in England gestreckt worden war, um eine Kupplung einbauen zu können.

Das auf diesen Seiten abgebildete Motorrad kommt dem Original seit dem Verschwinden der Achtventiler so nahe wie kaum ein anderes. Besitzer Pete Smiley fand den Motor in Neuseeland: „Eigentlich nur das Kurbelgehäuse, ohne Innereien, und ich wollte gar nicht glauben, daß der Mann noch einen Originalrahmen hatte."

Hatte er aber, wenn auch einen ziemlich verbogenen. Für Smiley, der ein eigenes Speedway-Team unterhält und in seiner Firma Spezialteile für NASCAR- und CART-Rennteams entwickelt, war das kein Problem, und da er nach einigen selbst restaurierten Motorrädern wußte, wo man fragen muß, ergatterte er auch bald den dazugehörigen Tank und andere Fahrgestellteile. Gabel und Rahmen wiesen Montagepunkte für einen Reibungsdämpfer auf, und da Smiley einen solchen schon einmal auf alten Fotos gesehen hatte, baute er kurzerhand einen nach.

Besonders kurios klingt die Geschichte mit den Reifen. Die abgebildete Maschine ist mit Original-Steilwand-Rennreifen besohlt, die in einer Scheune gefunden wurden und direkt weiterverwendet werden konnten. „Firestone-Reifen halten eben", sagt Smiley, „die Goodyears aus dieser Zeit sind alle hinüber."

Das Triebwerk muß wohl noch einige Zeit von einem Privatfahrer benutzt worden sein, doch die Zylinderköpfe präsentierten sich nahezu unverändert, so daß Steve Wright die Formen für seine Kopien direkt von diesen Köpfen abnehmen konnte. Das Kurbelgehäuse stammt offenbar von einem Doppelnockenmotor eines F-Modells von 1921, doch wurden schon damals besonders genau gearbeitete Motoren mit gerade noch vertretbaren Laufspielmaßen besonders gekennzeichnet und mit 500er-Codenummern versehen. Dieses Kurbelgehäuse trägt die Nummer 21FH523 und könnte also durchaus 1921 als Basis eines Rennmotors gedient haben.

Es war eine wilde „Schlägertruppe" damals, mit ebenso wilden Motorrädern.

Je freier ein Triebwerk atmen kann, desto mehr Leistung produziert es. Vier Ventile sind hier natürlich besser als zwei, und wenn die Kanalführung außerdem ein relativ geradliniges Ein- und Ausströmen der Gase erlaubt, ist dies allemal effektiver, als wenn sie, wie bei stehenden Ventilen, „um die Ecke" in die Brennräume hinein- bzw. hinausgeleitet werden müssen.

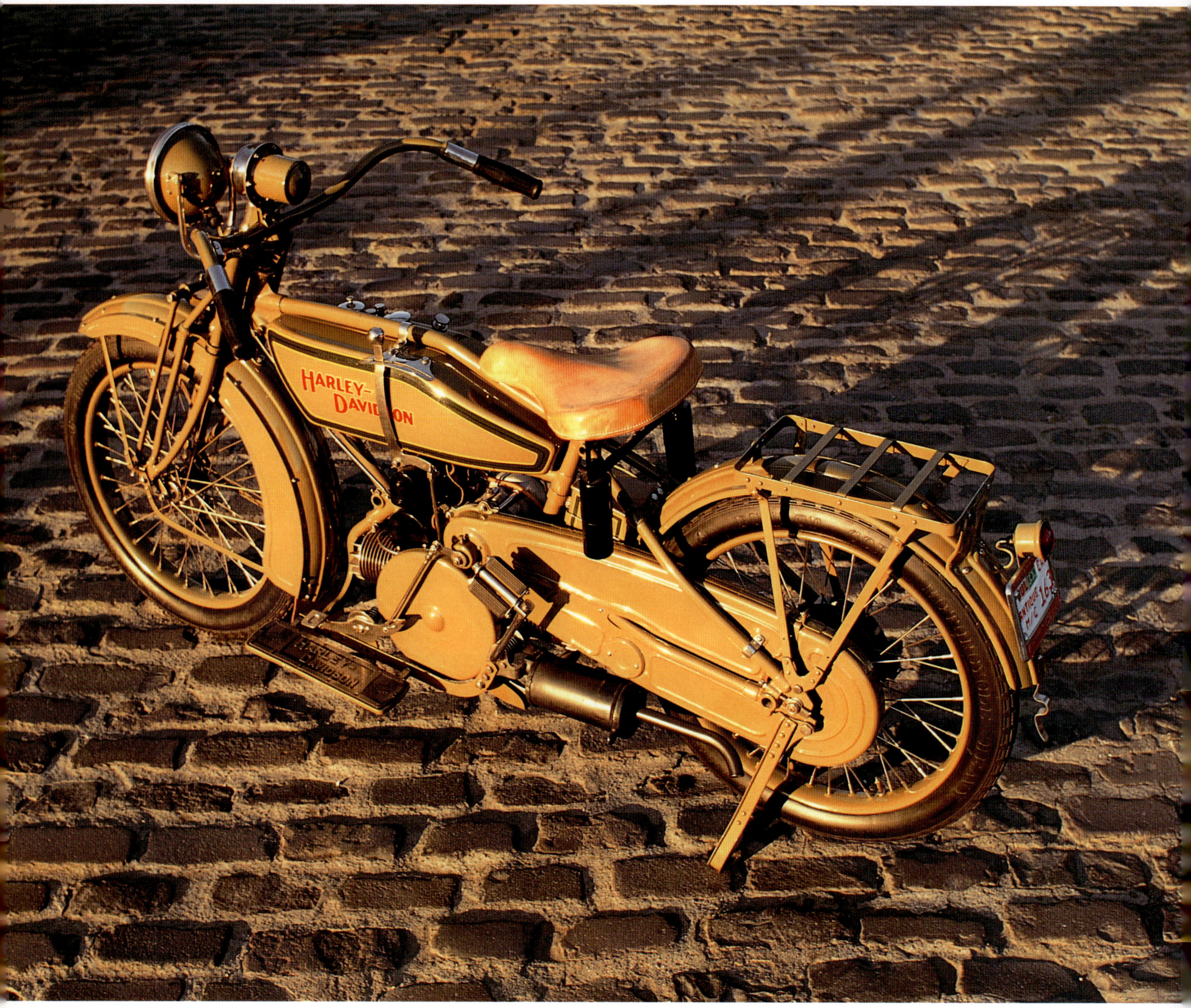
HARLEY-

Kapitel 5

WJ Sport Twin

Die andere Harley-Davidson

Kein Modell entfernte sich jemals so weit vom Rest der Harley-Familie wie die hier gezeigte WJ Sport Twin.

Während des Ersten Weltkriegs hatte die „Motor Company" alle Hände voll zu tun, um die Armee mit Tausenden von robusten Maschinen mit Zweizylinder-V-Motoren zu versorgen. Doch man machte sich auch bereits Gedanken darüber, welche Art von Motorrädern in der Nachkriegszeit gefragt sein würden.

Harley und die Davidsons kamen zu dem Schluß, daß die Zukunft wohl dem Gentleman-Motorrad gehörte, einem sauberen, leisen, zuverlässigen und praktischen Fortbewegungsmittel, und die Konstruktionsabteilung erhielt den Auftrag, eine komplett neue Maschine mit völlig neuem Zweizylindermotor zu entwickeln.

Heraus kam ein längs eingebautes Boxertriebwerk mit zwei sich waagerecht gegenüberliegenden Zylindern, deren Kolben sich dank zweier um 180° versetzter Hubzapfen im Gleichtakt aufeinander zu- und voneinander wegbewegten. Die dabei entstehenden Massenkräfte löschten sich gegenseitig aus, was der Laufruhe sehr zugute kam. Der „W-Motor", wie er Harley-intern genannt wurde, verfügte über ein zierliches Kurbelgehäuse mit außenliegender, unter einer Blechabdeckung versteckter Schwungscheibe. Bohrung und Hub betrugen 69,8 mal 76,2 mm, woraus sich knapp 600 ccm (36 cu.in.) Hubraum ergaben – genug für bescheidene 6 PS Leistung.

Die Zylinder verfügten über angegossene Zylinderköpfe, wodurch eine Kopfdichtung entfiel. Die seitlich stehenden (oder besser: liegenden) Ventile waren durch eingeschraubte Kappen an den Kopfseiten der Zylinder zugänglich. Durch abwechselnde Zündung der beiden Zylinder ergab sich eine regelmäßige Zündfolge, und außerdem konnten alle vier Ventile von einer zentralen Nockenwelle mit zwei Nocken gesteuert werden. Der einzelne Vergaser saß ziemlich verloren rechts hinten am Motor, wodurch sich ungewöhnlich lange Ansaugkanäle ergaben. Um dem Problem der Tröpfchenbildung im Ansaugtrakt entgegenzuwirken, wurden diese jedoch über dem Auspuffrohr verlegt, so daß sich die Leitungen aufheizten – was in Anbetracht der geringen Leistung auch keine weiteren Probleme aufwarf.

Der „Trittstarter" war entgegen der allgemein gültigen Philosophie links angeordnet, so daß man sich zum Antreten neben das Motorrad stellte. Man darf vermuten, daß entweder die Auslegung von Kupplung und Dreiganggetriebe oder die festgelegte Position des Vergasers die Konstrukteure zu diesem Schritt bewogen haben.

Motor und Getriebe waren in einem gemeinsamen Gehäuse untergebracht, wobei die Getriebewellen über der Kurbelwelle rotierten. Das kompakte

Die Sport Twin war eine Harley-Davidson für den Gentleman, doch leider stellte sich heraus, daß es davon nicht sehr viele gab. Besitzer: Armando Magri, Sacramento, Kalifornien.

Die einzige Bremse sitzt in der Hinterradnabe. Daß es sich hierbei um eine Konusbremse handelt, verrät der wie bei einem Fahrrad angelenkte Bremsanker.

Die Sport Twin entfernte sich mit ihrer ungewöhnlichen Kurzschwingengabel und ihrem längs eingebauten Boxermotor drastisch vom gewohnten Harley-Bild. Der geschlossene Kettenkasten war jedoch seiner Zeit voraus.

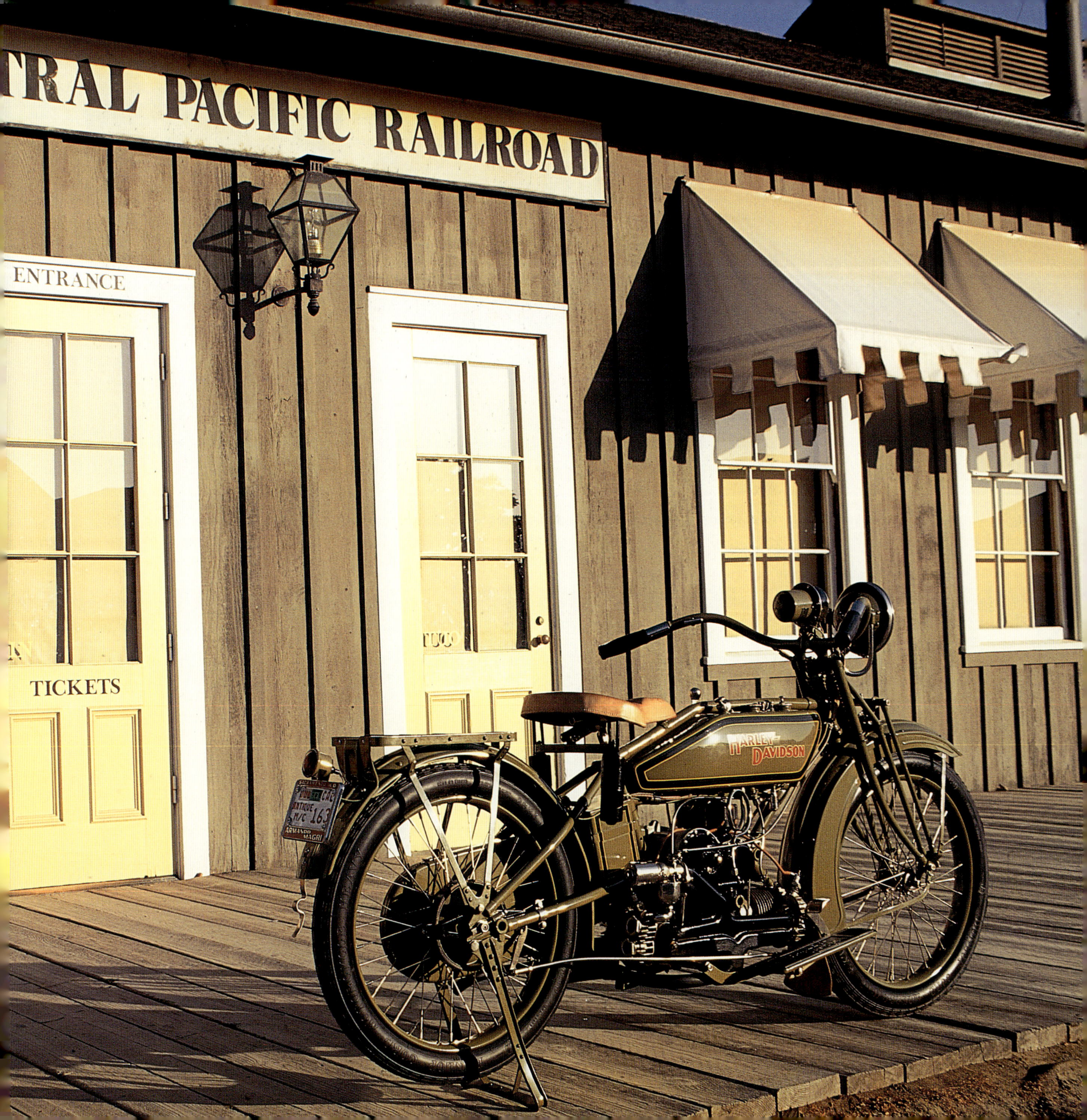
TRAL PACIFIC RAILROAD
ENTRANCE
TICKETS
HARLEY DAVIDSON

Die beiden Tankhälften für Kraftstoff und Öl sind am Rahmenoberzug angehängt. Die Ölpumpe ist im Tankgehäuse eingelassen, das gleichzeitig als Montagepunkt für die Schalthebelkulisse fungiert.

Wenn der Nachbar mit der Sport Scout unseren Mann auf der Sport Twin überholte, dann tat das weh, und dafür, daß er nicht alle Nase lang die Kette spannen und schmieren mußte, konnte sich unser Held in diesem Moment auch nichts kaufen.

Triebwerk saß in einem unten offenen, eindimensionalen Rohrrahmen und fungierte als tragendes Element. Der durch den tief montierten Motor relativ niedrige Schwerpunkt und das angegebene Gewicht von nur 120 kg trugen maßgeblich zum gutmütigen Fahrverhalten der Sport Twin bei. Die traditionelle Handölpumpe war dank einer automatischen Schleuderölschmierung nur selten gefordert. Die Sekundärkette lief in einem geschlossenen Kettenkasten, der von der Kurbelgehäuseentlüftung ständig mit einem feinen Ölnebel versorgt wurde. Man schrieb das Jahr 1919, wohlgemerkt!

Das Hinterrad wurde von einer fußbetätigten Bandbremse verzögert. Die hier gezeigte Maschine beitzt nicht die später gegen Aufpreis erhältliche Vorderradbremse gleicher Bauart. Das Modell W verfügte über eine Magnetzündanlage, das teurere Modell WJ dagegen bereits über eine Batterie-/Spulenzündung mit elektrischer Beleuchtung.

Besondere Beachtung verdient auch die Vorderradgabel. Die Kurzschwinge wurde nämlich nicht, wie bei der „Springer"-Gabel, geschoben, sondern gezogen. Die wie Kipphebel mittig gelagerten, kurzen Schwingenholme übertrugen ihre Zugbewegungen an zwei weitere, am starren Schutzblech befestigte Kipphebel, die ihrerseits eine zentrale Feder vor dem Lenkkopf zusammendrückten.

Die Sport Twin war anders als die anderen Harleys, doch während manche Details, etwa die gekapselte Sekundärkette, ihrer Zeit voraus waren, funktionierten andere, wie zum Beispiel die umständliche Vorderradgabel, nicht unbedingt besser als die traditionellen Lösungen.

Doch die Sport Twin hatte einen vielversprechenden Start. 1918 war Harley-Davidson zum größten Motorradhersteller der Welt avanciert und hatte als solcher genügend Kapazitäten frei, um bereits während der Rüstungs-Vollproduktion Motorräder für die „Zeit danach" zu bauen. Als der Krieg zu Ende war, konnte Harley daher den aufgestauten Bedarf sofort befriedigen, während Indian erst einmal die Produktion auf Zivilfahrzeuge umstellen mußte.

Außerdem war die Sport Twin ja auch eine außergewöhnlich gute Maschine. Ein Modell WJ war das erste Motorrad, das jemals Mount Baldwin erklomm, den Hausberg von Los Angeles. Eine zweite Sport Twin unterbot den von einer 1000-ccm-Maschine aufgestellten Rekord des „Three Flag Run", einer Dreiländerfahrt von Kanada nach Mexiko, um volle fünf Stunden. Auf der traditionellen

Der schmal und lang bauende Boxermotor bot sich für die Verwendung von Trittbrettern geradezu an. Allerdings erforderte das Konzept auch immens lange Ansaugkanäle.

Wettfahrt von Chicago nach Denver schlug die Sport Twin eine schwere Vierzylinder-Maschine, und als sich einer der berühmtesten Abenteurer jener Zeit dazu entschloß, das berüchtigte „Tal des Todes" mit dem Motorrad zu durchqueren, entschied er sich nicht ohne Grund für eine Sport Twin. Die „Motor Company" wußte solche publicityträchtigen Unternehmungen sehr gut auszuschlachten, denn schließlich existierten die meisten Fernstraßen damals nur in der Phantasie der Kartenzeichner, und da mußte man sich auf sein Motorrad verlassen können.

Die Sport Twin wurde rasch zum Rückgrat des Harley-Exportgeschäfts. Vor allem die Europäer fanden Gefallen an ihrer Konzeption und ihrer Leistungscharakteristik. Bleibt die Frage, warum Harley-Davidson die Sport Twin bereits 1923 wieder aus dem Programm nahm. Nun, die Antwort lautet: wegen der zu geringen Leistung.

Indian hatte in der Zwischenzeit die Sport Scout vorgestellt, eine Zweizylinder-V-Maschine mit Leistung und Drehmoment satt. Außerdem hatte Henry Ford 1920 den Preis seines T-Modells auf 395 $ gedrückt. Die Sport Twin hatte leistungsmäßig keine Chance gegen die Sport Scout und kostete mit 380 $ nur 15 $ weniger als ein echtes, vierrädriges Automobil.

Wenn der Nachbar mit der Sport Scout unseren Mann auf der Sport Twin überholte, dann tat das weh, und dafür, daß er nicht alle Naselang die Kette spannen und schmieren mußte, konnte sich unser Held in diesem Moment auch nichts kaufen.

Und wenn dann noch einer daherkam, und einem für den Preis eines Motorrads ohne Beiwagen ein ausgewachsenes Auto anbot, dann dürfen Sie mal raten, wer eilfertig „Ja, mein Liebes" sagte und am Sonntag nach der Kirche zum Ford-Händler marschierte.

Die Sport Twin war wohl ihrer Zeit zu weit voraus. Ihr geniales Konzept kam ein paar Jahrzehnte zu früh, um vom allgemeinen Publikum geschätzt zu werden.

Die Sport Twin wurde rasch zum Rückgrat des Harley-Exportgeschäfts. Vor allem die Europäer fanden Gefallen an ihrer Konzeption und ihrer Leistungscharakteristik.

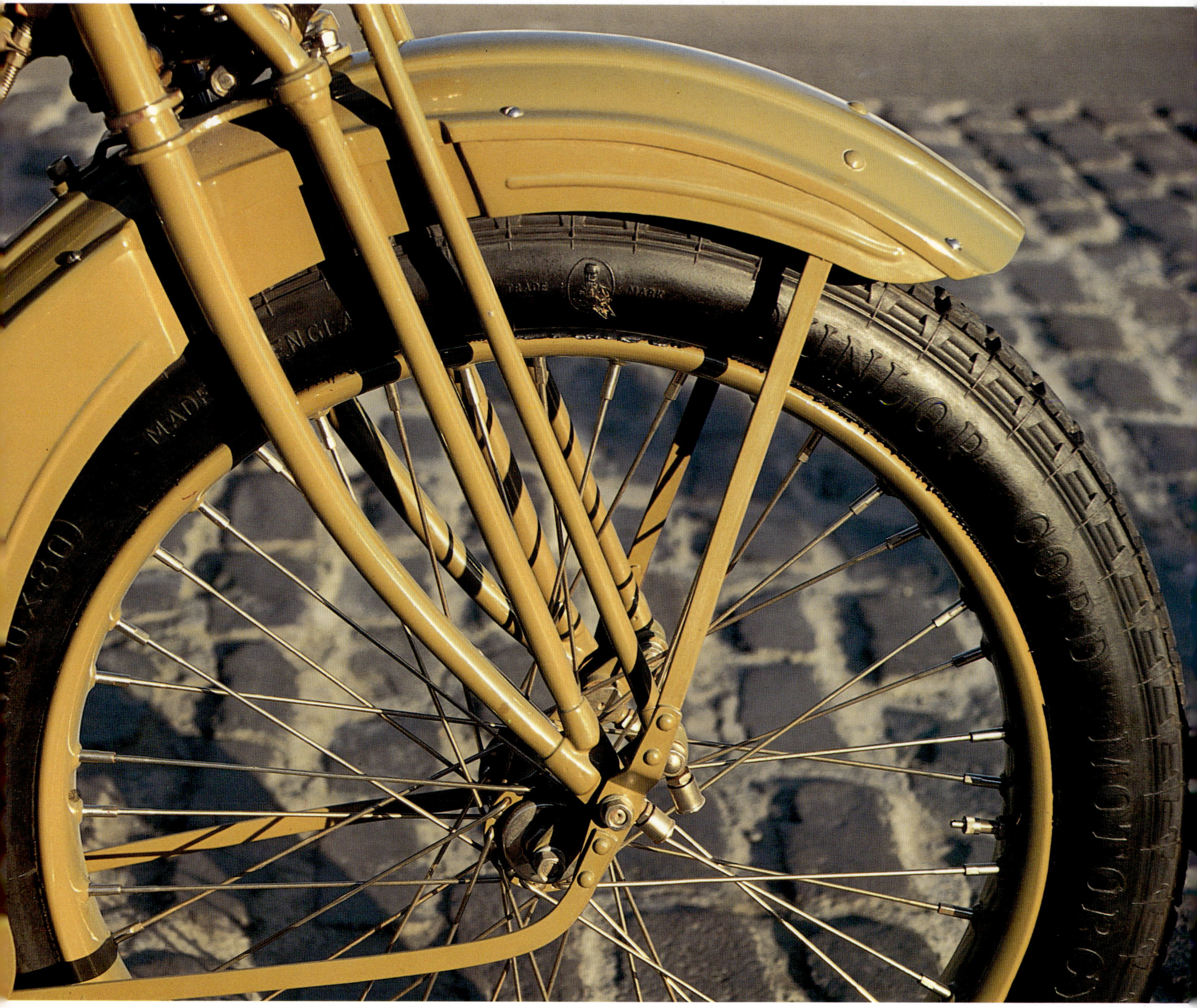
MADE
TRADE MARK

Das Getriebe der Sport Twin verfügt über drei von Hand geschaltete Gänge. Gekuppelt wird noch immer mit dem linken Fuß.

Die Lichtmaschine war mittlerweile leistungsfähig genug, um einen elektrischen Scheinwerfer zu verkraften.

Vielleicht hatten aber auch die Sportfahrer schon 1922 erkannt, daß der Sound eines echten Motorrads nun einmal das dumpfe, unregelmäßige Poltern eines Zweizylinder-V-Motors ist.

Eines der umstrittensten Merkmale der Sport Twin war die ungewöhnliche Vorderradgabel, bei der das Schutzblech die Federbewegungen des Vorderrads nicht mitmachte. Die gezogene Kurzschwinge steht in der Geschichte von Harley-Davidson ohne Beispiel und sollte auch nicht wieder verwendet werden.

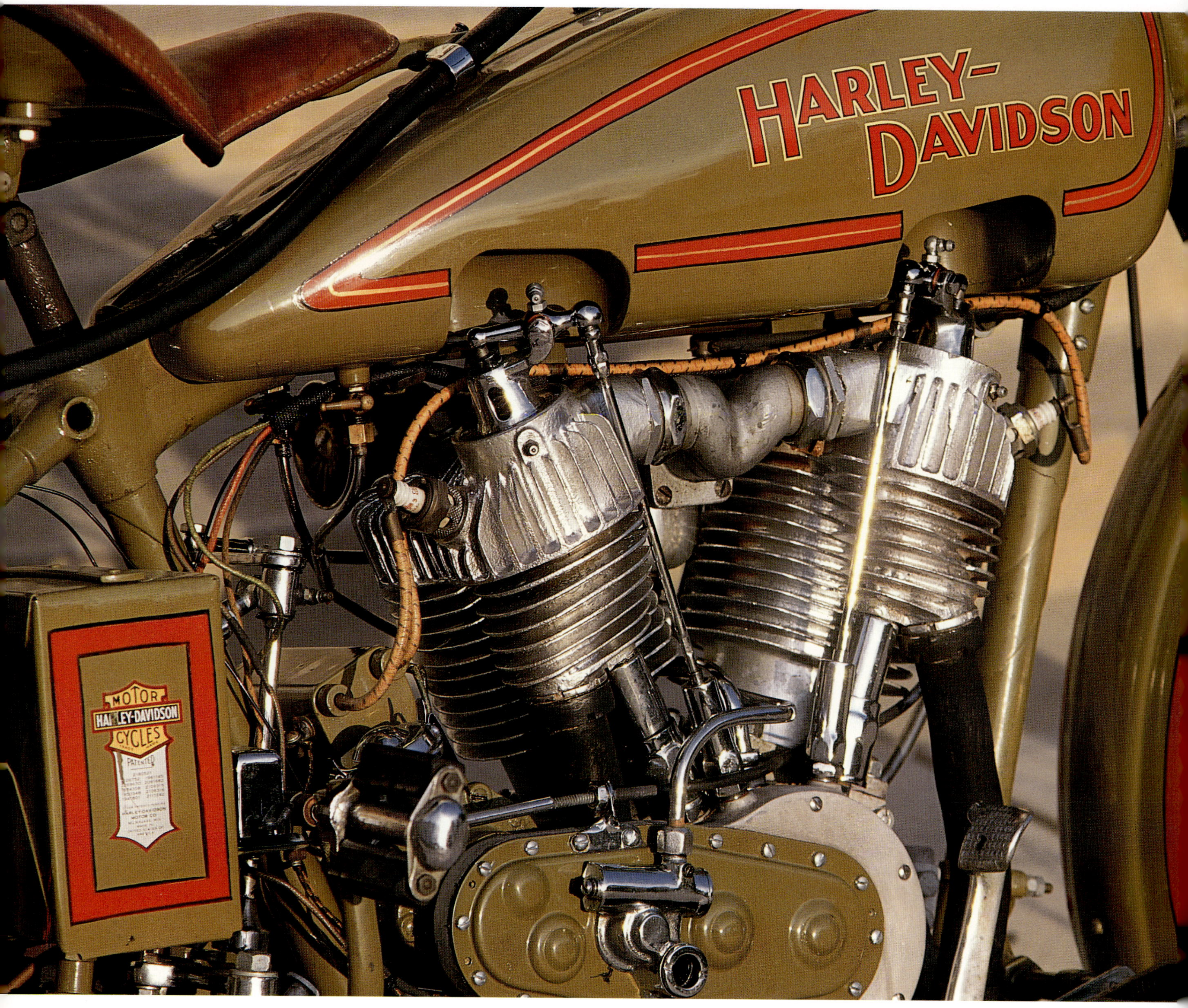
HARLEY-
DAVIDSON
MOTOR
HARLEY-DAVIDSON
CYCLES
PATENTED

Kapitel 6

Modell JD, 1926

Der große Zweizylinder kommt in die Jahre

Das hier beschriebene Motorrad wurde zur Legende – allerdings nicht zu Lebzeiten, sondern erst Jahre später. Es handelt sich um eine JD-Version von 1926, dem zweiten Produktionsjahr des Modells, doch die eigentliche Geschichte begann schon weitaus früher, genaugenommen mit dem wechselgesteuerten Zweizylinder-V-Motor. Bei Ausbruch des Ersten Weltkriegs war das Motorrad als solches noch nicht viel mehr gewesen als ein erschwingliches Transportmittel. Doch wenn man dem Krieg überhaupt etwas Gutes nachsagen will, dann, daß er doch immer wieder technische Errungenschaften propagiert. So auch der sogenannte „Große Krieg", der laut übereinstimmender Meinung aller Beteiligten der letzte gewesen sein sollte. Für Harley-Davidson brachte der Krieg eine Erweiterung der Modellpalette um eine Reihe kleiner, leichter Einzylinder und die 600er Sport Twin.

Fester Bestandteil des Programms war jedoch auch das Modell JD mit 1000-ccm-Zweizylinder-V-Motor. 1921 beschritt Harley-Davidson den einfachsten Weg der Leistungssteigerung und vergrößerte den Hubraum des JD-Motors auf 1212 ccm (74 cu.in.), den klassischen Harley-Hubraum also.

Ansonsten änderte die „Motor Company" nichts, und so sah die JD 1924 im Vergleich zur Konkurrenz ziemlich alt aus. Die Überarbeitung für das Folgejahr brachte als erstes einen neuen Rahmen mit tiefer eingebautem Motor die Straßenverhältnisse hatten sich schließlich entscheidend verbessert. Die stärker dimensionierten Rohre formten ein unten offenes Gestell, das durch eine Motor-Halteplatte geschlossen wurde und somit als Vorläufer der sechzig Jahre später verwendeten Rahmenbauart gilt.

Durch den neuen Rahmen lag der einzelne Sitz gegenüber den Vorläufermodellen um volle acht Zentimeter näher am Asphalt. Mehr noch, er war gefedert, und zwar in einem richtigen Teleskop, gebildet durch das hinter dem Motor leicht nach hinten geneigte Sattelrohr, in dem die Sattelstütze gleitend auf- und abschwingen konnte. Das Hinterrad war zwar immer noch nicht gefedert, aber dieser phantastische Teleskopsattel schluckte fast alle Fahrbahnstöße, feine und derbe, und außerdem vermittelte er ein herrliches Schwebegefühl. Wer noch nie auf einem solchen Sattel gesessen hat, wird meine Begeisterung nur schwer nachvollziehen können.

Die JD verfügte auch über eine Reihe praktischer Details wie zum Beispiel ein nach oben klappbares Hinterradschutzblech, das den Radausbau (wegen der vielen Reifenpannen ohnehin eine Plage) ungemein erleichterte.

Der schlanke Look war definitiv „out". Die JD (wie auch das Modell J mit 1000 ccm) rollte auf dickeren, kleineren Rädern mit 27" x 31/2" Ballonreifen (statt schmalen 28-Zöllern), und auch der Tank war kürzer, breiter und runder geworden.

Die niedrige Rahmenhöhe und größere Tanks diktierten großzügige Aussparungen für die Ventiltriebe. Besitzer: Johnny Eagles, Orange, Kalifornien.

Nächste Seite:
Das wechselgesteuerte Triebwerk der JD verfügte über satte 1212 ccm Hubraum, was gleichzeitig ihr größter Pluspunkt war.

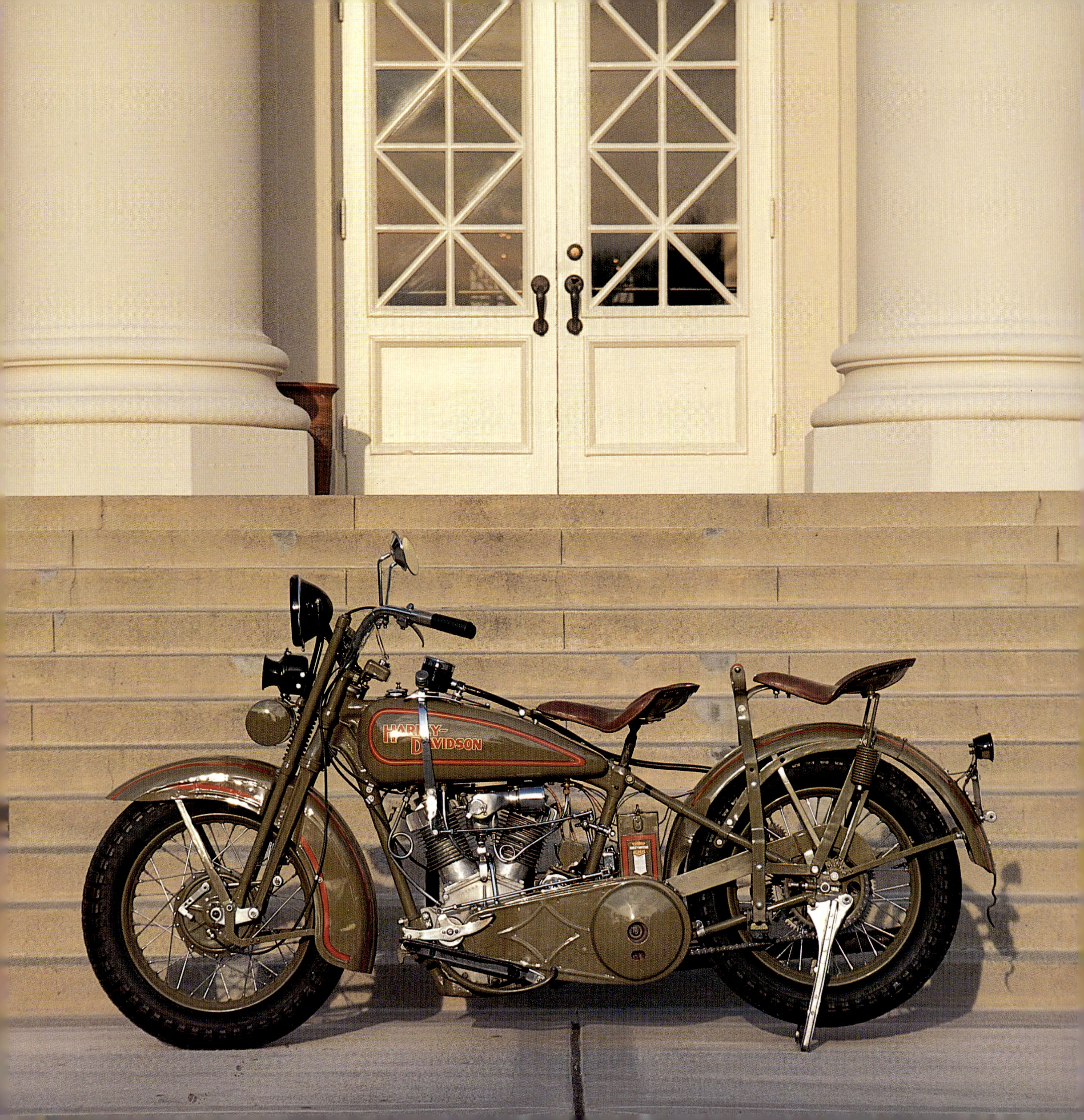
HARLEY-DAVIDSON

Das Triebwerk war im Prinzip ein alter Bekannter, wenn auch mittlerweile eine zahnradgetriebene Ölpumpe für einen stetigen Öltropf sorgte. Dieser wurde jedoch immer noch von den wirbelnden Wangen der Kurbelwelle herumgeschleudert und verbrannte früher oder später, wie auch die beruhigende Handölpumpe für den „Extra-Klacks" bei Steigungen oder schneller Fahrt (noch) nicht fehlen durfte. Der Schalldämpfer der JD verfügte über ein bewegliches Prallblech, das außerhalb geschlossener Ortschaften einfach zur Seite geklappt werden konnte.

Das Triebwerk der JD war also offensichtlich eine Weiterentwicklung des alten V-Motors mit hängendem Einlaß- und seitlich stehendem Auslaßventil. Die hier abgebildete JD von 1926 verfügt über eine einzelne Nockenwelle mit vier Nocken, einem pro Ventil. Später erhielten die J-Serien-Motoren (genauer gesagt, ab den Modellen JD und JDH von 1929) zwei nebeneinanderliegende Nockenwellen mit je zwei Nocken. Diese Triebwerke waren logischerweise als „Zweinocken"-Motoren bekannt, wenngleich die ebenfalls mit zwei Nockenwellen, aber nur je einem Nocken, ausgerüsteten Einzylinder nie so genannt wurden. Als der wechselgesteuerte Motor endgültig vom Seitenventiler (sv-Motor) abgelöst wurde, erfolgte die Betätigung der vier hintereinander stehenden Ventile über vier kurze Nockenwellenstummel, während das 1936 vorgestellte ohv-Modell „E" mit hängenden Ventilen wieder eine einzelne Welle mit vier Nocken erhielt. Auch heute noch verfügt der „große" V-Motor über eine einzelne und der „kleine" (wenngleich die heutige XL mit 1212 ccm Hubraum diesem Klischee längst entwachsen ist) über vier Nockenwellen. Ordnung muß sein; außerdem hat Harley-Davidson einen Sinn fürs Bewährte.

Die JD war ein gutes, solides, zuverlässiges und problemloses Motorrad. Nicht gerade ein Ford T-Modell auf zwei Rädern, dafür war sie schlicht zu teuer, aber immerhin mindestens so robust wie dieses.

Das auf diesen Seiten abgebildete Exemplar befindet sich seit 1959 im Besitz des Sammlers Johnny Eagles. Es begann seine Karriere als Privatmaschine eines Motorrad-Polizisten und war in seinen ersten zehn Lebensjahren täglich im Einsatz. Danach verschwand es in einer privaten Sammlung und wurde erst kürzlich wieder für den Straßenverkehr angemeldet. Wer genau hinsieht, erkennt, daß Räder und Bereifung modernisiert wurden und Eagles der JD eine Vorderradbremse spendiert hat, die es eigentlich erst ab 1928 gab. „Ich fahre gerne schnell", erklärt der Besitzer.

Gegen Ende der zwanziger Jahre drohte der amerikanische Motorradmarkt zusammenzubrechen, nicht zuletzt wohl auch, weil Henry Ford die Preise für

Vorhergegangene Seite:
Die runde Blechdose unter dem Scheinwerfer ist ein Werkzeugbehälter, der aufgrund seiner Form und Anbringung auch scherzhaft „Berhardinerfaß" genannt wird.

Das Hinterrad ist nach dem Aufbocken auf den wuchtigen Ständer völlig frei und läßt sich durch Hochklappen des hinteren Schutzblechteils problemlos ausbauen.

seine angejahrte „Tin Lizzy" radikal zusammengestrichen hatte. Trotzdem konnte sich Harley-Davidson dank der JD vor dem Erzrivalen Indian an der ersten Stelle der Verkaufsstatistiken halten.

Indian hatte jedoch seine Hausaufgaben gemacht und baute mittlerweile Seitenventiler-Motoren, die mit den wechselgesteuerten Triebwerken Schritt halten konnten. Harley bekannte sich bald ebenfalls zum billiger herzustellenden sv-Motor und stellte 1930 neue 1200er-Modelle vor, die allesamt über seitengesteuerte Triebwerke verfügten.

Aus irgendeinem Grund hatte Harley jedoch immer Pech mit neuen Modellen, so auch mit den sv-Motoren. Die Dinger gingen reihenweise kaputt, so

daß sich die „Motor Company" gezwungen sah, eine der ersten Rückrufaktionen der Motorradgeschichte einzuleiten. Als dann endlich die VL 74 mit dem verbesserten Triebwerk auf den Markt kam, war sie bei annähernd gleicher Leistung fast einen Zentner schwerer als die gute, alte JD.

Zur Ehrenrettung der moderneren Maschine muß jedoch gesagt werden, daß einige Händler ihre JD-Kunden zu einer langen Wettfahrt gegen eine (peinlich sauber vorbereitete) VL herausforderten, auf der die JD normalerweise die Waffen streckte und die VL durchhielt.

Da die JD Amerika jedoch durch eine Zeit schwerer Wirtschaftskrisen begleitete (wir befinden

Die schlechten Straßen des Wilden Westens erforderten einen massiven Haltegriff für den Sozius. Der Fahrer saß mittlerweile auf einem weich gefederten Teleskopsitz.

Das „Armaturenbrett" verfügte über zwei Knebelschalter, Zündung links, Licht rechts.

Die zeitgenössischen Extras beschränkten sich auf einen Soziussattel. Der Besitzer dieses Schmuckstücks hat seiner Maschine jedoch eine Vorderradbremse und Rückspiegel spendiert, weil er sie auch im heutigen Verkehr bewegt.

uns mittlerweile in den dreißiger Jahren), wurde sie zu einer Symbolfigur. In den Augen der alten Kämpen war die JD natürlich dem „modernen Gelump"' haushoch überlegen, so wie Duesenberg immer noch die besten Autos baute und keiner so zuschlug wie Joe Louis. „Nostalgische Verklärung" nennt man das wohl.

Als jedoch die amerikanische Motorradfahrer-Vereinigung AMA (American Motorcyclist Association) 1930 ein neues Reglement für Motorradrennen verabschiedete, war darin eine sogenannte „Klasse Semiprofessionals, Gruppe B" für Sandbahn- und Bergrennen enthalten, in der die Hubraumgrenze für rein kopf- oder wechselgesteuerte Motoren 1000 ccm (61 cu.in.), für seitengesteuerte Triebwerke dagegen 1311 ccm (80 cu.in.) betrug. Die alten JD beherrschten ihre Klasse so unangefochten, daß die AMA am Ende einschreiten mußte, um auch den neuen Motorrädern eine Chance zu geben: Sie verbot wechselgesteuerte Motoren.

Das war 1939, zehn Jahre nach Produktionsende der JD, also muß an der Legende wohl doch irgend etwas drangewesen sein.

Die Bremsleuchte informiert zu dicht auffahrende Hintermänner unmißverständlich über den Grund ihres Aufleuchtens.

Die JD verfügte auch über eine Reihe praktischer Details wie zum Beispiel ein nach oben klappbares Hinterradschutzblech, das den Radausbau (wegen der vielen Reifenpannen ohnehin eine Plage) ungemein erleichterte.

Kapitel 7

Modell VLH, 1936

Der beste Seitenventiler

Nach über dreißig Jahren langweiliger Lackierungen in unempfindlichem Olivgrün-Braungrau mußte Harley-Davidson schließlich Farbe bekennen, wie das flammende Rot dieser 1936er-VLH beweist. Besitzer: Frank Gorzny, Idlewild, Kalifornien.

Im Zen-Buddhismus gibt es eine verzwickte Frage, die da lautet: Wenn ein Baum umfällt und niemand da ist, es zu hören, gibt es dann überhaupt ein Geräusch?

In der Geschichte der Marke Harley-Davidson gibt es eine ähnliche Story. Sie beginnt im Jahre 1930, als die J-Serie mit ihren wechselgesteuerten Ventilen durch das Modell V mit seitengesteuertem V-Motor ersetzt wurde. Dieses Triebwerk hatte noch immer 1212 ccm Hubraum, verfügte aber über ein besseres Fahrwerk und sah irgendwie viel moderner aus. Wie bei Harley üblich entwickelte sich jedoch das erste Jahr des neuen Modells zu einem wahren Desaster. Die Konstruktion war an sich nicht schlecht, doch hatte man ein paar Teile (wie z.B. die Schwungscheiben) zu schwach dimensioniert – mit verheerenden Auswirkungen. Viele Harley-Freunde bedauerten bald, ihre bewährte JD verkauft zu haben, und schworen Stein und Bein, daß die alte Konstruktion der neuen haushoch überlegen war.

Im Prinzip waren jedoch die Modelle V und VL (wobei das „L" für höhere Verdichtung stand) gute, gesunde Ballermänner. Vor allem die VL konnte es endlich wieder mit den neuen Indians aufnehmen, und das war schließlich das einzige, was zählte, denn die anderen amerikanischen Hersteller waren zwischenzeitlich in Konkurs gegangen, und die angeschlagenen europäischen Motorradfirmen mußten selber zusehen, wie sie über die Runden kamen.

Der Rennsport war Anfang der dreißiger Jahre immer noch ein Tummelfeld für hochspezialisierte, teure Werksmotorräder, und die Kraftfahrzeugsteuer richtete sich nicht wie in Europa nach dem Zylinderinhalt, sondern nach dem Verkaufspreis. Letzteres hatte zur Folge, daß amerikanische Motorräder zur möglichst preiswerten Leistungssteigerung auf immer mehr Hubraum zurückgriffen, während man in Europa danach trachtete, immer mehr Leistung aus immer kleineren Triebwerken herauszupressen.

Die Zeiten waren schlecht, als Harley sich an die Konstruktion eines neuen Triebwerks machte. Die kopfgesteuerte „Knucklehead" kam 1936 mit einiger Verspätung auf den Markt. Kinderkrankheiten und wirtschaftliche Sachzwänge hatten die Präsentation mehrmals verschoben, so daß Harley in der Zwischenzeit ein altes Modell auffrischte und somit unfreiwillig den ersten „Werks-Hot-Rod" auf die Räder stellte.

Im Spätjahr 1935 tauchte, von der breiten Öffentlichkeit fast unbemerkt, eine überarbeitete sv-Maschine in den Ausstellungsräumen der Händler auf. Das Modell wurde nie im Modellkatalog oder anderen Broschüren erwähnt, und die meisten Autoren von Harley-Büchern haben es glatt vergessen.

Die Rede ist hier von der VLH, die im Prinzip auf der höher verdichteten 1200er VL basierte, jedoch über eine neue Kurbelwelle mit größerem Hub (108 mm!) verfügte. Durch den um 6 mm nach außen ver-

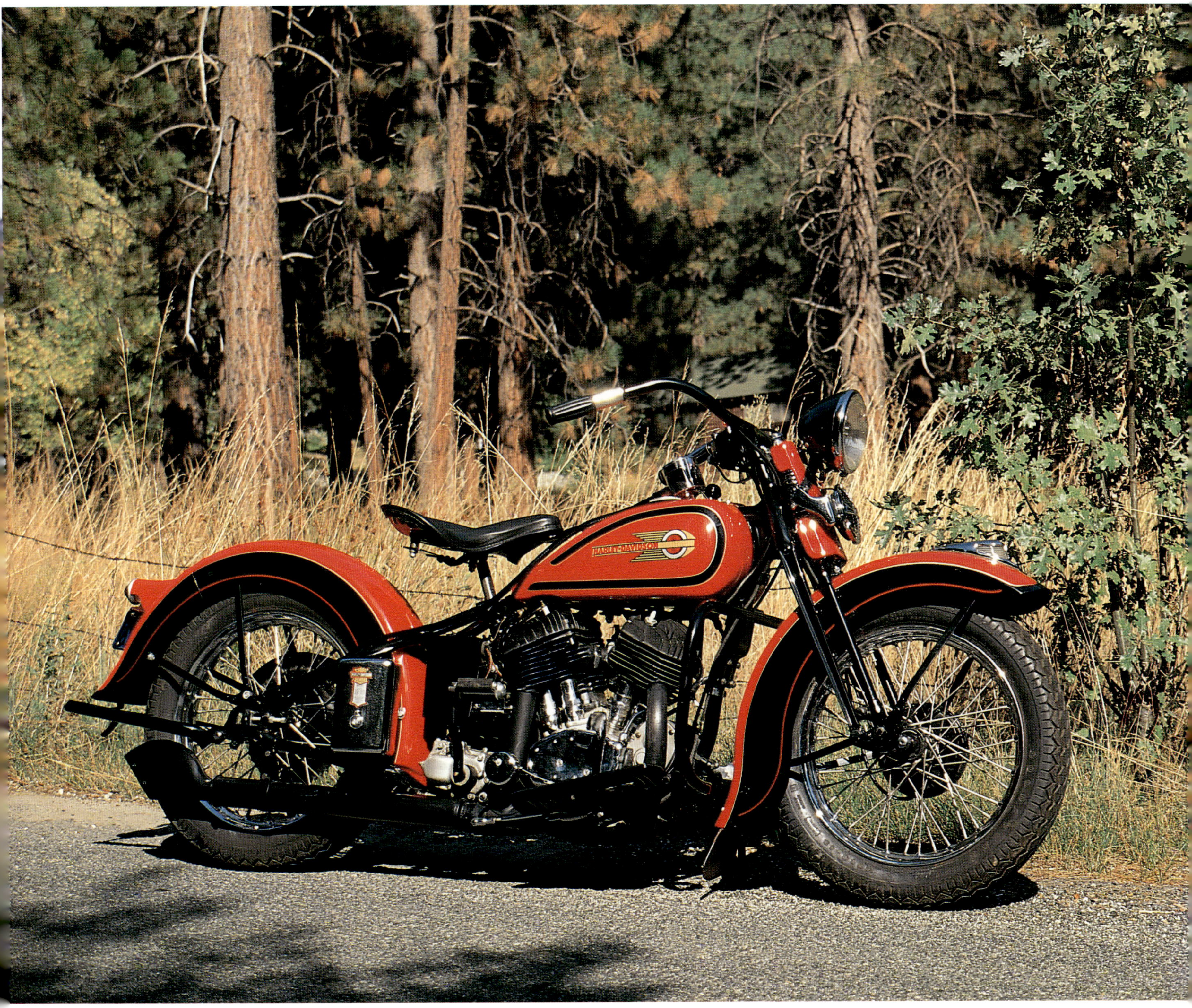
HARLEY-DAVIDSON

Die Tankkonsole verfügt mittlerweile neben den bekannten Schaltereinheiten auch über ein Amperemeter, das den Fahrer über den Ladezustand der Batterie informiert. Die zeitgenössischen Würfel-Schalterknöpfe verraten viel über den Musikgeschmack des Besitzers dieser Maschine.

Das beste Verkaufsargument für ein neues Modell war schon immer ein Quentchen Mehrleistung, und wenn man diese nicht durch ein moderneres Motorenkonzept herausholen konnte, beschritt man einfach den Weg der Hubraumvergrößerung.

setzten Hubzapfen verfügte der VLH-Motor bei gleicher Bohrung über 1311 ccm (80 cu.in.) und eine um gut 10 % gestiegene Leistung. Sonst war alles beim alten geblieben, auch die antiquierte Verlustölschmierung, die erst beim Modell E durch ein Trockensumpfsystem ersetzt werden sollte.

Der Rest der Maschine stammte unverändert von der VL, mit Ausnahme des gegen Aufpreis erhältlichen Vierganggetriebes. Das Getriebe saß an der gleichen Stelle wie das für den Beiwagenbetrieb angebotene Dreiganggetriebe mit Rückwärtsgang, allerdings in einem neuen Gehäuse, das auch für das ohv-Modell „61" (wie die Knucklehead auch genannt wurde) verwendet wurde. Kurioserweise verfügte das Schaltwerk über ein einzigartiges Innenleben, das zu keinem anderen Harley-Getriebe paßte.

Nicht einmal der Technik-Historiker Jerry Hatfield fand bei der Durchforstung persönlicher Ingenieursnotizen einen Hinweis auf die Gründe für dieses unorthodoxe Vorgehen, so daß wir wieder einmal auf Spekulationen angewiesen sind.

Dazu muß man allerdings wissen, daß die amerikanische Motorradindustrie darniederlag und Harley und Indian die einzigen übriggebliebenen Hersteller waren. Indian hatte einen gewissen Technologievorsprung, besaß bereits einen 1300er-Ballermann und konnte schon mit einer funktionierenden Umlaufschmierung („Trockensumpf-schmierung" nannten sie das) aufwarten, als Harley noch damit experimentierte.

Außerdem war Indian in der Zwischenzeit von dem Chemie- und Farbengiganten du Pont aufgekauft worden, so daß die Modelle mit dem Indianerkopf in den strahlendsten Farben lackiert waren. Harley geriet in Zugzwang und mußte hastig Abschied nehmen vom drögen Olivgrün-Braungrau.

Harley steckte in einer tiefen Krise, und aus Gesprächsaufzeichnungen zeitgenössischer Vorstandssitzungen geht hervor, daß trotz aller Hoffnungen auf das neue ohv-Modell die Besitzer mehr als einmal geneigt schienen, die Firma einfach dichtzumachen, so wie kurz zuvor Excelsior.

Am Ende überwog dann aber doch der Enthusiasmus für die neue „Sixty-One", und als sich der Vorstellungstermin verzögerte, entschloß man sich kurzfristig zu einem preisgünstig zu realisierenden Schnellschuß.

Schalthebel und Tachometer am Tank repräsentieren typisch amerikanischen Vorkriegs-Motorradbau.

Das beste Verkaufsargument für ein neues Modell war schon immer ein Quentchen Mehrleistung, und wenn man diese nicht durch ein moderneres Motorenkonzept herausholen konnte, beschritt man einfach den Weg der Hubraumvergrößerung.

Unglücklicherweise stellte sich just in dem Moment, als die VLH einsatzbereit war, heraus, daß die Vorstellung des ohv-Triebwerks sich nur noch um ein paar Monate verzögern würde, und so verzichtete man wohlweislich auf eine großangelegte Werbekampagne für die VLH. Wie hätte das denn ausgesehen, wenn bekannt geworden wäre, daß das billige, alte Modell genau so viel Leistung produzierte wie die vielgelobte und teurere Neuerscheinung? So schlich die große „Eighty" ganz heimlich, still und leise in die Verkaufsräume, wodurch sie nach Meinung von Bud Ekins um den Ehrentitel der „Besten sv-Maschine aller Zeiten" geprellt wurde.

„Werks-Hot-Rods" bieten im allgemeinen viel Spaß fürs Geld, wie die populären Automodelle Buick Century und Plymouth Road Runner in späteren Jahren bewiesen, denn sie verfügen im Gegensatz zu den meisten selbstfrisierten Standardmodellen über eine verläßliche und problemlose Technik. Was die VLH von 1936 ihren biederen (und hubraumkleineren) Schwestern voraushatte, war eine Höchstgeschwindigkeit von über 160 km/h. Die dreißiger Jahre brachten eine wahre Schwemme neuer Geschwindigkeitsrekorde zu Lande, zu Wasser und in der Luft. Rennfahrer wie Fred Ham und die wohl unerschrockenste Motorradfahrerin aller Zeiten, Dot Robinson, vergnügten sich mit Hochgeschwindigkeitsrennen von Küste zu Küste oder von Kanada nach Mexiko. Kein Wunder fühlte sich der normale Motorradfreak bemüßigt, auf den endlosen Geraden des Mittleren Westens den Hahn bis zum Anschlag aufzudrehen, und wer die magische 100-Meilen-Schallmauer durchbrach, konnte sich der allgemeinen Bewunderung seiner Stammtischkollegen sicher sein.

Außerdem war die 36er-VLH für ihre respektable Motorleistung erstaunlich leicht, was dem Kurvenfahrverhalten und der Straßenlage auf schlechter Fahrbahn zugute kam, und schließlich hatte ihre vergleichsweise biedere Technik schon tausendmal ihre Standfestigkeit unter Beweis gestellt. Im Prinzip hatte Harley ja nur den Hubzapfen etwas nach außen

Die VLH von 1936 war der letzte Triumph des guten, alten „Flathead"-Motors. Technisch gesehen gehörte sie zwar schon zum alten Eisen, aber einige Harley-Freunde hätten es gerne gesehen, wenn ihre Zeit noch ein paar Jahre länger gedauert hätte.

Der Fischschwanz-Schalldämpfer war eine Entwicklung aus dem Rennsport und sollte das Auspuffgeräusch vermindern, ohne den Abgasstrom zu behindern. Die ausladenden Sturzbügel waren seinerzeit ein äußerst beliebtes Extra.

A propos Extra: Harley-Fahrer waren schon vor sechzig Jahren stolz auf „ihre" Marke, und die „Motor Company" versorgte sie mit Schirmmützen und Jacken.

gerückt und einige bewegte Teile zusätzlich verstärkt. Die wenigen, die sich über diese Vorzüge im klaren waren, gingen einfach zu ihrem Händler und holten sich eine VLH. Wie wir im nächsten Kapitel noch erfahren werden, hatten es die vielen anderen, fortschrittsgläubigen Zeitgenossen mit der „Sixty-One" nicht ganz so einfach.

A propos Fortschritt: Ohne Zweifel war die Knucklehead das bessere Motorrad. Ein besserer Gasdurchsatz ist eben unterm Strich mehr wert als ein ins Unendliche wuchernder Hubraum. Während also Harley sich an die Verbesserung der „Knuckle" machte, wurde der 1300er-sv-Motor der VLH in das stärker dimensionierte Fahrwerk der Knucklehead verpflanzt und mit deren Trockensumpfschmierung mit automatischer Ölrückführung versehen.

Aus technischer Sicht waren diese Modellpflegemaßnahmen sicher ein Schritt in die richtige Richtung, doch während das ohv-Triebwerk von dem stärkeren Fahrwerk profitierte, entpuppte es sich für die VLH als reines Gewichtshandicap: Die VLH von 1937 war nicht nur langsamer als das Modell E

(Knucklehead), sondern auch langsamer als die 36er-VLH.

Das sv-Triebwerk blieb im Modell UH erhalten, wobei der neue erste Buchstabe dem größeren Hubraum Rechnung trug und der zweite für das neue Fahrwerk stand, bis die „Sixty-One" durch Verlängerung des Hubs zum Modell F mit klassischen 1212 ccm reifte. Die VLH von 1936 war der letzte Triumph des guten, alten „Flathead"-Motors. Technisch gesehen gehörte sie zwar schon zum alten Eisen, aber einige Harley-Freunde hätten es gerne gesehen, wenn ihre Zeit noch ein paar Jahre länger gedauert hätte.

Während die VL als unbestrittenes Topmodell der Palette galt, war die hubraumstärkere, aber ansonsten unveränderte VLH eher ein Geheimtip.

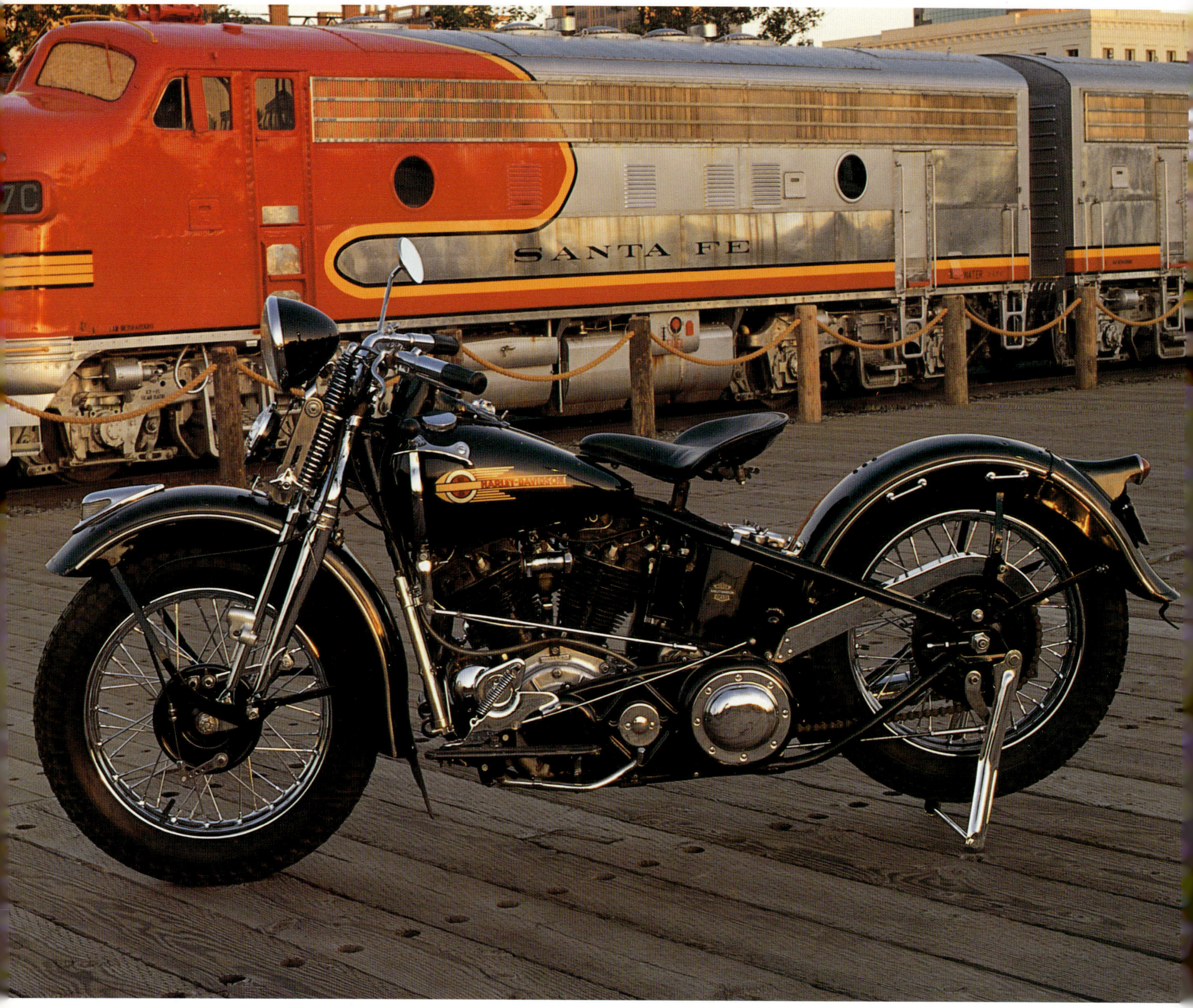
SANTA FE
HARLEY-DAVIDSON

Kapitel 8

Modell E, 1936

Die legendäre „Knucklehead"

Die Knucklehead war der wohl mutigste Schritt in der Harley-Entwicklungsgeschichte, und rückblickend betrachtet auch der einzig richtige. Mit der „Knuckle" begann ein neues Kapitel amerikanischen Motorradbaus.

Ich persönlich bin davon überzeugt, daß die Vorstellung des ohv-Motors 1936 sogar ein noch mutigerer Schritt war, als die Firmengründung im Jahre 1904. Schließlich hatte letzterer in einer Zeit des Aufschwungs stattgefunden, und die Firmengründer konnten sich der Unterstützung durch Familie, Freunde, Zulieferer und Kunden sicher sein.

1936 lag die Weltwirtschaft noch immer am Boden. Die Jahresproduktionszahlen von Harley-Davidson ließen sich in vierstelligen Ziffern ausdrücken, und die allgemeine Lage war so verzweifelt, daß die Mitglieder der Firmenleitung, während die Löhne der Harley-Arbeiter „nur" um 10 % gekürzt worden waren, freiwillig auf die Hälfte ihres Einkommens verzichteten. Mehr als einmal stand die Geschäftsführung vor der Entscheidung, ob sie den Laden nicht lieber zusperren sollte, bevor die finanziellen Reserven vollends aufgebraucht waren.

Anfang der dreißiger Jahre hatte Amerika noch gehofft, daß es sich bei dem Börsenkrach von 1929, der Massenflucht brotloser Farmer aus dem Mittleren Westen in die Großstädte, den Bankenskandalen und den blutigen Aussperrungen streikender Arbeiter nur um die letzten Stolpersteine auf dem erneuten Weg nach oben handelte. Deshalb hatten die Direktoren der „Motor Company" 1931 auch grünes Licht für die Entwicklung eines neuen Modells gegeben.

Es war höchste Zeit gewesen. Zwar hatte Harley Anfang der zwanziger Jahre immer mit der Konkurrenz Schritt halten können und war mit manchen Modellen, wie der Achtventil-Rennmaschine oder der Sport Twin beispielsweise, der Zeit sogar etwas voraus gewesen. Doch gegen Ende der „Roaring Twenties" war Harley-Davidson zu einem Synonym für zuverlässige, leise und anspruchslose Bauernmotorräder geworden.

William S. Harley, der Konstrukteur, wußte, was er tat, als er ein neues Konzept vorstellte. Er konzentrierte sich auf zwei wesentliche Verbesserungen, und die erste betraf das Schmiersystem.

Die meisten Motorradmotoren vertrauten noch auf das unzulängliche, aber bewährte Verlustölprinzip. Zur Schmierung und Kühlung der Motorteile wird nur eine äußerst geringe Ölmenge benötigt, doch stimmt die Fördermenge der mechanisch oder von Hand betätigten Pumpe nur bei relativ niedrigen Drehzahlen. Bei höheren Geschwindigkeiten oder übervorsichtigen Fahrern bekommt das Kurbelgehäuse meist viel zu viel Öl ab, das dann durch die Entlüftung auf Nimmerwiedersehen verschwindet. Harley schlug daher vor, die Ölpumpe nicht nur mit der Förderung des frischen, sondern auch mit der Rückführung des überschüssigen Öls in den Vorratsbehälter zu betrauen und so dafür zu sorgen, daß sich der

Das Modell E repräsentierte 1936 modernes, zeitgenössisches Design vom Feinsten, vergleichbar etwa den aluminiumglänzenden Dieselloks derselben Epoche. Besitzer: Armando Magri, Sacramento, Kalifornien.

Ein hochaufgereckter Scheinwerfer und ein darunter montiertes Signalhorn mit Chromblende waren der letzte Schrei. Bei der außen neben der Schraubenfeder angebrachten Schlitzblende mit Rändelknopf handelt es sich übrigens um einen verstellbaren Reibungsstoßdämpfer.

Da die Stößelrohre am Zylinderkopf in glattflächige Gußgehäuse mündeten, an deren Seiten die Muttern zur Sicherung der Kipphebelwellen herausragten, sahen die Zylinderköpfe auf den ersten Blick aus wie zwei geballte Fäuste mit hervorstehenden Fingerknöcheln.

Motor immer nur so viel Öl genehmigt, wie er tatsächlich braucht.

Sein zweiter Verbesserungsvorschlag betraf die Ventilsteuerung. Seitlich stehende Ventile erfordern einen bescheidenen Konstruktionsaufwand, und sie laufen leise und verschleißarm. Dafür müssen jedoch die ein- und ausströmenden Gase gewaltsam „um die Ecke" gezwängt werden. Außerdem sollte oberhalb der Ventilteller relativ viel Platz bleiben, damit sie sich weit genug aus ihren Sitzen heben können. Da an dieser Stelle, also neben dem eigentlichen Zylinder, auch die Verbrennungsexplosion stattfindet, breitet sich die Druckwelle zunächst seitlich aus, während der Kolben jedoch eigentlich nach unten gedrückt

Die mittlerweile vier Gänge werden immer noch von Hand geschaltet, während die Kupplung über ein über dem linken Trittbrett schwebendes Pedal betätigt wird.

werden muß. Ein „Flathead"-Brennraum ist also immer ein fauler Kompromiß, wobei ein ohv-Zylinderkopf bereits durch seine geradlinigere Kanalführung entscheidende Vorteile bietet. Harley-Davidson brauchte unbedingt einen solchen ohv-Motor, um nicht den Anschluß zu verlieren.

1931 war man noch zuversichtlich, das neue Modell im Winter 1934 vorstellen zu können. Doch dann wurde die Wirtschaftslage entgegen allen Prophezeiungen immer schlimmer, die Entwicklungsabteilung wurde immer kürzer gehalten, die ersten Prototypen liefen nicht so recht, und zu allem Überfluß stellte Indian 1933 eine Maschine mit Trockensumpfschmierung vor, wie die Ölrückführung in den Tank auch genannt wurde. Erst im Juni 1935 hatte sich die Lage so weit stabilisiert, daß die Geschäftsleitung grünes Licht für die Weiterentwicklung des ohv-Motors gab.

Die Auslieferung des neuen Modells lief nur schleppend an, wahrscheinlich, um noch etwas Reaktionszeit zu haben, falls irgend etwas nicht funktionierte. Oder, anders ausgedrückt, um Händler und Kunden vorsätzlich als unfreiwillige Testmannschaft zu mißbrauchen.

Das neue Modell erhielt die Typenbezeichnung E. Der Motor hatte ein Verdichtungsverhältnis von bescheidenen 6,5:1 und leistete 37 PS. Gegen Aufpreis gab es die höher verdichtete Version EL (warum Harley ausgerechnet den Buchstaben L für höhere Verdichtung benutzte, ist nicht nur mir bis heute schleierhaft), die bei einem Verdichtungsverhältnis von immerhin 7:1 stolze 40 PS leistete. Mit 84 mm Bohrung und 89 mm Hub verfügte der E-Motor über einen Hubraum von 1000 ccm oder 61 cu.in., was dem Modell die Bezeichnung „Sixty-One" einbrachte.

Heute kennt der Harley-Freund diesen Motor jedoch eher unter seinem Spitznamen. Da die rechts neben den Zylindern aus dem Steuergehäuse sprießenden Stößelrohre am Zylinderkopf in glattflächige Gußgehäuse mündeten, an deren Seiten die Muttern zur Sicherung der Kipphebelwellen herausragten, sahen die Zylinderköpfe auf den ersten Blick aus wie zwei geballte Fäuste. Die hervorstehenden Muttern waren dabei die Fingerknöchel, und so sprach man bald vom „Knöchelkopf", englisch „Knucklehead".

Wie es sich für ein brandneues Modell gehörte, saß der neue Motor auch in einem neuen Doppelschleifenrahmen, der auch für die großen sv-Motoren verwendet wurde und neben einer verbesserten Version der „Springer"-Gabel auch neu geformte Tankhälften mit integrierter Instrumententafel erhalten hatte. Das serienmäßige Vierganggetriebe war ebenfalls eine Neuentwicklung, dessen Zahnräder, wie uns Historiker Jerry Hatfield belehrt, erstmals ständig miteinander in Eingriff standen und das deshalb über Schiebemuffen geschaltet wurde, die immer nur die maßgeblichen Zahnradpaare zur Kraftübertragung heranzogen.

Schon rein optisch war die 61 E ein Meisterstück. Man sagt ja, daß etwas, das gut aussieht, auch gut funktioniert. Und die Knucklehead sah einfach hinreißend aus: kompakt, klar gezeichnet und vollgepackt mit schierer Technik. Der mächtige, kopfgesteuerte Zweizylinder-V-Motor füllte das Rahmendreieck völlig aus, und ein neuer Öltank schloß die Lücke zum Hinterrad.

Dies alles konnte jedoch nicht darüber hinwegtäuschen, daß die „Sixty-One" zunächst von zahllosen Kinderkrankheiten gebeutelt wurde. Die Umlaufschmierung war schwerer zu beherrschen, als man gedacht hatte, das unter Druck stehende Öl troff aus allen Ritzen, und der so solide wirkende Rahmen war der Motorleistung einfach nicht gewachsen. Bis zum Jahresende 1936 flossen über hundert Detailveränderungen in die laufende Produktion ein.

Ursprünglich hatte man gehofft, im ersten Jahr 1600 Exemplare an den Mann zu bringen – am Ende waren es fast 2000. Harley hatte gut lachen, denn Erzrivale Indian schoß sich im selben Jahr mit einer neuen Tourenmaschine mit längs eingebautem Vierzylinder-Reihenmotor selbst ins Knie. Harleys hatten in der Vergangenheit immer als die soliden Gebrauchsmaschinen gegolten, während Indian als Wegbereiter technischer Innovation und intelligenter Konstruktionen gehandelt wurde. Mit der Knucklehead gelang es Harley 1936 erstmals, Indian zu übertrumpfen und die Indianer von ihrem Sockel zu stoßen, den sie auch nie wieder erklimmen sollten.

Die Knucklehead ebnete Harley den Weg in die Zukunft. Aus der 1000er wurde bald eine 1200er, dann erhielt sie neue Zylinderköpfe, bald darauf ein neues Kurbelgehäuse und wieder neue Zylinderköpfe,

Seite gegenüber:
An alles wurde gedacht: Der kleine Kasten an der Kettenstrebe nimmt das mitgeführte Werkzeug auf. Die verchromten Bügel am hinteren Kotflügel dienen zum Verzurren des Gepäcks.

Die „Sixty-One" war sportlicher als die großen, seitengesteuerten 1200er, stärker als die 750er und somit ganz klar auf den Enthusiasten zugeschnitten – jemand anderes hätte sich auch kaum während der Weltwirtschaftskrise für ein neues Motorrad interessiert.

Die zentrale Nockenwelle sitzt im Steuergehäuse am Fuße des durch die vier Stößelrohre gebildeten V; davor die charakteristische Unterbrecherdose.

Der Ansaugtrichter des neuen Motors ist durch eine glockenförmige Abdeckung geschützt.

und so entwickelte man immer neue Varianten dieses Jahrhundertmotors.

Auch wenn das F-Triebwerk von 1992, der „Blockhead", der „Eighty" oder der Evolutionsmotor, wie man ihn auch immer nennen mag, keine Schraube mehr mit dem „Knuckle" von 1936 gemein hat, so ist das zugrundeliegende Konstruktionsprinzip doch dasselbe geblieben. Somit wird das Triebwerk, das Harley aus der ersten Wirtschaftskrise katapultiert hat, auch in der zweiten „Great Depression" den Karren aus dem Dreck ziehen.

Mehr noch: Bereits seit einigen Jahren setzen verschiedene kleinwüchsige, dunkelhaarige Zeitgenossen alles daran, diese Konstruktion zu kopieren, und trotz aller Anstrengungen ist es ihnen immer noch nicht gelungen, einen „Poltergeist" vom Schlage des Harley-Motors zu bauen. Die Legende lebt.

Die „Sixty-One" war ein komplett neues Motorrad, vom Rahmen über Motor, Getriebe und Tank bis hin zu den Schutzblechen. Der Öltank der Trockensumpf-Umlaufschmierung befindet sich unter dem Sitz.

79

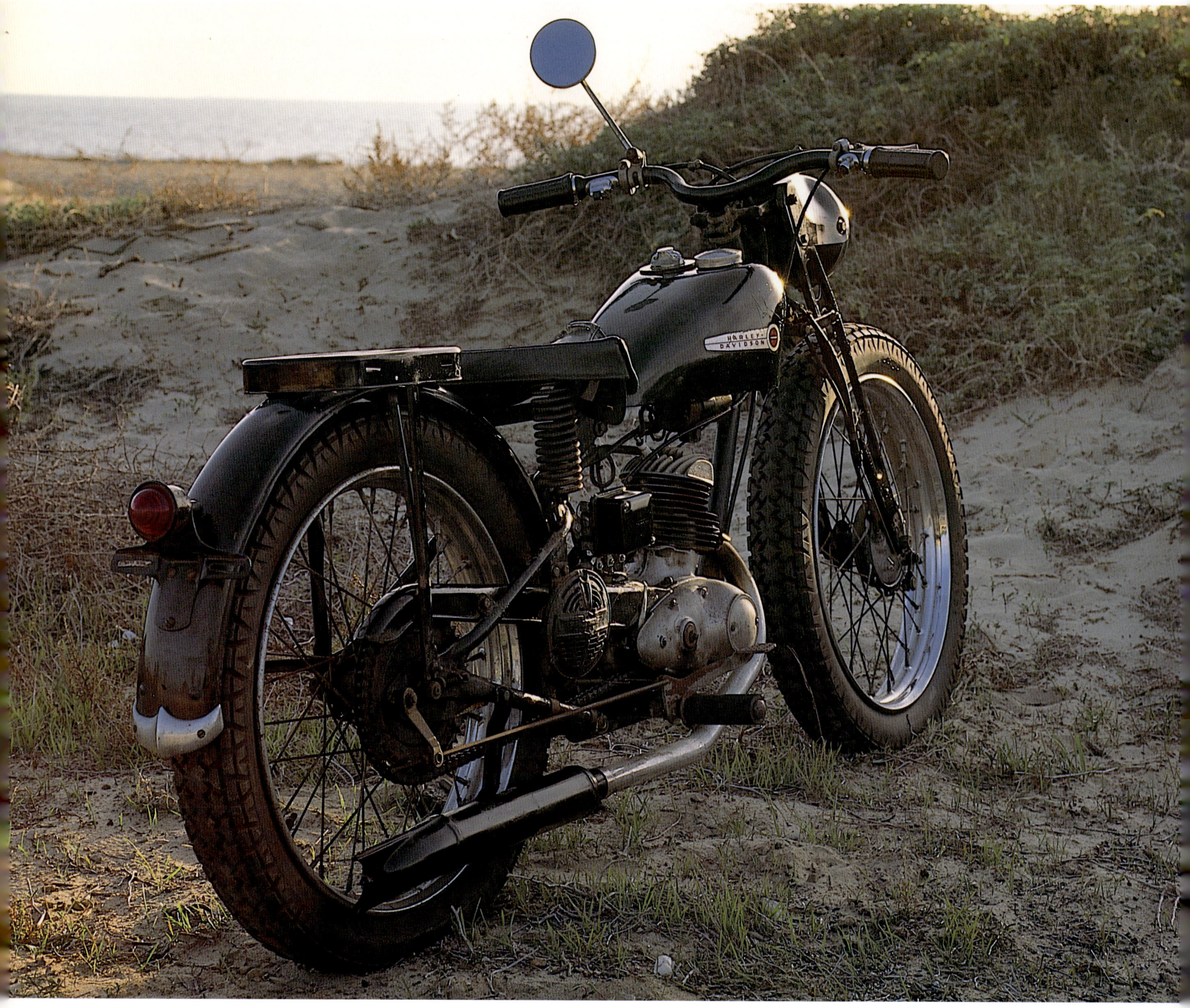
HARLEY DAVIDSON

Kapitel 9

Modell S, 1948

Zu klein, um echt zu sein

„Der Erfolg hat viele Väter, aber der Mißerfolg ist eine Waise", sagt ein chinesisches Sprichwort. Es mag daher nicht verwundern, daß sich heute nicht mehr nachvollziehen läßt, wer 1947 bei Harley-Davidson den Einfall hatte, die Idee der Massenmotorisierung von einer ganz anderen Seite zu betrachten. Damals begann übrigens auch ein gewisser Soichiro Honda, Stationärmotoren in Fahrradrahmen zu schrauben, doch das ist eine andere Geschichte.

Die Jugend Amerikas hatte ihre eigenen Ideale, und so reagierte sie auf den Vorstoß ihres größten Motorradherstellers mit verständnislosem Kopfschütteln. Die Geschichte des S-Modells war folglich nicht gerade das, was man als amerikanische Erfolgsstory bezeichnen würde, aber lassen sie mich der Reihe nach erzählen.

Während des Zweiten Weltkriegs hatte sich die amerikanische Industrie dank Rüstungs-Vollproduktion rasch von den Auswirkungen der Wirtschaftskrise erholt. So auch Harley-Davidson, wo man neben anderen Gebrauchsgegenständen auch Armeemotorräder gebaut hatte. Aber die konservativen Militärs haben für technische Exoerimente nicht viel übrig, und so hatten die Köpfe der Entwicklungs- und Marketingabteilung genügend Zeit zu überlegen, womit man den Amerikanern nach dem Krieg eine Freude bereiten konnte. Dabei galt es zu beachten, daß nach den zurückliegenden schweren Zeiten nicht nur eine riesige Nachfrage nach Vergnügungen jeder Art bestand, sondern auch erstmals wieder etwas Geld in Umlauf war. Nach Abwechslung hungerten vor allem die jungen Leute, und die verdienten in einer zukunftsorientierten Gesellschaft besondere Beachtung.

In der Vergangenheit hatte Harley-Davidson nämlich den „Jungkäufer", der damals freilich noch nicht so hieß, sträflich vernachlässigt. Die Harley-Geschäftsleitung hatte in den dreißiger Jahren mehr als einmal bedauert, keine billigen Einsteigermodelle im Angebot zu haben, und witterte nun ihre Chance.

Die Kapitulationsvereinbarungen bescherten den Siegermächten neben vertraglich abgesicherten Reparationszahlungen unter anderem nämlich auch die Lizenzrechte an der kleinen 125er-DKW mit Einzylinder-Zweitaktmotor, die in den späten vierziger Jahren unter den verschiedensten Markenbezeichnungen in zahlreichen Ländern der Welt eine fröhliche Wiederauferstehung feierte. Harley-Davidson zögerte wie BSA und verschiedene Ostblock-Hersteller natürlich keine Minute, die einmalige Chance zu ergreifen, die eigene Produktpalette zum Nulltarif um ein komplett entwickeltes und ausgereiftes Fahrzeug zu erweitern.

An dieser Stelle will ich jedoch vorausschicken, daß Zweitaktmotoren vor vierzig Jahren noch keineswegs als Synonym für spritzige, geradezu giftige Renntriebwerke mit raketenartiger Leistungscharakteristik galten – ganz im Gegenteil! 1947 zeichneten sich Zweitaktmotoren vor allem durch geringe Fertigungskosten und niedriges Eigengewicht aus, wofür man auch ihre

Mit einem Radstand von 1270 mm und einem Leergewicht von knapp anderthalb Zentnern war das Modell S für amerikanische Verhältnisse geradezu winzig. Besitzer: David Hansen, Ventura, Kalifornien.

Die optische Verwandtschaft zu den größeren Harley-Modellen beschränkte sich auf die stromlinienförmige Scheinwerferverkleidung.

unkultivierte Leistungsentfaltung und ihr träges Temperament in Kauf zu nehmen bereit war. Die meist hubraum- und leistungsschwachen Triebwerke wurden gerne in landwirtschaftlichen Geräten und Industriemaschinen verbaut – für ein „richtiges" Motorrad waren sie, zumindest nach amerikanischen Maßstäben, viel zu klein. So konnten sich die Marketingstrategen sicher sein, daß ein derart motorisiertes Gefährt zwar potentielle Käufer von Fahrrädern und Motorrollern anlockte, ihren großen Zweizylinder-Motorrädern jedoch niemals gefährlich sein würde.

Das neue Modell erschien gegen Ende des Jahres 1947 und trug die Bezeichnung M-125 oder S-125, je nachdem, welchem Prospekt man Glauben schenkte. Zusätzliche Verwirrung stiftete die später eingeführte Modellbezeichnung „Hummer" (ausgesprochen „Hammer", was in Anspielung auf das charakteristische Motorengeräusch in etwa „Brummer" oder „Summbiene" bedeutete), die sehr zum Leidwesen pingeliger Historiker im Nachhinein für alle Zweitaktmodelle verwendet wurde.

Das S-Modell unterschied sich deutlich von allen anderen Harley-Typen. Dafür sorgte schon allein der geradezu lächerlich kleine Motor, der mit 52 mm Bohrung und 58 mm Hub nur 125 ccm Hubraum bot und magere 3 PS leistete. Das nahezu unverändert übernommene DKW-Triebwerk wurde mit einem Benzin-Ölgemisch betrieben – eine andere Art der Verlustölschmierung.

Das Hinterrad war starr mit dem einfachen Rohrschleifenrahmen verschraubt, während das Vorderrad in einer Parallelogrammgabel mit doppelten Kniehebeln geführt wurde. Für die an „Springer"-Gabeln gewöhnte Harley-Kundschaft wirkte diese Konstruktion mindestens ebenso befremdlich wie die an der Sport Twin verwendete Kurzschwinge (siehe Kapitel 5). Das S-Modell verfügte über winzige Trommelbremsen vorn und hinten, einen einzelnen Schwingsattel und einen kleinen, tropfenförmigen Tank, der sich später in Rennfahrerkreisen größter Beliebtheit erfreuen sollte und unter anderem dafür verantwortlich ist, daß die Sportster XLH einen im Grunde genommen viel zu kleinen Tank besitzt – doch das ist wieder eine andere Geschichte.

Ein echtes Novum für Harley-Fahrer war die Anordnung von Kupplungs- und Schalthebel am linken Lenkerende bzw. an der linken Motorseite. Man darf nicht vergessen, daß die 1200er-, 1000er- und 750er-Harleys bis dato noch mit dem Fuß gekuppelt und von Hand geschaltet wurden. Beim S-Modell hatten die Harley-Ingenieure einfach die vorgegebene und in

Kein „Rat Bike", sondern ein unrestaurierter Scheunenfund, der in Anbetracht des fehlenden Vorderradschutzblechs und des fast gewaltsam zwischen die Gabelholme gezwängten Vorderrads wohl auf eine bewegte Vergangenheit zurückblickt.

Ein Relikt aus DKW-Tagen ist der kleine Ganganzeiger am rechten Gehäusedeckel.

Die Jugend Amerikas hatte ihre eigenen Ideale, und so reagierte sie auf den Vorstoß ihres größten Motorradherstellers mit verständnislosem Kopfschütteln. Die Geschichte des S-Modells war folglich nicht gerade das, was man als amerikanische Erfolgsstory bezeichnen würde.

Europa schon lange bewährte Methode übernommen und so ungewollt für neue Impulse in der amerikanischen Motorradtechnik gesorgt.

Die S-125 gab es nur als Einsitzer, was angesichts der bescheidenen Leistung durchaus angebracht schien. Wenn sie einen guten Tag hatte, schwang sich die kleine Maschine vielleicht zu einer Höchstgeschwindigkeit von 90 km/h auf, aber dann war auch schon Schluß. Das schien die Marketingabteilung indes nicht davon abhalten zu können, für das S-Modell Packtaschen, Windschutzscheibe und Beinschilder anzubieten, wie sie auch bei den großen FL- und WL-Modellen verwendet wurden. Aber schließlich gab es seinerzeit ja auch Tankattrappen für Fahrräder!

Am Schicksal der 125-S vermochten diese „Gimmicks" jedoch nichts zu ändern. Das Ding war zwar neu, und die Leute waren verrückt nach neuen Sachen, so daß es zu Anfang so aussah, als ob sich das „Harley-Moped" zu einem bescheidenen Verkaufserfolg entwickeln würde. Aber auf den vielversprechenden Start folgte rasch die Ernüchterung, und selbst ein verbessertes Fahrwerk, ein größerer Motor und eine wohlklingende Modellbezeichnung brachten nicht den gewünschten kommerziellen Erfolg. Später folgten die aus der Konkursmasse von Aermacchi übernommenen Einzylinder-Viertaktmodelle, die bald durch anspruchslose Zweitakter im Enduro-Trimm ersetzt werden sollten. Als auch einige bemerkenswerte Zweitakt-Erfolge im Rennsport ohne Echo verhallten, beugte sich Harley der Erkenntnis, daß der Schuster eben doch besser bei seinen Leisten bleiben sollte, und überließ den Zweitakt-Markt der (besseren und billigeren) Konkurrenz aus Fernost.

Die 125-S verdient jedoch einen besonderen Platz in der Harley-Geschichte, weil ihr Fehlschlag nichts mit

Der Scheunenfund

„Ich stemmte also das Scheunentor auf, und ganz hinten, halb verdeckt unter Staub und Strohbüscheln, stand dieses alte Motorrad."

Dieses Modell S von 1948 ist nicht wie all die anderen Motorräder in diesem Buch. Die Maschine ist weder neu, noch restauriert, geschweige den fahrtüchtig. Die Batterie fehlt und die Hebeleien sind verbogen. Das vordere Schutzblech hat irgendwann jemand abgerissen und einen zu großen Reifen aufgezogen.

Besitzer Dave Hansen war ein bißchen verlegen, als wir die Maschine nach -zig Jahren im Halbdunkel der Scheune ans Tageslicht zerrten. „Um ehrlich zu sein, soo schlimm hatte ich sie nicht in Erinnerung."

Wir hatten uns natürlich auch etwa anderes vorgestellt, aber schließlich findet man ein S-Modell nicht alle Tage, und so schwangen wir uns nach der ersten Verlegenheit in den zerschlissenen Sattel, schoben uns gegenseitig über den Hof, machten „Räng-Täng-Täng" und freuten uns wie die Kinder. Kein Zweifel, es hatte uns erwischt. Dabei war es weniger dieses spezielle Motorrad als die Geschichten, die sich darum rankten. Wir hatten die wildesten Stories gehört, von Eltern, die das Spielzeug ihres Sohnes in die Garage stellten, als der Junge in einen Krieg zog, aus dem er nie zurückkehren sollte. Von Ehefrauen, die nach dem Tod ihres Mannes plötzlich ein Motorrad in der Scheune fanden, oder von gestohlenen Maschinen, die man nach fünfzig Jahren hinter einer zugemauerten Kellertür entdeckte.

Wer von uns hofft nicht insgeheim, einmal in einer verlassenen Scheune einen solchen Fund zu machen, ihn nach Hause zu schieben, sich nach einem Club oder einer IG zu erkundigen (gibt es übrigens auch für Zweitakt-Harleys), nach Ersatzteilen zu forschen und sich mit Gleichgesinnten kurzzuschließen.

Na ja, ein Motorrad zu restaurieren ist natürlich ein zeitraubendes, oftmals auch regelrecht frustrierendes Vorhaben, und spätestens nach ein paar Monaten wird man von den Nachbarn so mitleidsvoll-freundlich gegrüßt, als sei nicht am Motorrad, sondern bei einem selbst eine Schraube locker. Aber wer noch kein Motorrad restauriert hat, hat auch noch keines so richtig besessen.

In der Hoffnung, einen solchen „Spinner" für einen der besseren Motorradclubs dieser Welt zu gewinnen: Wie wär's mit diesem Modell S?

dem Produkt als solchem zu tun hatte. Denn die von uns bösen Jungs verächtlich „Räng-Täng-Täng" genannte Harley war zweifellos ein feines, wenn auch kleines Motorrad. Armando Magri, ehemals renommierter, heute im Ruhestand lebender Harley-Händler, erinnert sich an zwei fundamentale Handicaps der „kleinen" Harley.

Das eine war eher technischer Natur. Während in Europa selbst kleine Motorräder für Erwachsene gedacht waren, die in Umgang und Pflege die nötige Sorgfalt walten ließen, galt die 125er-Harley in Amerika als Kinderspielzeug, das man wie den Baseballschläger nach dem Spielen einfach draußen im Regen liegen ließ. Bei sachgerechter Pflege, so Magri, war die kleine

Maschine eigentlich nicht umzubringen. Er muß es wissen, denn schließlich unterstützte er jahrelang eine Modell-S-Interessengemeinschaft und war selbst stolzer Besitzer mehrerer dieser kleinen Maschinen.

Das zweite Handicap hat dagegen etwas mit Psychologie zu tun. „Echte" Harley-Händler waren nämlich über die Abrundung des Modellprogramms nach unten alles andere als glücklich. So sehr Harley das Modell S auch propagierte, die lächerlich kleinen Motorräder in ihren Ausstellungsräumen waren ihnen stets ein Dorn im Auge, und so wurde ein Kaufinteressent im günstigsten Fall einfach nicht beachtet. Wenn er Pech hatte, mußte er sich einen Vortrag über „richtige" Motorräder anhören und wurde wegen seiner „abartigen Neigungen" verhöhnt. Neueinsteiger und Jugendliche wagten sich erst gar nicht in die Ausstellungsräume, und so wurde das Motorrad auf der anderen Seite des Pazifiks neu erfunden.

Das Modell S blieb eine Episode in der unendlichen Harley-Geschichte, wurde aber gleichzeitig zu einem einzigartigen Lehrstück, einer Fallstudie mit Fabelcharakter: „Und die Moral von der Geschicht'..."

Starrahmen und Parallelogramm-Vorderradgabel sind unverkennbare Anzeichen europäischen Vorkriegs-Motorradbaus.

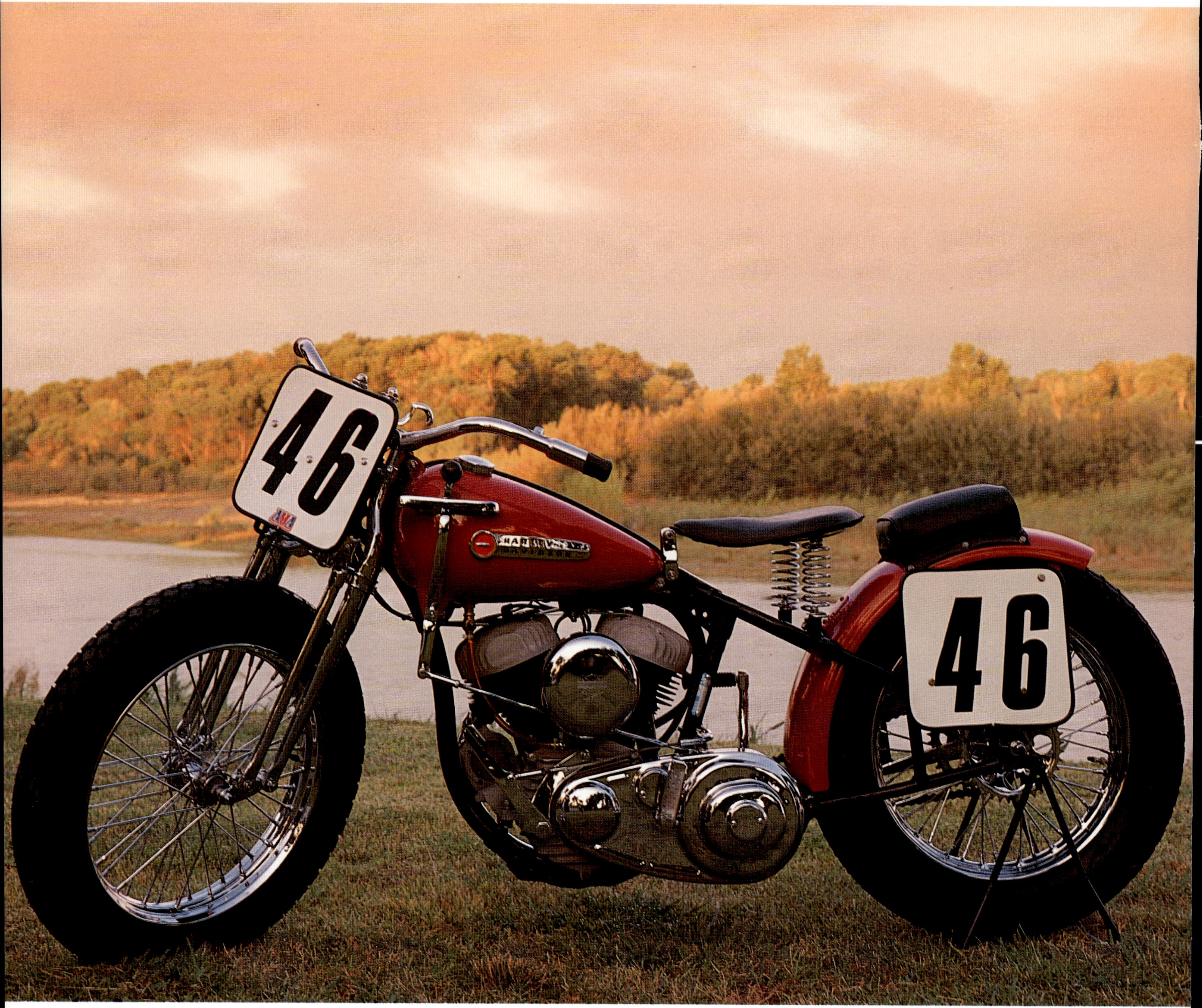
46
46

Kapitel 10

Modell WR, 1941

The All American Racer

Wenn guter Rennsport dadurch gekennzeichnet ist, daß man nie wissen kann, wer gewinnt, dann erreichte der amerikanische Motorrad-Rennsport 1935 seinen absoluten Tiefpunkt. Damals gewann nämlich ein einziger Mann alle, ausnahmslos alle Rennveranstaltungen.

Doch aus der Asche des amerikanischen Rennsports stieg eine neue Rennserie auf und mit ihr ein Motorrad, das eine neue Generation von Sportsmännern formte, denen das Wort „Wettbewerb" wieder etwas bedeutete.

Aber zunächst zurück in die zwanziger und frühen dreißiger Jahre. Rennen wurden fast ausnahmslos mit speziellen und sündhaft teuren Maschinen gefahren, die sich nur die großen Motorradwerke leisten konnten. Die einzigen Beschränkungen, denen sich die Konstrukteure zu unterwerfen hatten, waren die Hubraumgrenzen. Diese betrugen in den Profi-Klassen 350 ccm für Einzylinder und 750 ccm für Zweizylinder (Klasse A) bzw. 750 ccm für Zwei- und 1300 ccm für Vierzylinder (Klasse B). Letztere waren zwar eigentlich viel zu schwer, um vorne mitzufahren, konnten aber theoretisch eingesetzt werden. In guten Zeiten beteiligten sich viele Werksteams an den Rennen, und es herrschte echter Wettbewerb. Als jedoch aufgrund der Wirtschaftskrise das Geld immer knapper wurde, konnte sich am Ende nur noch Harley-Davidson ein Werksteam leisten, und auch das bestand nur aus einer Person, Joe Petrali, der fortan souverän regierte.

So kam es, daß die AMA, die selbst kurz zuvor von Harley und Indian vor dem Bankrott gerettet worden war, ein neues Reglement ausarbeitete. Die nationalen Meisterschaften sollten auf serienmäßigen und privaten Motorrädern ausgetragen werden. Modifikationen waren nicht erlaubt, nur Beleuchtung, Bremsen und Kennzeichen durften entfernt werden.

Die amerikanischen Sportmotorräder der dreißiger Jahre waren zweifellos die seitengesteuerten 750er (45 cu.in.) von Harley und Indian, weshalb die Hubraum-Obergrenze für sv-Motoren leicht zu bestimmen war. Es gab aber auch einige Importeure für europäische Marken, von denen sich einer besonders stark im Rennsport engagierte und durchsetzen konnte, daß auch kopfgesteuerte Motoren bis 500 ccm (30 cu.in.) zugelassen wurden.

Die neue Klasse hieß logischerweise „Klasse C", was nach „A" und „B" ein wenig wie „drittklassig" klang. Das war jedoch beileibe nicht der Fall, denn es gab zahlreiche Motorradfans, die sich zwar nur eine amerikanische 750er leisten konnten, aber trotzdem Rennen fahren wollten. Die Starterfelder waren gut gefüllt, und die wiederauflebende Konkurrenz lockte die Zuschauer an.

Um die Geschichte ein wenig abzukürzen, sei an dieser Stelle nur bemerkt, daß die erste Gruppe-C-Rennmaschine von Harley-Davidson von der 1937 vorgestellten W-Serie abstammte, die im folgenden Kapitel beschrieben wird. Die Maschine verfügte über

Die WR war das, was im Grunde jeder ambitionierte Privatfahrer in seiner Garage hätte verwirklichen können: eine total gestrippte Serienmaschine. Besitzer: Bob Shirey, Los Molinos, Kalifornien.

Das Schalten von Hand hätte auf einer kurvenreichen Rennstrecke einiges Geschick erfordert, wodurch die fußgeschalteten Importmotorräder klar bevorteilt gewesen wären. Aber zum Glück geht es auf Flat-Tracks ja immer nur im Kreis, und das im letzten Gang.

Zum ersten Mal in der Geschichte konnte der Fahrer weder das Reglement, noch die Marke, noch das Motorrad für seinen Mißerfolg verantwortlich machen. Fairneß ist ein weiteres Kennzeichen für guten Sport, und so gesehen brachte die WR Fairneß in den amerikanischen Rennsport.

Graugußzylinder und -deckel, ein handgeschaltetes Dreiganggetriebe mit Fußkupplung, einen Starrahmen und eine „Springer"-Vorderradgabel.

Als die Rennen jedoch härter wurden, entwickelten sich die Motorräder unweigerlich in eine Richtung, die das ursprüngliche Reglement arg strapazierte. Ohne hier jemand der Mogelei beschuldigen zu wollen, war es doch bald so, daß Kennzeichen und Beleuchtung nach dem Saisonauftakt erst gar nicht mehr montiert wurden und die eingebauten Motoren einer Originalitätsprüfung niemals standgehalten hätten.

1941 entschloß sich Harley-Davidson daher zu einem logischen Schritt und stellte das Modell WR vor, wobei W für den 750er-Motor stand und R natürlich „Racing" bedeutete. Im Prinzip handelte es sich immer noch um einen W-Motor mit 70 mm Bohrung und 96 mm Hub, getrennten Kurbel- und Getriebegehäusen, seitlich stehenden Ventilen und flachen Zylinderdeckeln aus Aluminium. Motor und Getriebe waren mit dem Rahmen verschraubt und über das Primärtriebgehäuse miteinander verbunden. Der WR-Rahmen war jedoch aus einer leichteren Legierung gefertigt, die Ventile und Kanäle größer gehalten und

Die Vorderradgabel entstammt der Serie, das Vorderrad verzichtet dagegen auf jegliche Verzögerungseinrichtung.

Das seitengesteuerte 750er-Triebwerk besitzt Graugußzylinder mit Aluminium-Zylinderdeckeln. Der gigantische Zündmagnet stammt von einem Traktor – kein Witz!

Das Reglement erlaubte die freie Kombination verschiedener Serien-Zubehörteile. Die hier abgebildete Maschine verfügt über 18-Zoll-Räder mit breiten Reifen, weil sie für die kurze Halbmeilen-Distanz vorbereitet ist, wo es auf maximale Traktion ankommt.

die vier in einem sanften Bogen nebeneinander im Steuergehäuse untergebrachten Nockenwellenstummel mit „schärferen" Nocken versehen.

Die WR war im Grunde das, was ein Fahrer sonst in Heimarbeit hätte bauen müssen: eine mit Spezialteilen aufgemotzte Serienmaschine. Das Harley-Werksteam wurde aufgelöst und durch eine Rennabteilung ersetzt, deren Werkstattwagen bei allen größeren Rennveranstaltungen im Fahrerlager stand und als Anlaufstelle für die zahlreich vertretenen Harley-Privatfahrer diente. Natürlich wurden nicht alle Fahrer gleich behandelt, so daß das alte Katz-und-Maus-Spiel zwischen Hersteller und Privatier nur auf einer anderen Ebene fortgesetzt wurde. Aber so war das im Rennsport wohl schon immer.

Aus technischer Sicht betrachtet trug die WR wenig zur „Veredlung der Rasse" bei, wie dies dem Rennsport sonst nachgesagt wird, denn die zugrundeliegende Mechanik war doch eher bieder. Außerdem konnte die Maschine so wie alle Ersatz- und Tuningteile von jedermann direkt über die Ladentheke des Harley-Händlers gekauft werden.

Mit der WR führte Harley nämlich eine Art Baukastensystem ein, was nichts anderes bedeutete, als daß sich jeder Rennfahrer „seine" ganz spezielle Maschine zusammenbauen und sogar auf die unterschiedlichen Rennsportdisziplinen abstimmen konnte. Es gab für die WR unzählige verschiedene Getriebeabstufungen und Endübersetzungen, wahlweise 18- oder 19-Zoll-Räder mit und ohne Bremsnaben für Oval- und Straßenrennen, kleine Benzintanks für Sprintrennen und große für Langstreckenwettbewerbe. Der amerikanische Rennsport hatte eine unglaubliche Vielfalt entwickelt, und die WR war für fast alle Veranstaltungen das richtige Motorrad, was die Sache für den Privatfahrer enorm vereinfachte.

Das Reglement besagte zwar, daß man die serienmäßig erhältlichen Zylinder und Kolben verwenden mußte, ließ dem Fahrer/Tuner aber ansonsten völlig freie Hand. Er konnte die Brennraumform optimieren, das Schmiersystem modifizieren und nach Lust und Laune mit verschiedenen Übersetzungsverhältnissen jonglieren. Lediglich die Ausgangsbasis war für alle mehr oder minder gleich, der Rest unterlag nur den Beschränkungen durch die eigene Phantasie, den eigenen Fleiß und das eigene Fahrkönnen. Es war eine wundervolle Mischung aus Freiheit und Gleichheit.

Die abgebildete Maschine wurde 1948 gebaut und gehört seit 1954 dem Ex-Rennfahrer Bill Shirey. Sie befindet sich im typischen „Halbmeilentrimm" für Speedway-Ovale, wie der verwendete Hinterreifen der Dimension 4.50" x 18" verrät. Auf der „Meilenbahn" setzte man eher auf die schmaleren, höheren 19-Zoll-Räder, doch auf der Kurzstrecke war es wichtig, möglichst viel Gummi auf die Aschenbahn zu bringen. Das Hinterrad verfügt über zwei Kettenräder, so daß man durch einfaches Drehen des Rades ein zweites Übersetzungsverhältnis ausprobieren kann. Auch der Tank und das schmale „Rennbrötchen" auf dem hinteren Schutzblech, auf dem der Fahrer sich „langmachen" konnte, identifizieren diese WR als Flat-Track-Maschine. Die dunkelbraune Lackierung verdankt der Renner der lapidaren Frage von Shireys Frau, warum er denn immer alle seine Fahrzeuge blau lackiere. „Das war eine gute Frage", erinnert sich Shirey, „und so hab' ich die WR braun gespritzt." Er behielt seine WR auch, als er professionell längst auf Harley-KR- und Norton-Rennmaschinen umgesattelt hatte, weil er die WR immer besonders gern mochte.

Die WR war keine technische Revolution, und sie machte sich auch nicht um die Weiterentwicklung des Motorrads als solches verdient. Für Harley-Davidson

Die Fußrasten sind zur Verminderung des Verletzungsrisikos nach oben klappbar ausgeführt.

Nächste Seite:
Im Gegensatz zur heutigen Praxis wurden die Werksmotorräder nicht schwarz und orange, sondern rot lackiert. Das hier abgebildete Exemplar war eine Privatmaschine.

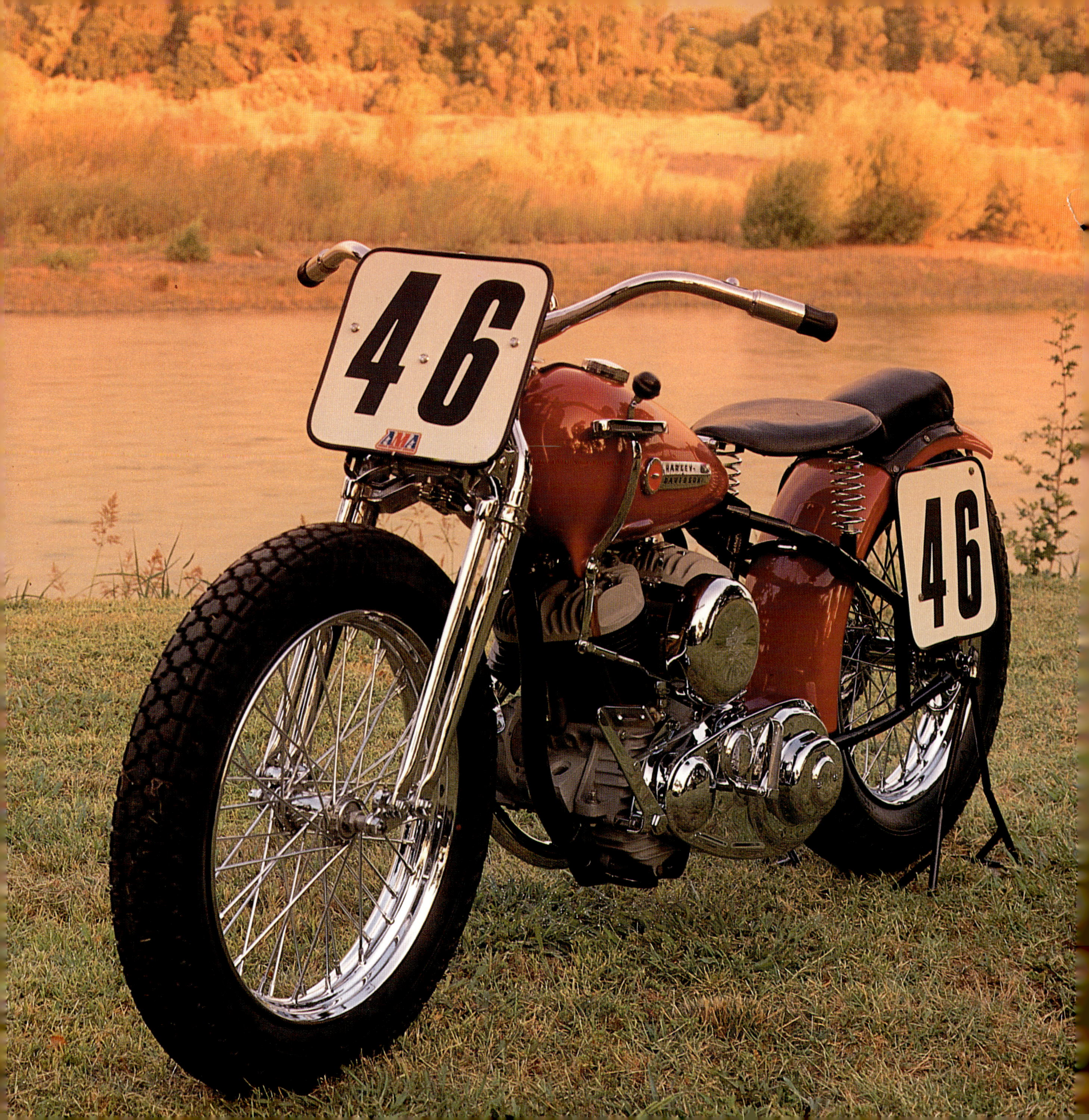
46
AMA
46

(und natürlich auch für Indian und die Engländer) war der Rennsport erstmals zu einem einträglichen Geschäft geworden, aber daran störte sich schon damals niemand. Eine gute WR wog um die drei Zentner, leistete knapp 30 PS und lief um die 170 km/h Spitze. Das reichte für guten Sport und ermöglichte es dem Privatier, sich mit anderen Rennfahrern zu messen.

Zum ersten Mal in der Geschichte konnte der Fahrer weder das Reglement, noch die Marke, noch das Motorrad für seinen Mißerfolg verantwortlich machen. Fairneß ist ein weiteres Kennzeichen für guten Sport, und so gesehen brachte die WR Fairneß in den amerikanischen Rennsport.

Da nationale Meisterschaftsläufe bisweilen über Distanzen von 100 Meilen und mehr ausgetragen wurden, hatten große Tanks durchaus ihre Berechtigung.

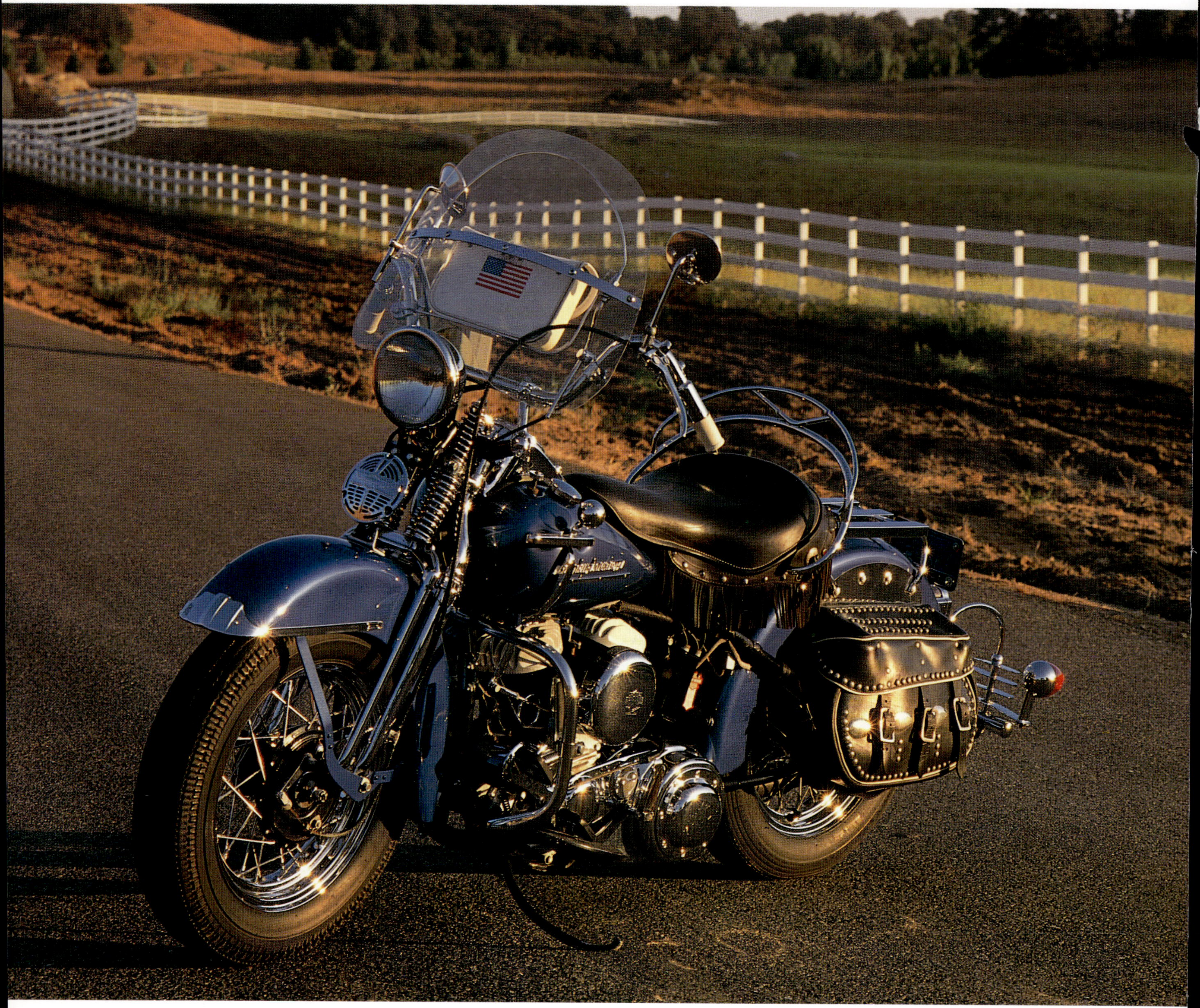

Kapitel 11

W-Serie, 1951

Als Mutti nicht zu Hause war

Erinnern Sie sich an die Werbeanzeige, in der ein in eine Harley-Fahne eingewickelter Säugling fragte: „Und wann fing's bei Ihnen an?"

Für Grace McKean fing es an, als sie dreizehn war und ihr Bruder eines schönen Tages mit einer 125er-Zweitakt-Harley nach Hause kam. Man schrieb das Jahr 1948, und die wenigen Polizisten, die sich ins Hinterland von Illinois verirrten, hatten andere Dinge zu tun, als sich um spielende Kinder auf Farmhöfen zu kümmern. Graces Mutter war nicht zu Hause, und so bat Grace ihren Bruder, ihr doch das Fahren auf so einem „Ding" beizubringen. Spätestens ab diesem Zeitpunkt war Grace nicht mehr zu bremsen, und nachdem ihr Bruder die kleine Harley nach einem Jahr gemeinschaftlicher Nutzung verkaufte und sich ein Auto besorgte, wußte sie, was sie zu tun hatte.

Sie jobbte neben der Schule als Aushilfe, belegte zusätzliche College-Kurse, damit sie sich früher zur Prüfung anmelden konnte, und marschierte an ihrem siebzehnten Geburtstag schnurstracks zum nächsten Harley-Händler.

Eigentlich wollte sie sich eine Gebrauchte kaufen, doch der Harley-Händler war ein guter Mann und riet ihr davon ab. „Die sind was für Schrauber", meinte er. „Aber wie wär's mit dieser wunderschönen Blauen im Schaufenster?" Grace wagte zuerst gar nicht hinzusehen, doch dann wurde ihr mit einem Mal klar, daß sie am Ziel ihrer heimlichen Träume angekommen war. Diese blaue 51er-WL mit 750 ccm (45 cu.in., daher die oft verwendete Modellbezeichnung „Forty-Five") war einfach perfekt, und sie ist es auch heute noch, vierzig Jahre später und über hunderttausend Kilometer älter. Ganz recht, diese Maschine befindet sich noch immer in erster Hand.

Und das wiederum ist typisch für die W-Serie, diese Arbeitspferde und treuen Gefährten ihrer Besitzer, und vielleicht sogar so etwas wie das Saatkorn der Harley-Erfolgsgeschichte.

Das Modell W war nichts Besonderes: Ein Zweizylinder-V-Motor alter Schule mit Gabelpleuel und Kettenprimärtrieb zum separaten Getriebe. Vorderradaufhängung in einer „Springer"-Gabel, Hinterradfederung Fehlanzeige, außerdem natürlich Handschaltung und Fußkupplung. Der Ölvorrat beanspruchte eine Hälfte des tropfenförmigen Tanks, was zwar das Befüllen erleichterte, dafür aber die transportable Kraftstoffmenge beschnitt. Mittlerweile gab es bei Harley-Davidson auch etwas freundlichere Lackierfarben – allerdings etliche Jahre, nachdem selbst Henry Ford eingesehen hatte, daß etwas Farbe im Alltag nichts schaden kann.

Die Modelle der W-Serie rissen wahrlich niemanden vom Hocker. Alle Erinnerungen beginnen mit eher negativen Eigenschaften: Sie waren weder stark noch schnell, nicht gerade leichtgewichtig und zumindest im Serientrimm den 750er-Indians haushoch unterlegen. Auch das Fahrverhalten ließ einiges zu wünschen übrig, und außerdem hatten

Anfangs war die WL die „kleine" Harley, doch konnte der ambitionierte Fahrer seine Maschine mit allen erdenklichen Extras aufwerten, wie das hier abgebildete Exemplar beweist. Besitzerin: Grace McKean, Chino, Kalifornien.

Zwischen den beiden voluminösen Tankhälften erstreckt sich ein flaches Verbindungsblech, auf dem stolz die hufeisenförmige Tankkonsole thront.

sie nur drei Gänge – um flott voranzukommen, mußte man den Zweiten ausquetschen bis zum Geht-nicht-mehr.

Aber die Maschinen hatten das „gewisse Etwas", wie uns das Beispiel Grace McKean zeigt. Dazu zählte mit Sicherheit auch, daß sie einfach gut aussahen, irgendwie erwachsen und vertrauenerweckend.

Und sie waren geradezu sprichwörtlich zuverlässig. Nehmen wir wieder Grace als Beispiel. Grace ist handwerklich nicht besonders geschickt, und der auf dem Foto zu erkennende, verchromte Werkzeugkasten dient ihr zu Aufbewahrung von Kosmetika – ehrlich! Und wer nun denkt, daß ihr Ehemann John (wie üblich) den Mechniker spielen muß, der hätte ihn bei seinem ersten und einzigen Ritt auf dem Motorrad sehen sollen. Sein Ausbilder bei der Armee hatte ihn wohlweislich auf den großzügigen Paradeplatz der Kaserne gelotst, doch der arme John fand mit dem Flaggenmast ausgerechnet das einzige Hindernis im Umkreis von 200 Metern, und wagte sich seither nie wieder in die Nähe eines Motorrads.

Grace beschränkt sich darauf, regelmäßig Öl und Benzin nachzufüllen, und bringt die Maschine alle paar Jahre zur Inspektion. Der Tachometer zeigt mittlerweile 113.000 Kilometer, und das einzige Mal, das ihre „Forty-Five" (haben Sie das Kennzeichen gesehen? „MY 45") sie in vierzig Jahren im Stich gelassen hat, war, als Dreck im Benzinhahn die Treibstoffzufuhr unterbrach. Und die Schuljungs von heute glauben allen Ernstes, Zuverlässigkeit sei eine asiatische Tugend...

Die W-Serie war ein richtiger Dauerbrenner. Die ersten Exemplare entstanden bereits 1928, als Harley erkannte, daß ein braver, mit 750 ccm relativ großvolumiger Motor mit seitlich stehenden Ventilen billiger herzustellen war als ein kleiner, komplexer (sprich: ohv-) Einzylinder. Außerdem hatten die seitengesteuerten Indians im Rennsport gezeigt, daß die Harleys trotz ihrer kopfgesteuerten Motoren den Erfolg nicht gepachtet hatten. Die ersten „Forty-Five"-Triebwerke wurden noch verlustölgeschmiert, verfügten aber bereits über eine Lichtmaschine und eine Naßzellen-Batterie. 1937, nach der Einführung des E-Modells, erhielten sie neben dem Styling der größeren Maschi-

Charakteristisch für das Erscheinungsbild fast aller Nachkriegs-Harleys ist der an der oberen Gabelbrücke angebrachte Scheinwerfer.

Nächste Seite:
Der bequeme Teleskopsitz verfügt über eine stabile „Klammer-Reling" für ängstliche Beifahrer.

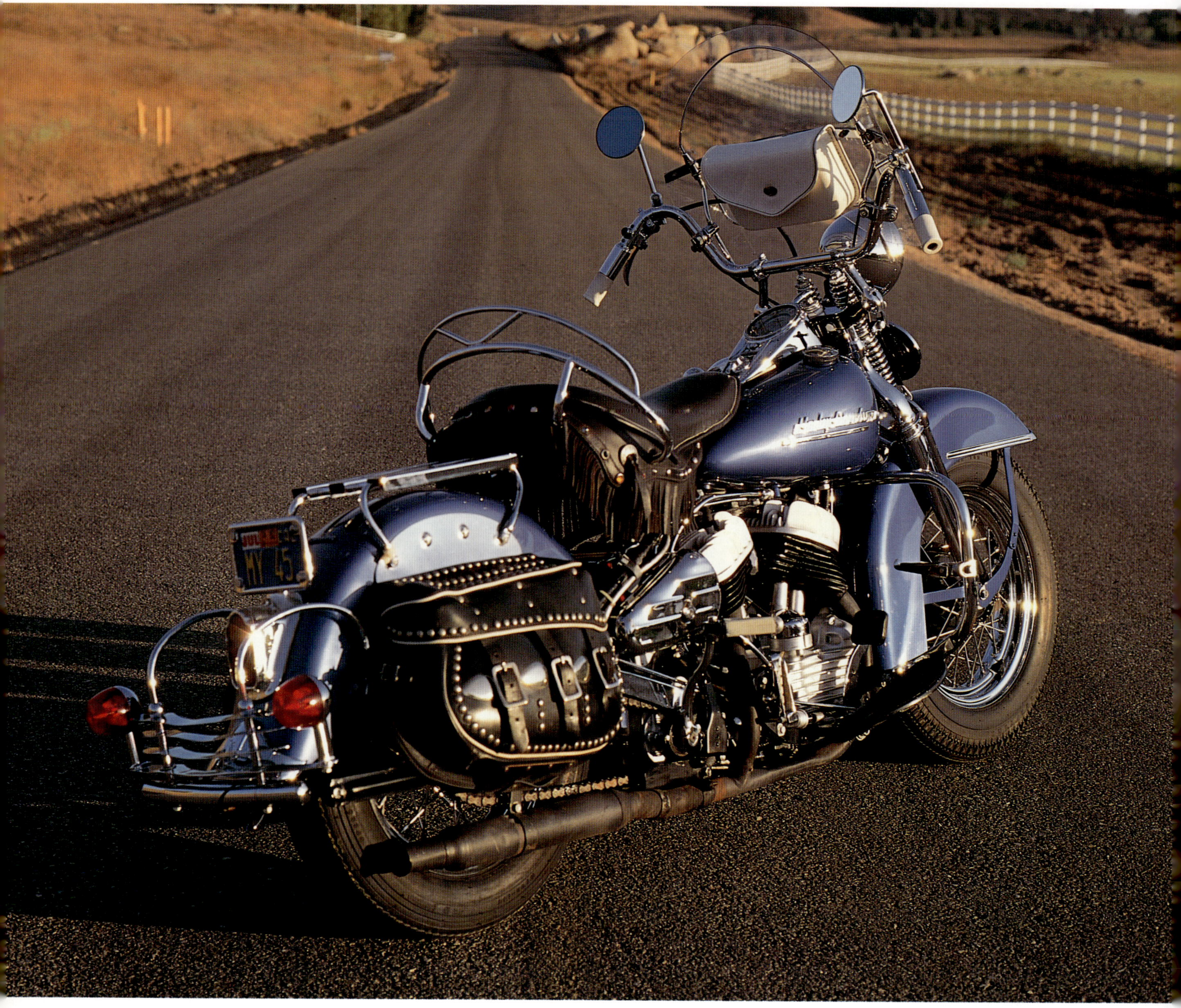
MY 45

nen auch eine Druckumlaufschmierung und hörten fortan auf die Modellbezeichnung W-Serie.

In alter Harley-Tradition signalisierte ein alleinstehendes W ohne Zusatz die Grundausführung, ein hinzugefügtes L stand für eine geringfügig höhere Verdichtung, und weitere Zusatzbuchstaben (D bzw. DR) für mehr oder weniger sportliche Modellvariationen. Parallel zu den Motorrädern wurde auch erstmals ein Servi-Car genanntes Dreirad für Kurierdienste und Kleinunternehmen angeboten, das vielen Amerika-Besuchern noch als Transportmittel der strafzettelverteilenden Stadtpolizei in Erinnerung sein dürfte. Außerdem war die WA genannte Militärversion das Arbeitspferd des amerikanischen GI im Zweiten Weltkrieg, während die WR (im Prinzip eine WLDR ohne Beleuchtung, siehe Kapitel 9) gegen Ende des Serien-Bauzeitraums Harley-Renngeschichte schrieb.

Die erste „Flathead"-Forty-Five entstand im Jahre 1929, das letzte Servi-Car 1974, macht insgesamt 45 Jahre. Zugegeben, es wurde in dieser Zeit einiges verbessert und weiterentwickelt, aber im Grunde handelte es sich immer um denselben Motor. Diese Tatsache, gapaart mit der absoluten Gebrauchstüchtigkeit, war wohl auch das Geheimnis ihres Erfolgs. Wer sich die hier abgebildete WL einmal mit Muße betrachtet, kommt um die Erkenntnis nicht umhin, daß dieses Motorrad mehr sein muß als ein seelenloser Eisenhaufen. Genau wie die ersten Har-

Das WL-Triebwerk unterscheidet sich kaum vom WR-Motor, wird jedoch von einer konventionellen Unterbrecherzündung befeuert.

Während die WR-Fahrer um jedes Gramm feilschten, griffen die WL-Besitzer gerne in die Vollen, wenn es um Zubehör ging.

leys waren auch die W-Modelle in allen Punkten etwas robuster ausgelegt als die Konkurrenten aus dem Lager der Rothäute. Die 750er-Indian mochte zwar schneller gewesen sein, doch sie war gleichzeitig so filigran konstruiert, daß viele Rennmaschinen auf Harley-Kurbeltriebe umgebaut wurden (kein Witz!).

In einer jüngst erschienenen Ausgabe des Magazins *American Heritage* beklagte sich der Autor darüber, daß die modernen Zeiten stets mehr Komplikationen mit sich brachten. Dem kann der Motorradhistoriker eigentlich nur beipflichten. Auf diesen Seiten sehen wir ein Motorrad, das sich sein ganzes Leben lang immer im Besitz eines einzigen Menschen befand. Es war seiner Besitzerin über vierzig Jahre lang Transportmittel, Sport- und Freizeitgerät, Freund und Vertrauter.

Die W-Serie hatte ihren Ursprung in einem sozialpolitisch und wirtschaftlich anderen Umfeld, nicht besseren oder schlechteren Zeiten als heute. Träumerische Nostalgie wäre hier genauso unangebracht wie verächtliches Naserümpfen. Die „Forty-Five" von Harley-Davidson war ein auf die Bedürfnisse einer ganzen Gesellschaft einer bestimmten Zeitperiode zugeschnittenes Motorrad, das seine Aufgabe perfekt bewältigte. Heute, da die Kinder aus dem Haus sind und Grace wieder häufiger auch längere Strecken mit dem Motorrad zurücklegt, konnte John seine Frau zum Kauf einer moderneren Maschine mit besseren Bremsen überreden, einer Sportster. Grace hat sich mit ihr zusammengerauft, wie sie sich einst mit ihrer 750er zusammengerauft hat.

Aber um Frau und Maschine in action zu erleben, muß man sie auf „ihrer 45" sehen.

Wie es sich für ein Motorrad gehört, das sich seit nunmehr vierzig Jahren in einer Hand befindet, hat Grace McKeans WL ein sehr persönliches Zulassungskennzeichen.

Alte Liebe rostet nicht!

Kapitel 12

Modell KR, 1952

Der letzte Flathead-Triumph

Die KR war spartanisch ausgestattet und verzichtete auf so überflüssige Anbauteile wie Hinterradfederung oder Bremsen. Beisitzer: Dean Ossimider, Santa Monica, Kalifornien.

Winston Churchill hätte, wäre er Sportreporter gewesen, die Überlegenheit der KR-Rennmaschinen so erklärt: „Sie war so erfolgreich, weil so viele Menschen so hart gearbeitet haben, um aus so wenig so viel herauszuholen."

„So wenig" ist die schmeichelhafte Umschreibung der in Kapitel 13 beschriebenen K-Serie von 1952. Als Hintergrundinformation sei hier deshalb nur erwähnt, daß, als Harley eine Straßenmaschine mit 750 ccm auf den Markt brachte, selbstverständlich auch eine Rennversion her mußte. Vielleicht verhielt es sich aber auch genau umgekehrt, denn zufällig waren 750 ccm (oder 45 cu.in.) die Hubraumgrenze für nationale Rennveranstaltungen, und Harley-Davidson seit Generationen die amerikanische Siegermarke schlechthin.

Wie wir bereits gesehen haben, konnte die „Motor Company" sowohl technisch anspruchsvolle Rennmaschinen (wie die Achtventiler von 1916) auf die Räder stellen, als auch durch geschickte Modellpolitik (mit den WR-Modellen) aus einfachen Zutaten eine wettbewerbsfähige Rennmaschine zaubern.

Die Zutaten für einen solchen käuflichen „Production Racer" waren vorhanden. Der 750 ccm große K-Motor war ein robuster Seitenventiler mit vier hintereinander aufgereihten Ventilen und einem im Motorblock integrierten Getriebe mit vier Vorwärtsgängen. Das Modell K war trotz seines etwas angestaubten Triebwerks ein modernes Motorrad mit Hinterradfederung, Handkupplung und Fußschaltung, und als solches durchaus geeignet, der erstarkten europäischen Konkurrenz die Stirn zu bieten.

Dies war vor allem in Rennsport auch bitter nötig geworden, denn nach Jahren der souveränen Herrschaft auf eigenem Boden begannen Ende der vierziger Jahre ausländische Fabrikate, den beiden US-Traditionsmarken die Butter vom Brot zu klauen. Als Anfang der dreißiger Jahre die Klasse C ins Leben gerufen worden war, hatten sich nur wenige Importeure um die Betreuung europäischer Fabrikate bemüht.

1952 befand sich Indian bereits auf dem absteigenden Ast, und der neue Wohlstand hatte den europäischen Sportmotorrädern zu ungeahnter Popularität verholfen. Triumph, BSA, Norton und ein paar andere Hersteller bastelten an einem flächendeckenden Händlernetz und verkauften fleißig ihre schnellen Halbliter-Ein- und Zweizylinder. Wenn sie auch den Slogan „Am Sonntag gewinnen, am Montag verkaufen" nicht erfunden hatten, so wußten sie doch sehr genau, was er bedeutete.

Die KR war eine gelungene Mischung aus Werkstatt und Montagehalle, aus alt und neu. Der Rahmen basierte auf dem der K-Modelle, war jedoch leichter und verwindungssteifer. Als besonderes Bonbon verfügte er über ein angeschraubtes, starres Rahmenheck, das sich mit wenigen Handgriffen gegen eine langhubige Schwinge mit Federbeinen austauschen ließ. Auf den topfebenen Aschenbahnen setzten die bremsenlos im Kreis driftenden Asse immer noch auf die starre Hinterhand, weil sie befürchteten, die Federbewegun-

103

Als die Renndistanzen von 100 auf 25 Meilen verkürzt wurden, schrumpften die Tanks zu erdnuß-großen Gefäßen. Der Drehzahl-messerantrieb sitzt am Steuer-gehäuse an der Stelle, an der bei der WR und den straßentauglichen K-Modellen die Zündanlage montiert ist.

Als Harley eine Straßenmaschine mit 750 ccm auf den Markt brachte, mußte selbstver-ständlich auch eine Rennversion her. Vielleicht verhielt es sich aber auch genau umgekehrt.

gen würden Leistung schlucken und die Reifenhaftung verschlechtern. Heute wissen wir, daß dies alles Unsinn war, doch hatten die schlechten Erfahrungen mit unausgereiften Federungssystemen ihre Spuren hinterlassen und die Fahrwerksentwicklung immer wieder um Jahre zurückgeworfen.

Wie die Achtventil- und WR-Rennmotoren sah das KR-Aggregat auf den ersten Blick serienmäßiger aus, als es tatsächlich war. Das AMA-Reglement verlangte, daß Rennmaschinen und Zubehör frei verkäuflich sein mußten, und somit erschien es natürlich sinnvoll, auf Gehäuse, Zylinder, Getriebe usw. der K-Modelle zurückzugreifen. So verfügte die KR wie das K-Modell über knapp 750 ccm Hubraum (45 cu.in.) bei 69,8 mm Bohrung und 96,7 mm Hub. Der mit dem Vierganggetriebe in einem gemeinsamen Gehäuse untergebrachte Motor wies einen Zylinderwinkel von 45° auf und verfügte über vier seitlich angeordnete Nockenwellenstummel, die über kurze Stößel die beiden innen stehenden Einlaßventile und die an den Außenseiten des Zylinder-V angebrachten Auslaßventile betätigten. Nichts Revolutionäres also.

Die KR war wie ihre direkte Vorläuferin WR als nacktes Grundmodell erhältlich, das sich durch zahllose

Der Drehzahlmesser ist die einzige Informationsquelle des vielbeschäftigten Dirt-Track-Piloten.

Die langen Verstellschlitze der Kettenspannvorrichtung erlauben sogar eine begrenzte Veränderung des Radstands, um die Maschine für verschiedene Strecken besser abzustimmen.

Der Rahmen der KR wies doppelte Unterzüge und ein einzelnes Rückgratrohr auf. Die in unserem Fall starre Hinterachsaufnahme konnte mit wenigen Handgriffen gegen eine gefederte Schwinge ausgetauscht werden.

Zubehörteile zu einer hochspezialisierten Rennmaschine aufrüsten ließ. Da sich neben reinen Speedways auch Straßenwettbewerbe und Tourist-Trophy-Rennen (Speedway-Wettbewerbe mit Links- und Rechtskurven, Sprunghügeln und kurzen Geraden, so etwas wie Highspeed-Motocross) großer Beliebtheit erfreuten, gab es neben der eingangs erwähnten, anschraubbaren Hinterradfederung natürlich auch großzügig dimensionierte Trommelbremsen für Vorder- und Hinterrad. Der ambitionierte Käufer konnte zwischen 18- und 19-Zoll-Rädern wählen und sich aus seitenweise aufgelisteten Getriebezahnradpaarungen seine ganz persönlichen Übersetzungsverhältnisse zusammenstellen. Die frühen KR-Modelle verfügten über einen großen Tank; später erhielten sie serienmäßig den kleinen „Erdnußtank" der 125er-Zweitakt-„Hummer". Für Langstrecken- und

Straßenrennen gab es gegen Aufpreis auch Riesentanks mit 25 und 30 Litern Fassungsvermögen in Verbindung mit speziellen Sattel-/Lenker-Kombinationen.

Getreu der amerikanischen Rennsportphilosophie, die meines Wissens auch heute noch ohne Beispiel dasteht, konnte sich die KR jeder kaufen, der im Besitz einer gültigen Rennsportlizenz war, die er wiederum durch entsprechende Resultate in kleineren Klassen erwerben mußte. Er hatte die Möglichkeit, sich bei seinem Harley-Händler mit den verschiedenen Zubehörteilen einzudecken und dann jeden Sonntag an einem der zahlreichen Halbmeilen-, Meilen-, TT- und Straßenrennen teilzunehmen. Wenn er gut genug war, konnte er es bis zum nationalen Meistertitel bringen, ohne auf geheime Ersatzteilquellen angewiesen zu sein.

Kommen wir nun zum interessanten Teil des Reglements. Als die AMA – oder besser gesagt Harley-Davidson und Indian, die Anfang der dreißiger Jahre die AMA und damit den professionellen Rennsport vor dem Bankrott bewahrt hatten – das Reglement für die Produktionsklassen erarbeitet hatte, war man wirklich ernsthaft um größtmögliche Fairneß bemüht gewesen. Serienteile wurden vorgeschrieben, damit nicht wieder, wie in der Vergangenheit, eine Handvoll Werksfahrer mit Superspezialteilen die Chancengleichheit im Keim erstickten. Als Hubraumgrenzen wurden 750 ccm für seitengesteuerte und 500 ccm für kopfgesteuerte Motoren festgeschrieben. Dieser Umstand verdient besondere Beachtung, denn die (europäische) Motorrad-Fachpresse warf der AMA später oft genug vor, das Reglement absichtlich zu Ungunsten der europäische Marken ausgelegt zu haben. Dem war nicht so! Zwar gab es ohne Zweifel hin und wieder schikanöse Entscheidungen einzelner Abnahmekommissare, doch unterm Strich ging die Rechnung auf. Heraus kam spannender Motorsport, in dem auch Außenseiter ihre Chance gegen die amerika-

Der Zündmagnet sitzt bei der KR dort, wo bei den Straßenmodellen die Lichtmaschine eingebaut ist. Die staubigen Pisten erforderten einen großen Luftfilter.

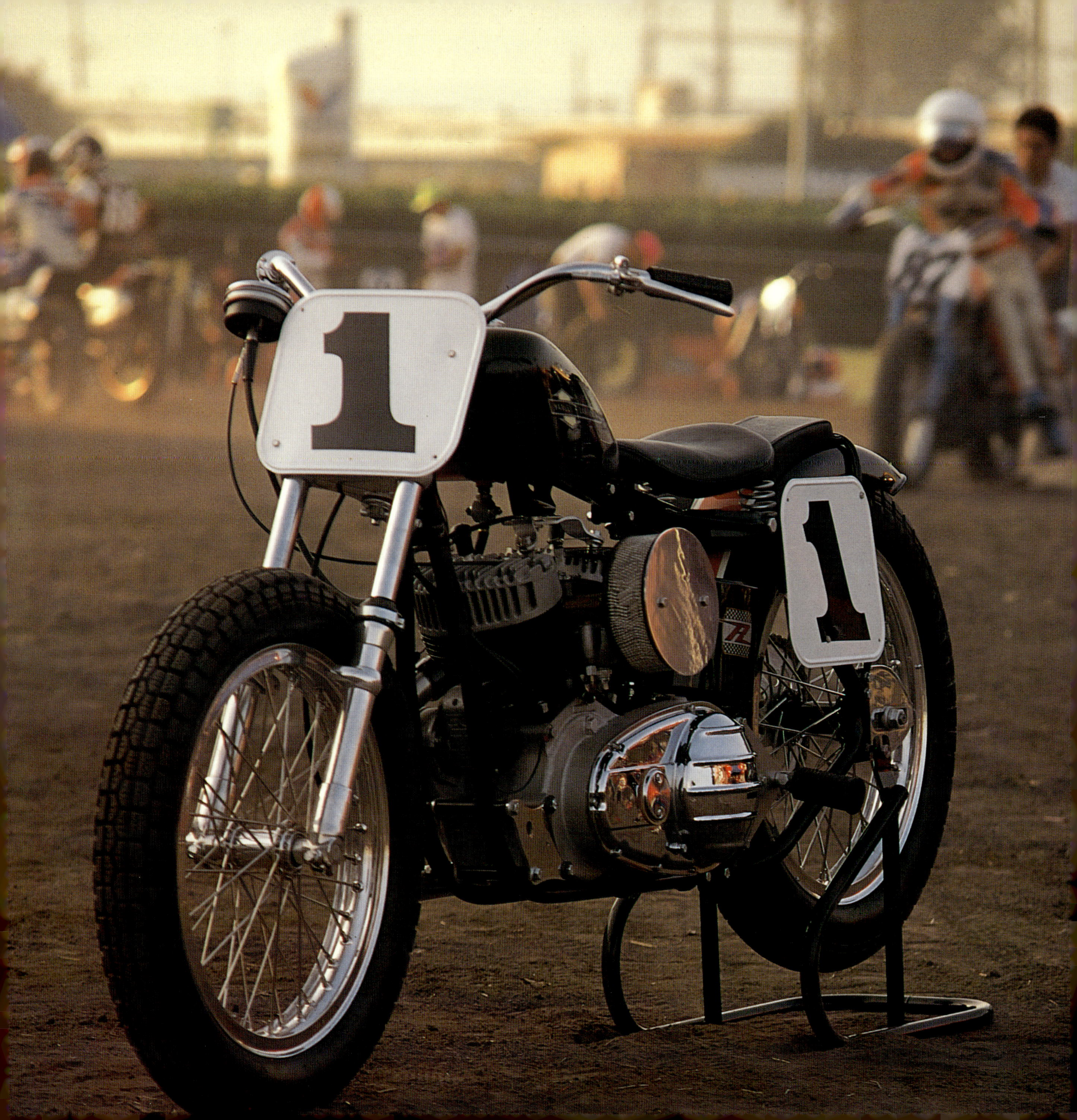
1
1

nischen und britischen Werksteams erhielten – und nutzten! Und nicht zuletzt war durch das restriktive Reglement auch wieder der Pioniergeist der Tuner und Entwickler gefordert. Diese mußten sich in erster Linie um die Beatmung des seitengesteuerten Triebwerks kümmern. Obwohl die KR über einen speziellen Ventiltrieb verfügte, in dem die Ventile nicht parallel zu den Zylinderlaufbüchsen, sondern zur Verbesserung des Einströmwinkels oben leicht nach innen geneigt angeordnet waren, blieb das alte Handicap des sv-Motors erhalten: Die Gase mußten gleich zweimal um die Ecke geführt werden. Auch die Erhöhung des Verdichtungsverhältnisses, erster Schritt fast jeder Tuningmaßnahme, gestaltete sich schwierig. Wenn man den Brennraum oberhalb des Kolbenbodens verkleinerte, veränderte man dadurch gleichzeitig die Einströmcharakteristik, und oberhalb der Ventilteller mußte schließlich noch etwas Platz bleiben, damit die Ventile weit genug öffnen konnten. Der KR-Tuner mußte auf der Suche nach der optimalen Brennraumform zahlreiche Kompromisse eingehen und versuchen, ein ausgewogenes Gleichgewicht zwischen möglichst hoher Verdichtung und möglichst strömungsgünstiger Brennraumgestaltung zu finden. Es soll an dieser Stelle genügen, darauf hinzuweisen, daß die Gilde der amerikanischen Motor-„Frisöre" eine nicht für möglich gehaltene Phantasie entwickelten und dem KR-Motor in siebzehn Jahren zu einer beeindruckenden Leistung verhalfen. Während sich die „Production Racer" in den frühen fünfziger Jahren mit 38 PS begnügen mußten, verfügten die 1968 und 1969 mit ihren nicht totzukriegenden KR antretenden Privatiers über irrwitzige 62 bis 64 PS! Die Leistungssteigerung erfolgte in kleinen, kaum wahrnehmbaren Schritten. Zunächst gab es nur die vom Werk angebotenen Motoren, doch schon kurze Zeit später veröffentlichte die Rennabteilung eine kleine Broschüre, in der die von jedem Mechaniker nachzuvollziehenden Modifikationen einschließlich aller dafür benötigten Teile erklärt waren. Dazu gab es Tips für die optimale Getriebe- und Endantriebsabstimmung und jede Menge Schnittzeichnungen, die den ambitionierten Do-it-yourself-Tuner Schritt für Schritt mit den notwendigen Arbeiten vertraut machten. Dieses Tuninghandbuch versetzte jeden KR-Fahrer in die Lage, seine Maschine rechtzeitig zu Beginn der Saison auf den neuesten Stand der Technik zu bringen. Ausschlaggebend für besondere Resultate wurden die Tuningmaßnahmen und Feinabstimmungen, die nicht im Handbuch standen. So bildete sich rasch eine Gruppe privater Motorenbauer, deren Kreationen sich durch Einfallsreichtum und handwerklich saubere Arbeit auszeichneten, und deren Ergebnisse die Werks-Rennabteilungen nicht selten übertrafen. Tuner wie Tom Sifton, Len Andres und Ralph Berndt hatten Hochkonjunktur. Während der achtzehn Jahre, in der die KR als „Production Racer" im Harley-Programm war, ging der amerikanische Meistertitel fünfmal an werksunterstützte Harley-Fahrer und achtmal an die Harley-Fahrer Joe Leonard, Brad Andres und Carroll Resweber, die als Privatiers mit der Unterstützung der drei genannten Startuner unterwegs waren. Daß der amerikanische Rennsport nicht die Markenvielfalt europäischer Wettbewerbe bot, ließ sich aufgrund der individuellen Gestaltung der einzelnen Harleys leicht verschmerzen. Die Werksmaschinen waren beispielsweise paprikarot lackiert. Die Jungs von Ohio, die auf schreiend gelb lackierten Motorrädern antraten, waren so berüchtigt, daß andere Fahrer deren Farbschema kopierten, weil sie sich bei den harten Auseinandersetzungen auf der Strecke Vorteile versprachen. Tuner Berndt schickte seine blauen Maschinen ohne Firmenemblem ins Rennen, woraufhin ihn Walter Davidson im Fahrerlager besuchte und ihn spitz fragte, um welche Marke es sich denn bei seiner KR handelte. Mag sein, daß die Rennreporter seinerzeit vor lauter Enthusiasmus Fahrer zu Helden hochstilisierten, wobei ich anfügen muß, daß es mir wegen meines zarten Alters nicht vergönnt war, Leonard, Resweber und Co. live zu erleben. Doch ich wage zu bezweifeln, daß der ganze Mythos um die „harten Jungs" eine Ausgeburt blühender Journalistenphantasie gewesen sein soll. Ich vermute vielmehr, daß aufgrund des klar formulierten Reglements der Wettbewerb einfach fairer und härter geführt wurde als in vergleichbaren Rennserien, und daß die daraus resultierenden Zweikämpfe für eine einzigartige Atmosphäre gesorgt haben, die in der Erinnerung weiterlebt, solange es Motorräder gibt. Die Harley-Davidson KR war von Anfang an Teil dieses Mythos und trotz ihrer antiquierten Technik ein synergetisches Wunder. Während nämlich in anderen Rennserien (z.B. im Automobilsport) mit dem Aufkommen der ohv-Motoren das Reglement geändert werden mußte, damit die alten sv-Motoren überhaupt noch eine Chance hatten, konnte die AMA 1969 sogar die an den Ventiltrieb und die Zylinderanzahl gekoppelten Hubraumbeschränkungen aufheben. Zunächst sah es damals so aus, als würden die Briten mit ihrem Starfahrer Gary Nixon nun die amerikanische Konkurrenz in Grund und Boden stampfen. Die Firma Triumph, die 1967 und 1968 die Meistermaschine gestellt hatte, mietete für Abstimmungstests das lange Speedwayoval von Nazareth, Pennsylvania, und überließ Nixon die Wahl der Waffen. Er setzte sich auf eine stark überarbeitete Dreizylinder-Trident und markierte während der Tests mehrere neue Bahnrekorde. Das entscheidende Rennen am darauffolgenden Sonntag gewann jedoch der Harley-Werksfahrer Fred Nix auf einer technisch überholten, ungefederten KR mit einem komfortablen Vorsprung von fast einer halben Meile. Wenn das kein Triumph war!

Seite gegenüber:
Die KR profitierte von der 1952 für die K-Serie eingeführten Telegabel. Die abgebildete Gabel ist eine italienische Ceriani, die in den sechziger Jahren das Nonplusultra darstellte. Kurioserweise setzen die Dirt-Track-Fahrer seit dieser Zeit auch auf Pirelli-Reifen.

Die KR war wie ihre direkte Vorläuferin WR als nacktes Grundmodell erhältlich, das sich durch zahllose Zubehörteile zu einer hochspezialisierten Rennmaschine aufrüsten ließ.

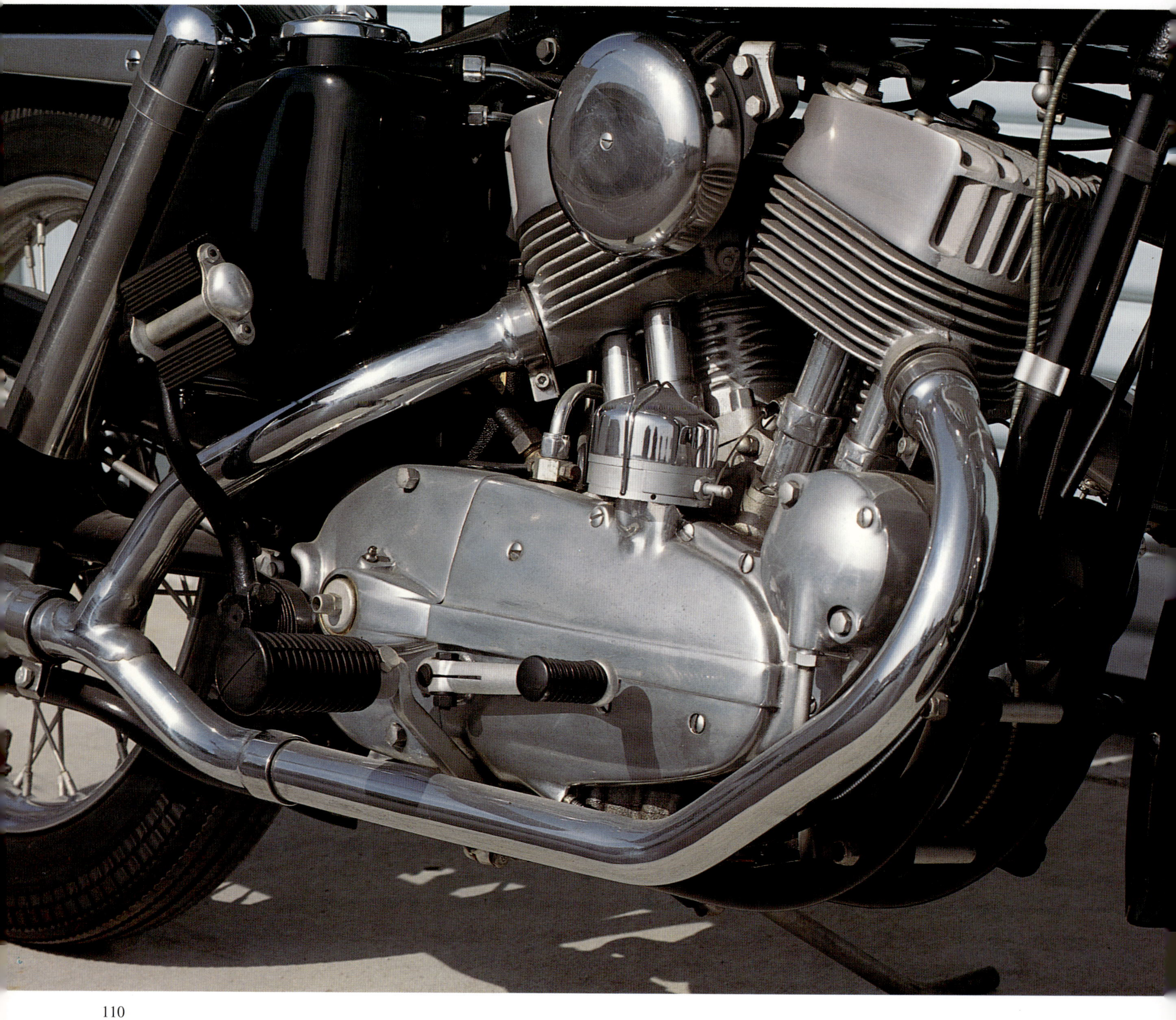

Kapitel 13

Modell KHK, 1956

Der Verlust der Unschuld

Hinterher ist man meistens klüger. Man braucht ja auch wirklich kein Abitur, um vorauszusehen, daß sich die politische, gesellschaftliche und wirtschaftliche Situation nach einem Weltkrieg radikal verändert. Und jeder Entwicklungsingenieur mit einem Funken gesundem Menschenverstand wird sich schon bei Ausbruch der Feindseligkeiten seine Gedanken über die zu erwartende Nachkriegszeit machen.

Man vergißt nur meistens, daß selbst die besten Ideen ihre Zeit brauchen. Der Krieg war 1945 zu Ende, doch es sollte noch bis 1949 dauern, ehe die ersten wirklich neuen Automodelle in Detroit und Coventry von den Bändern liefen. In Deutschland dauerte dies alles aus verständlichen Gründen ein paar Jahre länger, und in Japan war man ohnehin noch zu sehr mit dem Kopieren alter Harley- und BMW-Originale beschäftigt (mit Ausnahme eines cleveren Geschäftsmannes namens Soichiro Honda, der übriggebliebene Industriemotoren in Fahrradrahmen verpflanzte, aber das ist eine andere Geschichte).

Indian lieferte den Besserwissern auch gleich Material. Man hatte zwar den Krieg überlebt und auch bescheidene Investitionsmittel beiseite geschafft, doch anstatt sich voll und ganz auf die Modernisierung der bestehenden Big-Twin-Palette zu konzentrieren, begannen die Ingenieure, das Angebot durch mehr oder weniger gelungene Kopien britischer Singles und Paralleltwins abzurunden. Hinterher stellte sich heraus, daß dies der falsche Weg gewesen war und Indian schließlich in den Konkurs treiben sollte. Hinterher ist man eben meistens klüger.

Harley entfernte sich bei allem Mut zum Risiko bei der Vorstellung des neuen Modellprogramms nicht allzu weit vom traditionellen Angebot. Rückgrat und Renommierstück waren die großen 1000er- und 1200er-Modelle mit dem Knucklehead-ohv-Motor. „Springer"-Gabel und Starrahmen, Handschaltung und Fußkupplung waren traditionelle Werte, die so schnell nicht an Gültigkeit verlieren sollten. Für die jungen Leute hatte man das von DKW geerbte 125er-Zweitaktmaschinchen im Angebot, was immerhin bereits einen gewissen Mut zur Lücke voraussetzte. Richtig investiert wurde dagegen nur in der Mittelklasse (in Amerika dachte man schon immer in größeren Dimensionen) mit 750 ccm Hubraum.

Am Modell K zeigte sich, daß die Harley-Entwicklungsingenieure ihre Hausaufgaben gemacht hatten, und zwar richtig. Das Grundkonzept setzte neue Maßstäbe: Telegabel und Schwingen-Hinterradfederung zählten Anfang der fünfziger Jahre, als sich Indian und die Engländer zum Teil noch mit Federnaben, Geradweg-Hinterradfederungen und anderen Folterinstrumenten plagten, keineswegs zum technischen Allgemeingut.

Die Kupplung wurde über einen Handhebel am linken Lenkerende betätigt, und der Fußschalthebel ragte an der rechten Motorseite aus dem Gehäuse. Sie haben richtig gelesen: rechts, der Seite der Engländer und Indianer, wo doch Harleys seit der Einführung des

Die KHK war mit Telegabel, Hinterradschwinge und Blockmotor die ausgereifteste Vertreterin der K-Serie, setzte jedoch nach wie vor auf den betagten sv-Motor. Besitzer: Brad Andres, San Diego, Kalifornien.

Schaltwerks stets links (und mit der Hand) geschaltet worden waren. Marktanalysen hatten jedoch ergeben, daß sich Anfang der fünfziger Jahre über 40% aller Käufer für Importmaschinen entschieden, und die trugen den Schalthebel nun einmal rechts.

Auch das Styling war modern, elegant und in gewisser Weise europäisch angehaucht, wenn auch ein großer Tank und ein ausladendes „Buckhorn"-Lenkergeweih Erinnerungen an die großen FL-Modelle weckte. Das tat der Optik jedoch keinen Abbruch, und das Modell K schien in der Tat so modern zu sein, wie es aussah.

War es aber nicht, denn beim Triebwerk handelte es sich im Grunde nur um eine zaghafte Weiterentwicklung des betagten sv-Motors aus der W-Serie. Gleiche Bohrung, gleicher Hub und die sattsam bekannten vier seitlichen Nockenwellen mit ihren kurzen, verkehrterum stehenden Ventilen. Nur die Aluminium-Zylinderdeckel waren tiefer verrippt, was zusammen mit den neuen, glattflächigen Motorgehäusedeckeln den Betrachter in die Irre führte.

Die Weiterentwicklung des angestaubten Triebwerks bestand im wesentlichen in der Zusammenfassung von Kurbeltrieb, Primärtrieb und Viergangetriebe in einem gemeinsamen Block. Das lästige Spannen und Ausrichten der Primärkette nach einem Motor- oder Getriebeausbau hatte ein Ende, und bald sollten

Die hintere Halbnaben-Trommelbremse saß etwas ungeschickt plaziert hinter dem Kettenrad, wodurch sich Kette und Bremse gegenseitig aufheizten. Die Hinterradschwinge war durch die weit vorne angebrachten Federbeinaufnahmen dem großen Hebelarm kaum gewachsen und wand sich unter Last wie eine Schlange.

Was da hinter dem Luftfilterdeckel hervorlugt ist kein Ansaugtrichter, sondern eine nachträglich montierte Signalfanfare.

112

Die Verbesserungen der KHK gegenüber ihren biederen Schwestern – höhere Verdichtung, polierte Kanäle, scharfe Nockenwellen – waren der gefällig gestylten Maschine zwar nicht anzusehen, aber sie lehrten der europäischen Konkurrenz das Fürchten.

Über die drehbar gelagerte Unterbrecherdose läßt sich per Bowdenzug vom linken Lenkerende aus der Zündzeitpunkt verstellen. Wehe dem, der den Motor bei voller Frühzündung anzutreten versucht! Die meisten Besitzer benötigten jedoch nur eine einzige Lektion, um die Startprozedur zu erlernen...

sich auch andere Hersteller dies- und jenseits des Atlantiks für die saubere Blockkonstruktion entscheiden.

Zur Ehrenrettung der Geschäftsleitung muß man jedoch anmerken, daß an ihrer Entscheidung zugunsten der alten Ventilsteuerung im Grunde nichts auszusetzen war. Harley-Davidson konnte auf jahrelange Erfahrung mit seitengesteuerten Motoren zurückblicken, so daß dem K-Modell die für alle Seiten ärgerlichen Kinderkrankheiten erspart blieben – zumindest, was den Motor anbelangte.

Das Problem war nur, daß die K nicht im entferntesten so schnell war, wie sie aussah. Selbst der brävste britische Halbliter-Dampfhammer lief der 750er davon, und obwohl einige Automobilhersteller wie Ford oder Plymouth noch auf seitengesteuerte Motoren setzten, zählten im Kopf hängende Ventile mittlerweile auch in Amerika zum technischen Standard. Der Motor des K-Modells war schon überholt, bevor er auf den Markt kam.

Später sollte sich herausstellen, daß Harley-Davidson sehr wohl die Möglichkeiten einer ohv-Ventilsteuerung erwogen hatte, doch erwies sich das völlig neue 750er-Triebwerk mit seinen weiter gespreizten Zylindern und den radikal umgestalteten Zylinderköpfen als in der Herstellung noch zu aufwendig und damit zu teuer. Das Modell K war somit von vornherein als Übergangslösung gedacht.

Der glattflächige Blockmotor verfügte über 883 ccm Hubraum und basierte ganz offensichtlich auf dem W-Serien-Triebwerk. Der große Tank und die Scheinwerferform lassen Anklänge an die großen F-Modelle erkennen.

Die senkrecht verrippten Zylinderdeckel sorgen für den schnellen Abtransport der durch die höhere Motorleistung gestiegenen Verbrennungswärme.

Das schien jedoch niemanden zu stören, denn für die meisten Käufer war die K ein hübsch anzuschauendes Motorrad mit vergleichsweise guter Straßenlage und einem eben nicht ganz so temperamentvollen Motor. Die erste Leistungskur erfolgte durch den werksseitigen Einbau des Ventiltriebs der KR-Rennmaschine. Damit hinkte die mit einem sportlichen Flachlenker ausgestattete KK der Konkurrenz schon nicht mehr ganz so weit hinterher.

Richtig Beine bekam sie im Modelljahr 1954, als die Konstrukteure den Hub von vormals 96,8 auf stattliche 115,8 mm verlängerten. Das ergab einen Hubraumzuwachs von 737 auf 883 ccm (54 cu.in.) und durch die zusätzliche Verwendung größerer Ventile eine Leistungssteigerung von beschaulichen 30 auf satte 38 PS. Am Gesamtgewicht hatte sich nichts geändert, so daß die nun KH genannte Maschine den Rückstand auf die leichteren Importmaschinen fast wettmachte.

So ganz schienen die Entwickler mit ihrem neuen Produkt jedoch noch nicht zufrieden zu sein, und so legte Harley-Davidson 1955 und 1956 den Grundstein zur Entwicklung des ersten echten Superbikes amerikanischer Produktion, der KHK.

Die Bezeichnung KHK stand, wie sich der aufmerksame Leser mittlerweile vielleicht selbst hergeleitet hat, für das Basistriebwerk (K) mit einem Quentchen Extra-Leistung (H) und einer zusätzlichen Tuningmaßnahme (zweites K).

Strenggenommen verbarg sich hinter der Bezeichnung KHK allerdings nur ein Ausstattungspaket. Für Harleys gab es ja schon immer jede Menge Zubehör, von der Windschutzscheibe über Packtaschen bis hin zur Chromabdeckung für die Kickstarter-Rückholfeder. Außerdem konnte der Harley-Käufer auch Sonderwünsche äußern, wie zum Beispiel nach einem größeren oder kleineren Tank oder nach einem speziell für den Beiwagenbetrieb übersetzten Getriebe mit Rückwärtsgang.

Die KHK war also eine KH mit überaus umfangreichem Zubehörkit, mit obengenannter Windschutzscheibe und Packtaschen und anderen mehr oder weniger sinnvollen Aufrüstteilen. Manchen Käufern war es gar nicht so unrecht, daß die Nachbarn auf den ersten Blick sehen konnten, daß er sich für die Komplettausstattung entschieden hatte, doch andere hätten es lieber etwas dezenter gehabt, so daß nicht jeder Polizist an der Ecke schon auf hundert Schritt erkennen konnte, was für ein heißes Gerät da vorfuhr.

Wie dem auch sei, den Zubehörplunder konnte man ja auch wieder abschrauben. Viel wichtiger war, daß die KHK über die Ventile und Nockenwellen der Renn-KR verfügte und das Triebwerk werksseitig feinbearbeitet wurde. 1955 und 1956 reichte der erneute Leistungszuwachs allemal aus, um mit den anderen Hechten im Karpfenteich um die Wette zu schwimmen.

Außerdem sah man die KHK nicht an jeder Straßenecke, und das ist schließlich der Stoff, aus dem Legenden gemacht werden. Oder glauben Sie allen Ernstes, die Leute würden heute Millionen für einen Ferrari 250 GTO hinblättern, wenn der alte Enzo Ferrari 100.000 Stück davon gebaut hätte?

Mit der KHK wagte sich Harley-Davidson erstmals an eine Sportmaschine. Nur schade, daß die Käufer nicht mitzogen. Die überwiegend sportlich angehauchten Halbliter-Importmotorräder verkauften sich ausgesprochen gut, doch von der KHK ließen sich 1958 nur 714 Exemplare an den Mann bringen. Dem gegenüber standen 2219 Zweitakt-Harleys und sage und schreibe 5786 „große" V-Maschinen. Der einzige Trost für die KHK blieb, daß vom Grundmodell KH im gleichen Zeitraum nur 539 Stück verkauft wurden.

Längerfristig gesehen veranlaßte dieser bescheidene Erfolg der KHK die Marketingstrategen, sich direkt bei den Händlern über die Situation auf dem Motorradmarkt zu informieren. Der Stellenwert des Motorrads in der Gesellschaft sollte über kurz oder lang neu definiert werden, und schon damals begann sich abzuzeichnen, daß die Tage des anspruchslosen Arbeitstiers gezählt waren.

Bis dahin konnten sich die Fahrer von Zweitakt-Harleys, Cushman-Eagles oder betagten K-Modellen, die bei Ampelstart-Duellen mit schöner Regelmäßigkeit von Triumph-Tiger-Fahrern „abgeledert" wurden, zumindest mit der Gewißheit trösten, daß der Triumph-Fahrer an irgendeiner Ampel auch einmal auf eine KHK treffen würde, und dann gnade ihm Gott!

Die KHK gewann weder Rennen, noch spielte sie Harley-Davidson nennenswerte Profite ein. Das sollte sie auch gar nicht.

Ihre Aufgabe war es, den Traum am Leben zu erhalten.

Die Tankkonsole mit Schaltern und Tachometer ist an der oberen Gabelbrücke angeschellt.

Kapitel 14

XLCH Sportster, 1964

Harley erfindet das Superbike

Das ohv-Triebwerk der XLCH hat nicht mehr viel mit den seitengesteuerten Vorläufermodellen gemein. Die Unterbrecherdose der alten K-Modelle und der normalen XLH ist einem Zündmagneten gewichen.

Nachfolgende Seite:
Harley-Davidson hat den Modell-Mix zu bemerkenswerter Vollendung entwickelt. Die XLCH wirkt wie eine gelungene Kreuzung zwischen einer KR und einer KHK, eine Rennmaschine im Ausgehanzug. Besitzer: Randy Janson, El Cajon, Kalifornien.

Ob der atemberaubende Erfolg der XLCH nun auf reiner Berechnung oder einer Summe glücklicher Zufälle basierte, hängt wohl von der Betrachtungsweise ab.

Die Geschichte begann jedenfalls 1957, als Harley die Sportster vorstellte. Die neue Maschine konnte ihre Abstammung von den Modellen K und KH nicht verleugnen: Rahmen, Radaufhängungen, Bremsen und Antriebsstrang waren ohne viel Federlesens nahezu unverändert übernommen worden. Kupplung, Primärtrieb und Getriebe wiesen zahlreiche Bauteile der K-Modelle auf.

Aber im Gegensatz zum Vorgängermodell war der Motor diesmal neuer, als er auf den ersten Blick wirkte, denn er verfügte über kopfgesteuerte Ventile! Endlich hatte Harley ein Triebwerk, daß es mit den britischen Paralleltwins aufnehmen konnte. Die in einem Winkel von nahezu 90° zueinanderstehenden Ventile ragten in einen leicht dach- bzw. halbkugelförmigen Brennraum, wie ihn seinerzeit neben Chrysler auch der unsterbliche Rennmotorentuner Offenhauser verwendete.

Auch das nicht mehr so drastisch in Richtung Langhuber ausgelegte Bohrung-Hub-Verhältnis (obwohl mit 76,2 x 96,8 mm immer noch ein ausgeprägter Langsamläufer) versprach sportliche Qualitäten, zumal das Triebwerk durch den kürzeren Hub etwas höher drehte. Der Hubraum betrug wieder 54 cu.in. oder 883 ccm.

Kurioserweise gab es nie eine Standardversion mit der Bezeichnung X, wie bei den Modellen J, W, K und F üblich, obwohl die Harley-Nomenklatur eigentlich immer mit einem einzelnen Basisbuchstaben begann, der bei typbezogenen Modifikationen um einen Zusatzbuchstaben erweitert wurde. Die 1957 vorgestellte Maschine, die auf dem Primärgehäuse stolz den Schriftzug „Sportster" zur Schau stellte, hieß trotz ihrer bescheidenen Verdichtung von 7,5:1 von Anfang an XL.

An diesem Punkt scheiden sich nun die Geister. Wie wir anhand der KHK-Story erfahren haben, hatten Geschäftsleitung, Marketing- und Entwicklungsabteilung ihre Probleme mit den „scharfen" Versionen einer braven Grundausführung. Andererseits lehrt uns die Geschichte, daß das Motorrad sich zu einem Sportgerät entwickelt hatte. Man könnte es sich nun einfach machen und der offiziellen Erklärung Glauben schenken, die zahlreiche wohlüberlegte Gründe für diese Modellbezeichnung anführt. Zum Beispiel, daß man dem Kunden suggerieren wollte, daß es sich bei der XL bereits um eine sportlich überarbeitete Version handelte.

Aber da gibt es noch die Berichte der Leute, die die Entstehungsgeschichte der Sportster miterlebten. Und die sprechen nicht von „gezielter Anpassung an marktpolitische Anforderungen", sondern davon, daß Harley mit der Sportster mehr Glück als Verstand hatte.

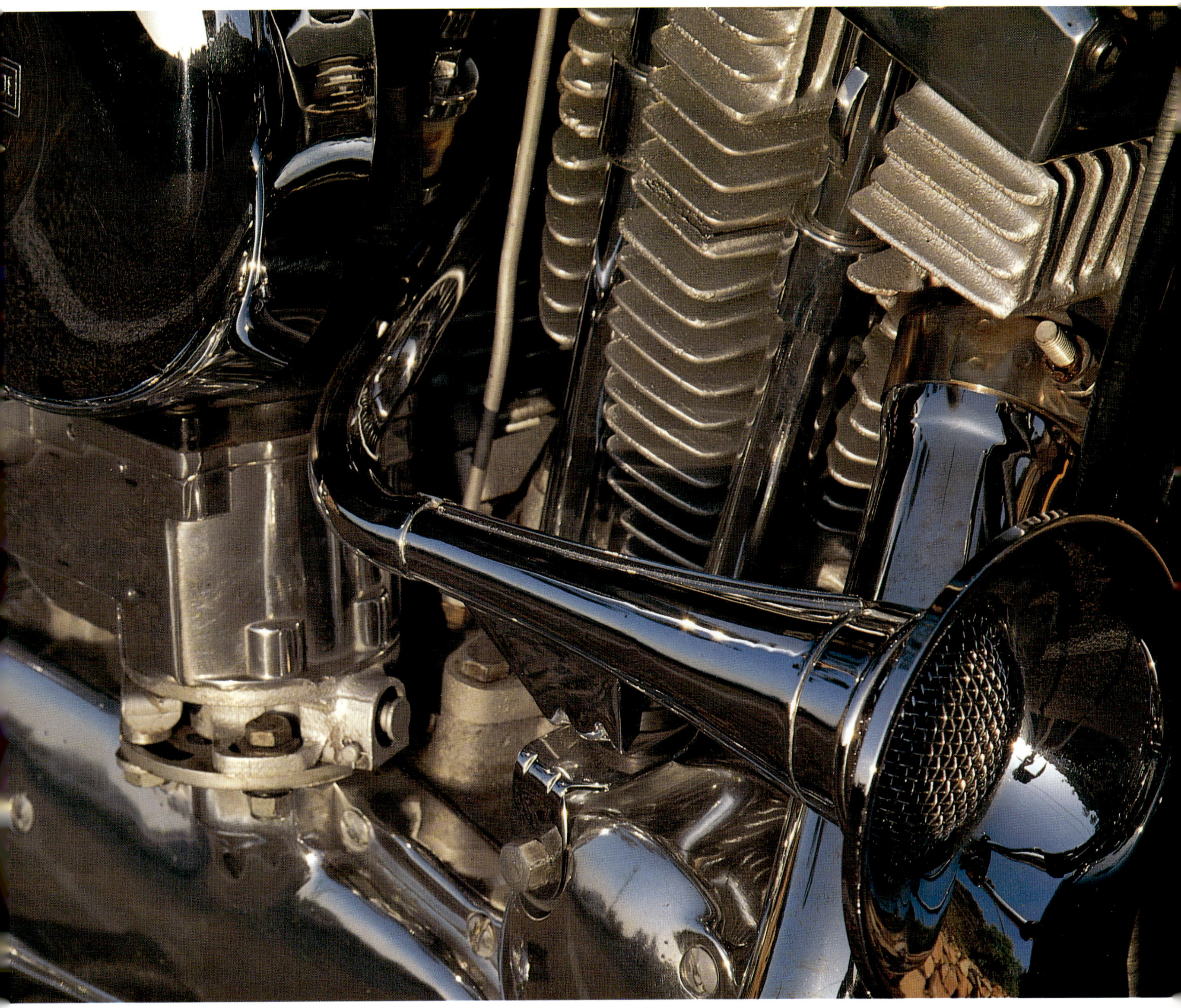

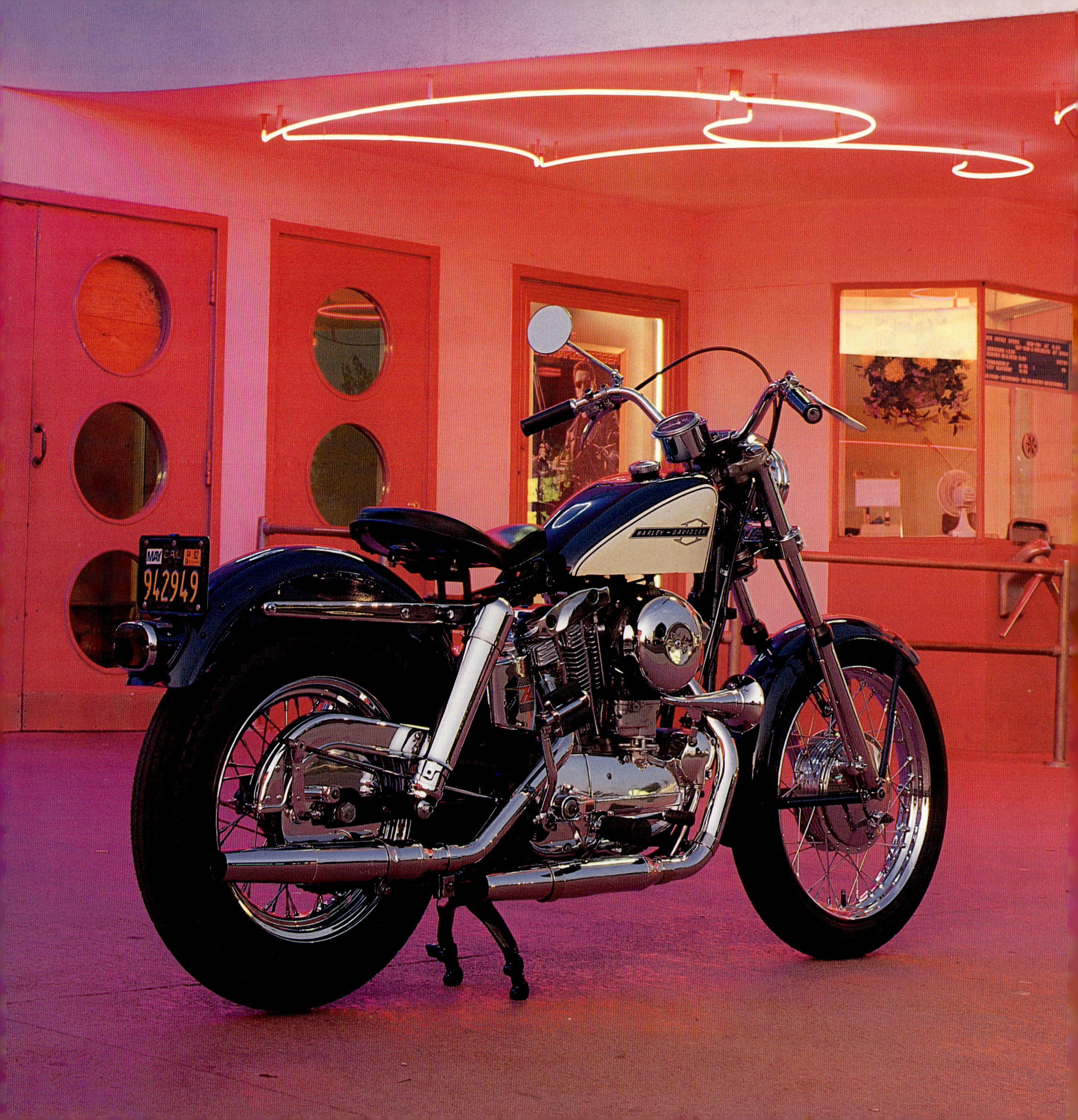
MAY
942949
HARLEY-DAVIDSON

Das Magazin *Cycle* testete die XL im März 1957 und bemerkte, daß es sich um ein „auf die Bedürfnisse des Tourenfahrers zugeschnittenes Motorrad" handelte. Das mag auch stimmen, denn schließlich besaß die XL wie ihre große Schwester FL einen üppigen Tank und eine Scheinwerferverkleidung. Außerdem bot Harley-Davidson für die XL vierzig verschiedene Touren-Zubehörteile an, von der lauteren Hupe über noch größere Tanks und stabilere Bremsankerstreben bis hin zum flüsterleisen Schalldämpfer.

Im Februar 1958 stellte Harley-Davidson eine Sportster H vor, das sogenannte Modell XLH, mit größeren Einlaßventilen und einem auf 9:1 erhöhten Verdichtungsverhältnis. Kurioserweise war das so sportlich präsentierte Motorrad mit einer kompletten Tourenausrüstung ausgestattet. Aus den ganzseitigen Werbeanzeigen ging natürlich nicht hervor, daß verschiedene Händler die XL bei ihrer Vorstellung zwar als feines Motorrad gelobt hatten, aber eine richtig sportliche Version für Amateurrennfahrer vermißten. Vor allem der kalifornische Harley-Händler Sam Arena, früher selbst Rennfahrer, brach eine Lanze für seine sportbegeisterten Landsleute.

Die Geschäftsleitung hielt zwar nicht viel von der Idee einer supersportlichen Version, versprach aber, sich das Ganze noch einmal zu überlegen, falls

Unter den roten Kappen verbergen sich die Enden der Kipphebelwellen, und keine Lämpchen, wie manche Sportster-Fahrer ihrem staunenden Publikum weismachen wollen!

die Kalifornier eine Mindestabnahme von 100 Exemplaren garantierten.

Was diese natürlich taten, und so stellte ihnen Harley eine „gestrippte" Version der Sportster zur Verfügung, ohne Beleuchtung, Hupe und Batterie, mit dem kleinen Tropfentank der 125er-Zweitaktmaschine, einem knapp geschneiderten Einzelsitz und einem richtigen Magnetzünder anstelle des automobilverdächtigen Zündverteilers. Genaue Zahlen sind nicht überliefert, doch man darf davon ausgehen, daß noch im Jahre 1958 etliche Hundert dieser „Stripper"-XL unter der Bezeichnung XLC verkauft wurden, wobei das „C" aller Wahrscheinlichkeit nach für „California" stand.

Die XLC sorgte rasch für großes Aufsehen, und auch die „Motor Company" erkannte das Potential einer solchen Maschine, vor allem, wenn man sie mit Beleuchtung und anderen Zugeständnissen an die Straßenzulassungsordnung versehen würde. So erschien Anfang 1959 eine nur leicht gestrippte XLC mit dem höher verdichteten XLH-Motor, und die XLCH war geboren.

Dieser kleine Exkurs in die Details der Harley-Typenbezeichnungen mußte sein, denn ich erinnere mich mit Schaudern an die Ausführungen eines wildgewordenen Journalisten, der einst steif und fest behauptete, das „H" in der Bezeichnung XLH stünde für „Hot" („heiß"), und folglich müßte „CH" „Competition Hot" bedeuten. So ein Blödsinn hält sich ja nun leider über Generationen, deshalb sei es hier noch einmal ganz ausdrücklich gesagt: Wettbewerbsversionen waren immer durch den Buchstaben „R" gekennzeichnet, während das „C" für „Classic", „Custom" oder, wie in unserem Fall, ausnahmsweise auch einmal für „California" stehen konnte. Und „H" bedeutete „Heavy Duty", wenn überhaupt eine Logik dahintersteckte. Aber zurück zur XLCH.

Harley hatte also das Superbike erfunden. Dabei war die Sportster XLCH nicht das sportlichste Motorrad, auch nicht das schnellste oder das leistungsstärkste. Im Prinzip eigentlich eher ein Allrounder, dessen Summe aller Fähigkeiten zählte.

Die Sportster sah unerhört sportlich aus mit ihrem kleinen Tank, ihrem flachen Lenker und der zeitweise montierten, hochgezogenen Auspuffanlage. Nachdem die XLH noch wie eine verkleinerte Ausgabe der FLH ausgesehen hatte, verfügte die XLCH anstelle der voluminösen Scheinwerferverkleidung nur noch über ein winziges, freistehendes Scheinwerferchen, und die Schalldämpfer waren so leer, wie der Gesetzgeber mit zwei halb zugekniffenen Augen (und Ohren) gerade noch durchgehen ließ. Die Sportster XLCH wirkte wie der sprichwörtliche 38er-Special in einem 22er-Gehäuse, und genau so fuhr sie sich auch.

120

Seite gegenüber:
An guten Tagen schwangen sich gut eingefahrene Exemplare schon einmal zu Geschwindigkeiten auf, die den Tachometer in arge Verlegenheit bringen konnten.

Der winzige Scheinwerfer unterstreicht die gertenschlanke Silhouette der Sportster.

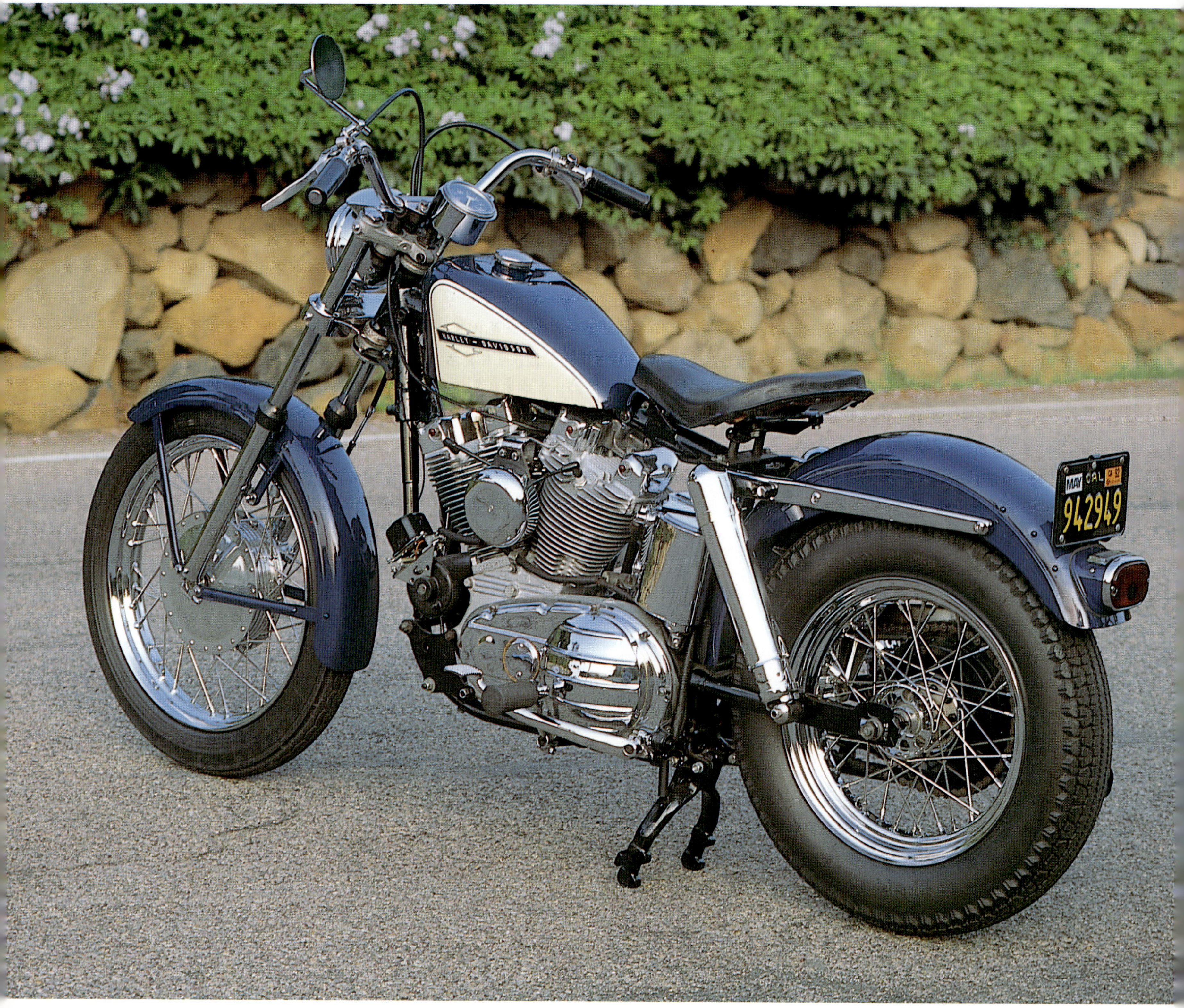
HARLEY-DAVIDSON
MAY
CAL
942949

Die CH war schnell, schneller als die H, schneller als die FLH und schneller als alle importierten Paralleltwins. Zwar variieren die offiziellen Technischen Daten der verschiedenen Baujahre von Prospekt zu Prospekt, doch normalerweise konnte man davon ausgehen, daß eine gut eingestellte Sportster mühelos 160 km/h lief und in knapp 14 Sekunden über die Viertelmeile sprintete. Dabei brachte der fast 900 ccm große Brocken mit einem fahrfertigen Gesamtgewicht von 215 bzw. 225 kg nur ein paar Pfunde mehr auf die Waage, als die mittlerweile mit 650 ccm operierende Konkurrenz aus „Good Old England".

Wenn man die alten Magazine durchblättert, stößt man immer wieder auf dieselben Superlative. Zugegeben, die schnellen Motorräder der sechziger Jahre würden einem direkten Vergleich mit den modernen Superbikes der Neunziger kaum standhalten. Aber die wilden Reiter jener Tage hatte schließlich noch keine Vergleichswerte, und vor diesem Hintergrund betrachtet wirkt die Sportster doppelt so eindrucksvoll. Sie war eine verdammt schnelle Maschine, egal ob man auf der Straße, in den Bergen oder in der endlosen Wüste unterwegs war.

Die hohe Motorleistung brachte keine Probleme mit sich, denn schließlich hatte die KH Kurbelgehäuse und -welle mit einigen Zentimetern mehr Kolbenhub traktiert. Die Kurbelwelle auf den kürzeren Hub zurückzurüsten war für die Entwicklungsabteilung eine einfache Übung. Es gab übrigens auch eine reine Wettbewerbsversion mit der Bezeichnung XLR, an der man Erfahrungen mit dem Ventiltrieb und extremen Belastungsspitzen sammeln konnte. Die XLCH wurde rasch zu einem Kultmotorrad, das auf allen Dragstrips und Rundstrecken anzutreffen war, sofern das Reglement eine offene Hubraumklasse vorsah. In den Rekordlisten finden sich mehr Sportsters als „große" Harleys, was man Arlen Ness vielleicht mal unter die Nase reiben sollte, wenn er das nächste Mal eine Sportster als „Halbstarken-Motorrad" bezeichnet. Aber die Big-Twin-Gemeinde hat ja schon immer gern aus dem Vollen geschöpft.

Am meisten faszinierte die „Halbstarken" damals, daß die Sportster ein richtiges Biest war. Bedienungsfehler verzieh sie überhaupt nicht, und wenn der Motor beim Ankicken zurücktrat, brauchte man die nächsten Wochen erst gar nicht ans Motorradfahren zu denken. Auch bei guter Pflege und sorgfältiger Einstellung sprang die Sportster oft schlecht an, was im allgemeinen (und wohl nicht zu Unrecht) auf den Magnetzünder geschoben wurde.

Das Magazin *Hot Rod* schrieb, die Redakteure hätten zunächst Schwierigkeiten mit dem Antreten gehabt, doch dann hätte ihnen jemand den Trick gezeigt. Die britische Zeitschrift *Motor Cycling* war vielleicht etwas ehrlicher: „Vor allem in kaltem Zustand erforderte das Antreten die peinliche Einhaltung eines geheimen Rituals, das sich uns während der gesamten Testdauer jedoch nicht hundertprozentig erschloß." Dem kann ich eigentlich nur beipflichten.

Leider verblaßte der Ruhm der Sportster ziemlich schnell. Die XL-Baureihe erhielt einen elektrischen Anlasser, wurde durch immer restriktivere Abgas- und Lärmgesetze schrittweise kastriert und schließlich von den Drei- und Vierzylindern aus Fernost an die Wand gedrückt.

Dies alles vermag jedoch nicht von den Errungenschaften der XLCH abzulenken. Wer weiß, ob die anderen Motorradhersteller den Mumm aufgebracht hätten, auf brachiale Motorgewalt zu setzen, wenn Harley-Davidson es ihnen nicht vorgemacht hätte?

Überlassen wir das letzte Wort den sonst so schwer zu beeindruckenden Journalisten von *Motor Cycling*: „Die XLCH vermochte trotz ihrer Macken bei einigen unserer kritischsten Kollegen eine Sympathie zu wecken, die bereits an Verherrlichung grenzte."

Der zu kleine Tank erlaubt weder einen ordentlichen Knieschluß, noch faßt er genügend Sprit für schnelle Trips, aber er sieht gut aus. Der Besitzer dieser Maschine hat übrigens das für seinen Geschmack etwas zu schmächtige 18-Zoll-Hinterrad gegen einen fetten 16-Zöller ausgetauscht – auch, weil es besser aussieht.

Die CH war schnell, schneller als die H, schneller als die FLH und schneller als alle importierten Paralleltwins. Man konnte davon ausgehen, daß eine gut eingestellte Sportster mühelos 160 km/h lief.

Kapitel 15

FLHE „Panhead"

Drücken, nicht treten

Die letzten Panheads kamen 1965 bereits mit Telegabel, Hinterradschwinge, Fußschaltung und Handkupplung. Besitzer: Museum of Flying Action, Santa Monica Airport, Kalifornien.

Nachfolgende Seite:
Die massigen Telegabel-Standrohre laufen nach unten konisch zu, und ein gewölbter, polierter Chromdeckel ziert die der Bremsankerplatte abgewandte Seite der Vorderradnabe.

Als die Redakteure der Zeitschrift *Road & Track* ihre Leserschaft nach der wichtigsten technischen Errungenschaft in der Geschichte der automobilen Fortbewegung befragten, tippten sie zunächst auf Gimmicks wie Turbolader, ABS oder Airbag. Sie staunten nicht schlecht, als die Auszählung der abgegebenen Stimmen einen überwältigenden Sieg für die banalste aller Erfindungen brachte: den elektrischen Anlasser.

In Wirklichkeit machte der kleine Knopf am Armaturenbrett, der uns heute so selbstverständlich erscheint, das Automobil erst der breiten Masse zugänglich.

Ähnlich verhielt es sich mit der FLHE von 1965. Wie der aufmerksame Leser mittlerweile weiß, stand FLH dabei für den großen Zweizylinder-V-Motor in „Heavy-Duty"-Ausführung, und das „E" bedeutete nicht etwa „Eisenhaufen", sondern „Elektrostarter". Ihren Kickstarter hatte die FLH deshalb nicht verloren – Motorradfahrer sind manchmal etwas mißtrauisch.

Heute gilt der große Zweizylinder als Musterbeispiel für konsequente Entwicklungsarbeit. In ihrer mittlerweile 18jährigen Modellgeschichte hat die „Panhead" mehr Veränderungen erlebt, als die „Motor Company" oder das Motorrad als solches. Sie ist ein eindrucksvolles Beispiel für die Art, wie Harley-Davidson die Dinge anpackte.

Ausgangspunkt war wieder einmal der Zweite Weltkrieg. Die Grundkonstruktion der „Sixty-One", aus der die „Seventy-Four" mit 1200 ccm Hubraum hervorgegangen war, hatte sich als zuverlässig und robust erwiesen, wenn auch vereinzelt Öllecks und Überhitzungsprobleme aufgetreten waren. Die Konstrukteure entschlossen sich dennoch zu einem mutigen Schritt, vielleicht, weil sie in der Zwischenzeit einiges über die Bearbeitung und die thermischen Eigenschaften von Metall gelernt hatten, und spendierten dem großen, obengesteuerten V-Motor neue Zylinderköpfe aus Aluminiumguß. Außerdem erhielt er einen neuen Ventiltrieb mit innenliegenden Ölleitungen und vollständig gekapselten Kipphebeln und Ventilfedern. Der zweite mutige Schritt bestand in der Einführung eines hydraulischen Ventilspielausgleichs, der sich den Öldruck der Umlaufschmierung zunutze machte, um den Fahrern einer großen Harley das lästige Ventilspieleinstellen zu ersparen.

Daß diese Neuerung nicht auf Anhieb funktionierte, hatte schon fast eine gewisse Tradition im Hause Harley-Davidson, aber da die Geschäftsleitung die prinzipielle Verbesserung des Triebwerks akzeptierte und die Marketingabteilung aufgrund der charakteristischen „Napfkuchenform" der Ventildeckel außerdem bereits den Namen „Panhead" („Pfannenkopf") in Umlauf gebracht hatte, war man gewillt, die Phase der Kinderkrankheiten gemeinsam durchzustehen. Vor allem die hydraulischen Ventilstößel bereiteten den Konstrukteuren Kummer, und sie bekamen das Problem erst in den Griff, als sie die Hydraulikbauteile aus dem Kopf in die Nähe der Nockenwellen neben die Zylinderfüße verlegten.

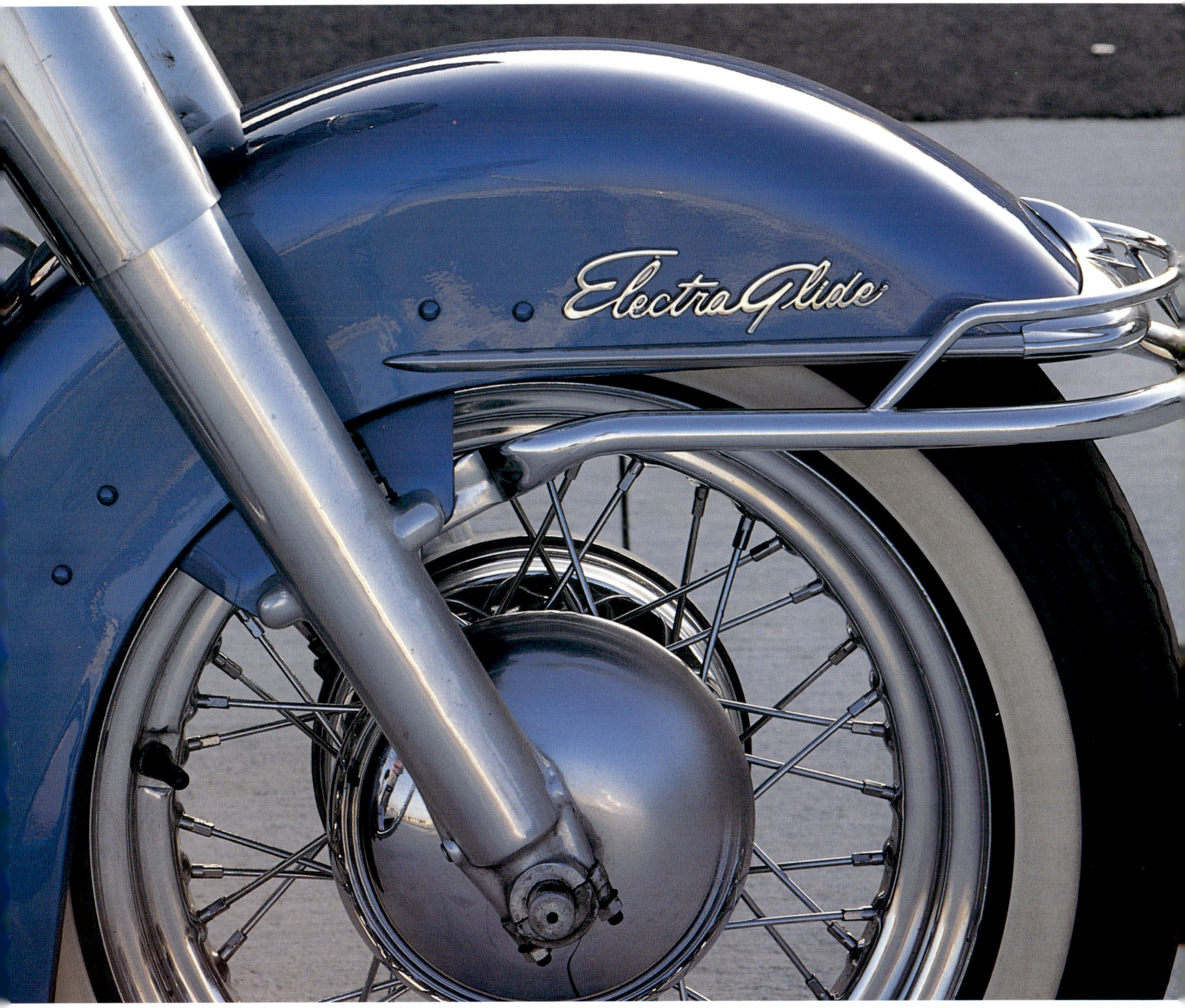
Electra Glide

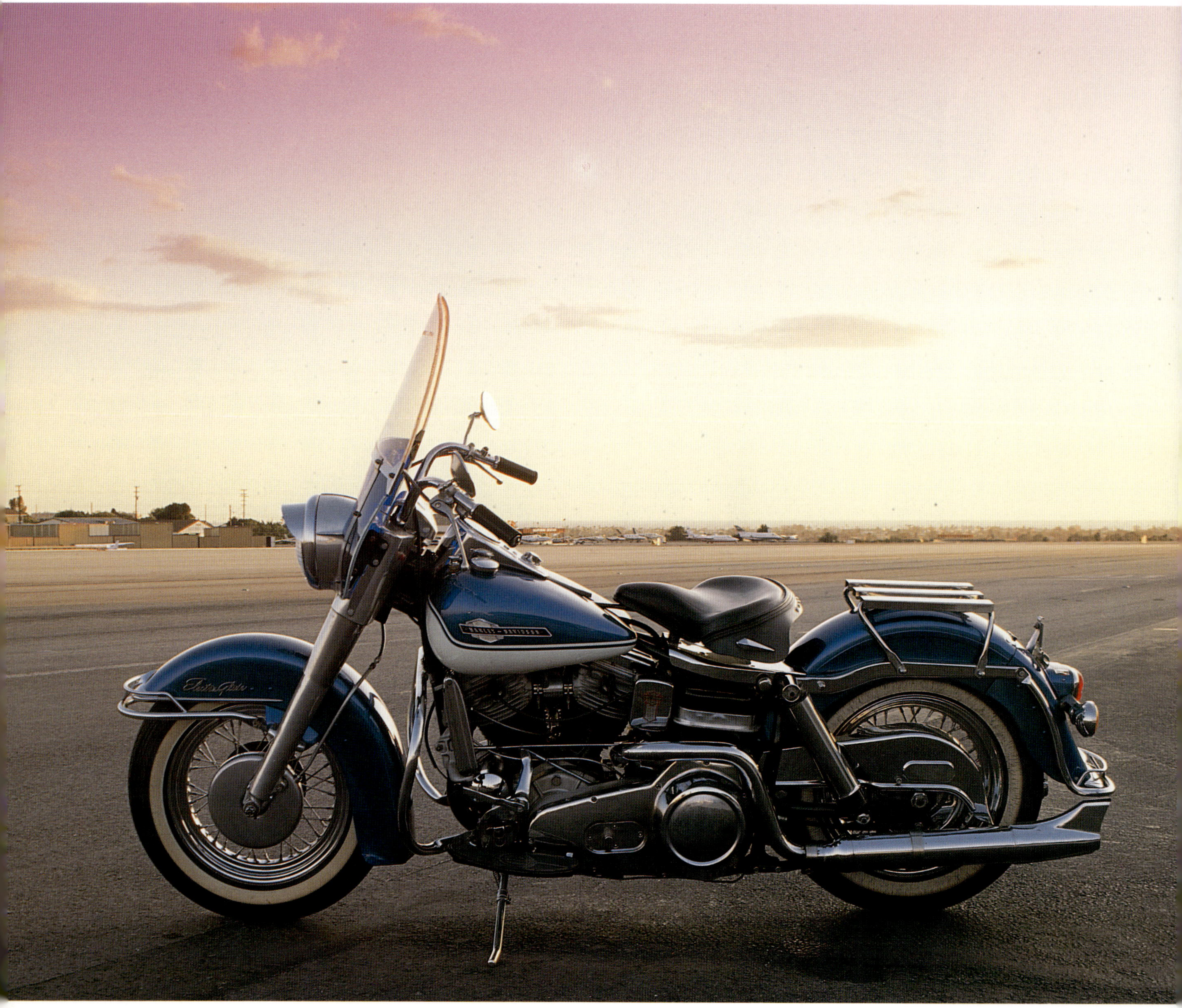
HARLEY-DAVIDSON

Die konstruktiven Veränderungen beschränkten sich also auf neue Zylinderköpfe, während Kurbelgehäuse und Getriebe der kopfgesteuerten 1000er- und 1200er-Versionen mit den Modellbezeichnungen E und F beibehalten wurden. Die Panhead-Triebwerke saßen in konventionellen Starrahmen mit „Springer"-Vorderradgabel und verfügten über Handschaltung und Fußkupplung. Die neuen Zylinderköpfe sollten fürs Erste genügen. Für das Modelljahr 1949 erhielten die großen Harleys dann eine hydraulisch gedämpfte Telegabel, was keine revolutionäre Neuerung darstellte, Harley aber im Reigen der Weltkonkurrenz nicht als Schlußlicht dastehen ließ. Heute fragt man sich natürlich, wie es kommt, daß so viele Harley-Fahrer geneigt sind, die unbestrittenen Vorteile der Telegabel gegen die antiquierte Kurzschwinge einzutauschen, aber so sind sie nun mal, die Harley-Boys.

1952 erhielten die Panheads wie ihre kleinere Schwester, das Modell K, Fußschaltung und Handkupplung. Kurioserweise wurde die K wie die Indians und die britischen Importe mit dem rechten Fuß geschaltet, während die großen Harley-Modelle den Schalthebel an der linken Motorseite trugen. Außerdem wollte man sich natürlich die traditionell eingestellten Biker nicht vergraulen und bot die Panheads auf Wunsch auch weiterhin mit Handschaltung und Fußkupplung an. 1952 war jedoch das letzte Jahr der „Sixty-One" mit 1000 ccm, die immer mehr Kunden an die 883er-K oder die „große" 1200er-F verloren hatte.

1955 schließlich erhielt der Panhead-Motor ein neues Kurbelgehäuse. Die aus Aluminium gefertigten ohv-Zylinderköpfe waren thermisch gesünder und hätten eigentlich auch schon früher eine deutliche Leistungssteigerung zugelassen. Mit der Überarbeitung des

Beliebtestes Zubehörteil für die Electra Glide war die riesige Windschutzscheibe. Die beiden Fischschwanz-Schalldämpfer wären wohl ein Zugeständnis an die Symmetrie, denn der hintere Zylinder bläst seinen heißen Atem in *beide* Töpfe.

127

Weil die Ventildeckel wie Napfkuchenformen aussahen, hatte der neue Motor rasch seinen Spitznamen weg. Die Unterbrecherdose ist nach vorne geneigt angebaut. Trotz der riesigen Batterie (hier unter einem Chromdeckel versteckt) mochten die Harley-Ingenieure nicht auf den bewährten Kickstarter verzichten.

Kurbeltriebs durch bessere Hauptlager und ein steiferes Gehäuse konnte dieses Potential nun erstmals genutzt werden. Die höhere Leistung schlug sich in der neuen Modellbezeichnung FLH nieder; ein „nacktes" F-Modell gab es nicht mehr, denn bereits die Basisausführung verfügte über die geringfügig erhöhte Verdichtung.

Ach ja, fast hätt' ich's vergessen: Mit der Einführung der Telegabel hatte das Modell einen neuen Namen bekommen, „Hydra-Glide", mit Bindestrich, wie Harley-Davidson, hieß sie nun, und das war das erste Mal, daß eine Harley nicht auf ein unaussprechliches Buchstabenkürzel hörte.

1958 wurde das bislang starre Rahmenheck durch eine Schwinge mit zwei hydraulischen Federbeinen ersetzt, was dem neuen Modell den nicht minder klangvollen Namen „Duo-Glide" einbrachte. Es soll ja auch heute noch Leute geben, die der Meinung sind, daß eine Hinterradfederung bei den dicken Reifen und dem phantastisch gefederten Sattel 'rausgeworfenes Geld sei. Glauben Sie ihnen kein Wort!

Der letzte Streich folgte 1965 mit der Einführung eines elektrischen Anlassers, der neben der Umstellung der elektrischen Anlage auf 12 Volt auch einige Modifikationen im Detail erfordert hatte. Unnötig zu erwähnen, daß er natürlich nicht auf Anhieb so funktionierte, wie man es erwartete.

Das tat der Begeisterung der markentreuen Amerikaner jedoch keinen Abbruch. Vielleicht, weil die Japaner das Motorrad immer als eine Art Gebrauchsgegenstand

„Big" war Mitte der sechziger Jahre gleichzusetzen mit „Beautiful", und so konnte kaum ein Besitzer der Versuchung widerstehen, seine FLH mit möglichst viel Zubehör zu behängen.

Der Polizeisattel war körpergerecht geformt und zählt meines Erachtens zu den bequemsten Sitzgelegenheiten überhaupt.

betrachteten, während wir Abendländer eher den Sportgedanken oder den Männer-Appeal in den Vordergrund stellten, waren die ersten japanischen Importmotorräder von Anfang an mit Elektrostartern ausgerüstet. Mitte der sechziger Jahre bevölkerten jedenfalls bereits Tausende dieser kleinen, elektrischen „Reiskocher" das Straßenbild, und die Leute gewöhnten sich rasch an die Annehmlichkeiten eines sicheren Motorstarts, egal wie kalt oder warm das Triebwerk war. Amerikaner und Europäer mußten auf diesen Zug aufspringen, ob sie wollten oder nicht, und bezeichnenderweise sollte es noch fast zwei Generationen dauern, ehe die christlichen Motorradbauer den Dreh mit dem Knopfdruck 'raushatten.

Dennoch: Es gibt für Stiefelträger wohl kaum etwas Schöneres, als einen großvolumigen Motor anzutreten – wenn er anspringt. Der Rest der verweichlichten Gemeinde mag sich ruhig gedankenlos auf die Sitzbank schwingen und aufs Knöpfchen drücken. Der Profi stellt die Zündung auf „spät", flutet die Vergaser, tritt zwei Leerhübe durch oder zelebriert ein anderes, geheimnisvolles Ritual. Dann schwingt er den bestiefelten Fuß hoch in die Lüfte, tritt gegen den Kickstarter und „BA-RUMM" erwacht der Motor mit Donnerge-

Bei den beiden Tankhälften handelt es sich um separate Blechpreßteile, die jedoch unterhalb des Rahmenoberzugs durch Schläuche miteinander verbunden sind.

Seite gegenüber:
Die zusätzliche Beule im Primärkettenkasten zwischen Motor und Getriebe weist auf die Existenz des Elektrostarters hin.

walt zum Leben, während der Fahrer sich bemüht, so auszusehen, als wüßte er nicht nur zu gut, daß ihn all' die anderen um seine Fähigkeit beneiden.

So viel zum Idealfall. Wenn der Motor nämlich wider Erwarten nicht anspringt, droht die eindruckheischende Prozedur in Sekundenschnelle ins Lächerliche umzukippen. Man wird dann zunächst treten, was das Zeug hält, bis die kleinen Schweißrinnsale den Rand der Unterhose erreichen und die Knie zu schlottern beginnen. Kurz vor dem Kollaps ist man dann erfahrungsgemäß so weit, sich von den umstehenden Gaffern „mal eben kurz anschieben" zu lassen. Mit etwas Glück nimmt der Motor dann am Ende des Parkplatzes, kurz vor den Blumenrabatten, patschend und spuckend seine Arbeit auf, und man kann abschließend noch einen Rehabilitationsversuch wagen, indem man etwas von „zu scharfen Steuerzeiten" oder „Rennkolben" murmelt.

Mit E-Starter wäre das nicht passiert, und deshalb gilt die FLHE, die Panhead von 1965, zu Recht als Meilenstein in der Harley-Geschichte.

Die solide Basis für diesen Erfolg bildeten zahlreiche kleine Entwicklungsschritte, und so illustriert die Panhead wie kein zweites Modell den genau dosierten Fortschritt der Marke, der sich niemals zu weit vom Traditionellen löste oder sich selbst ad absurdum führte.

John R. Bond, einer der geistigen Väter des Magazins *Road & Track*, hatte nach dem Krieg als Entwicklungsingenieur bei Harley gearbeitet und hielt „seiner" Marke für den Rest seines Lebens die Treue. Er erinnerte sich gerne an seine Zeit in der „Motor Company" und an die Faszination der unzähligen geheimen Entwicklungen, wenngleich nur sehr wenige davon ihren Weg in die Produktion fanden. Und das aus gutem Grund. Indians katastrophalen Ausflug in die untere Mittelklasse haben wir ja bereits kurz angeschnitten. Später sollte die britische Motorradindustrie bei dem Versuch, die Japaner zu kopieren, sang- und klanglos untergehen, und selbst die Söhne Nippons mußten eines Tages erkennen, daß sich Fortschritt nicht um jeden Preis verkaufen läßt. Harley-Davidson blieb stets auf dem Boden und übte sich in kleinen Schritten. Die frühen Panheads waren nicht frei von Kinderkrankheiten, aber man hatte ein gutes Fundament, auf dem man aufbauen konnte. Die ersten Telegabeln waren eher ein Rückschritt, aber Fahrwerk und Motor wetzten die Scharte aus, und als die Hinterradfederung Probleme aufwarf, konnte man zumindest eine gute Vorderradgabel vorweisen. So vollzog sich eine langsame, aber stetige Entwicklung. Ein bißchen alt, ein bißchen neu, und (ähem) ein bißchen geklaut.

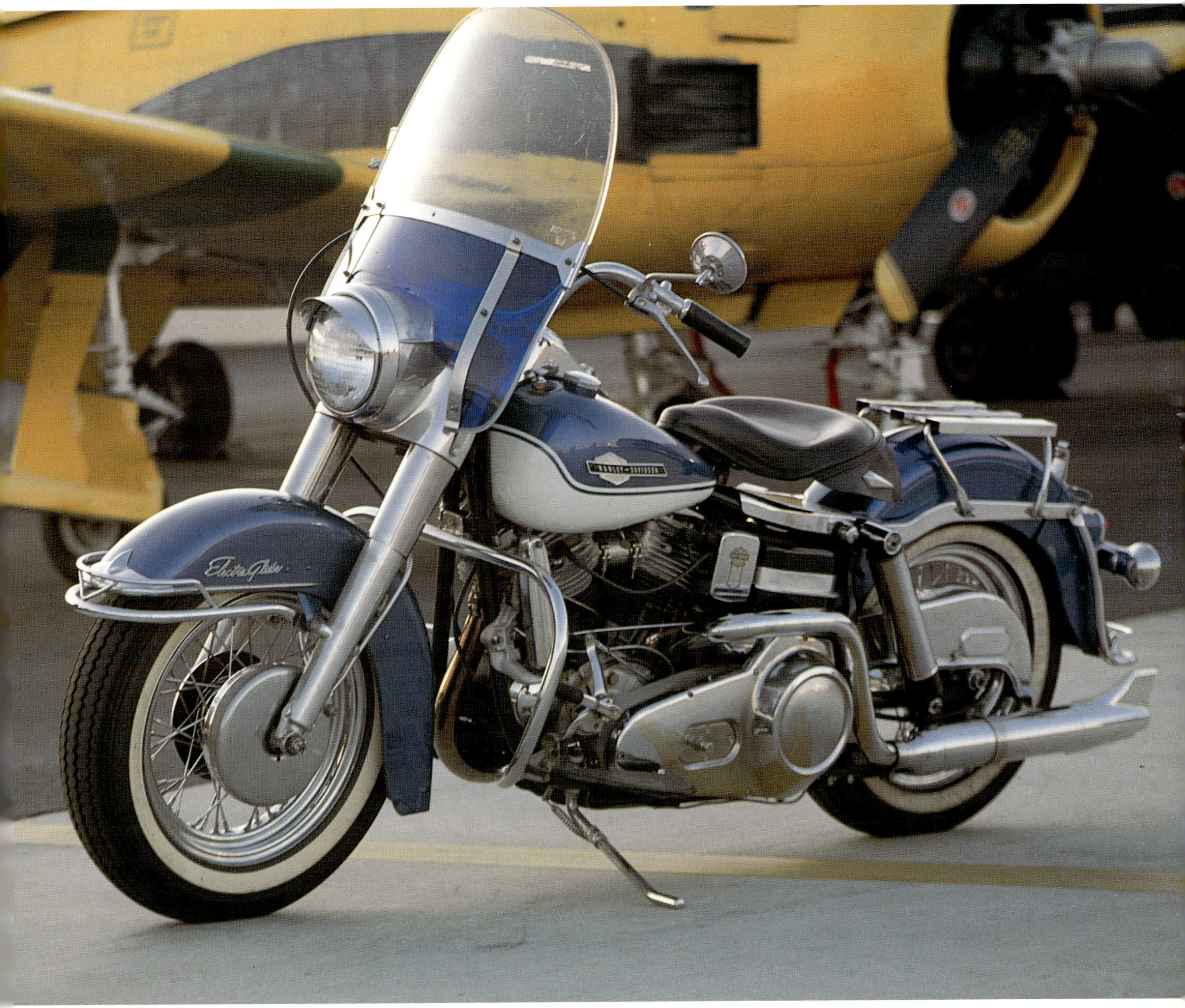
HARLEY-DAVIDSON
Electra Glide

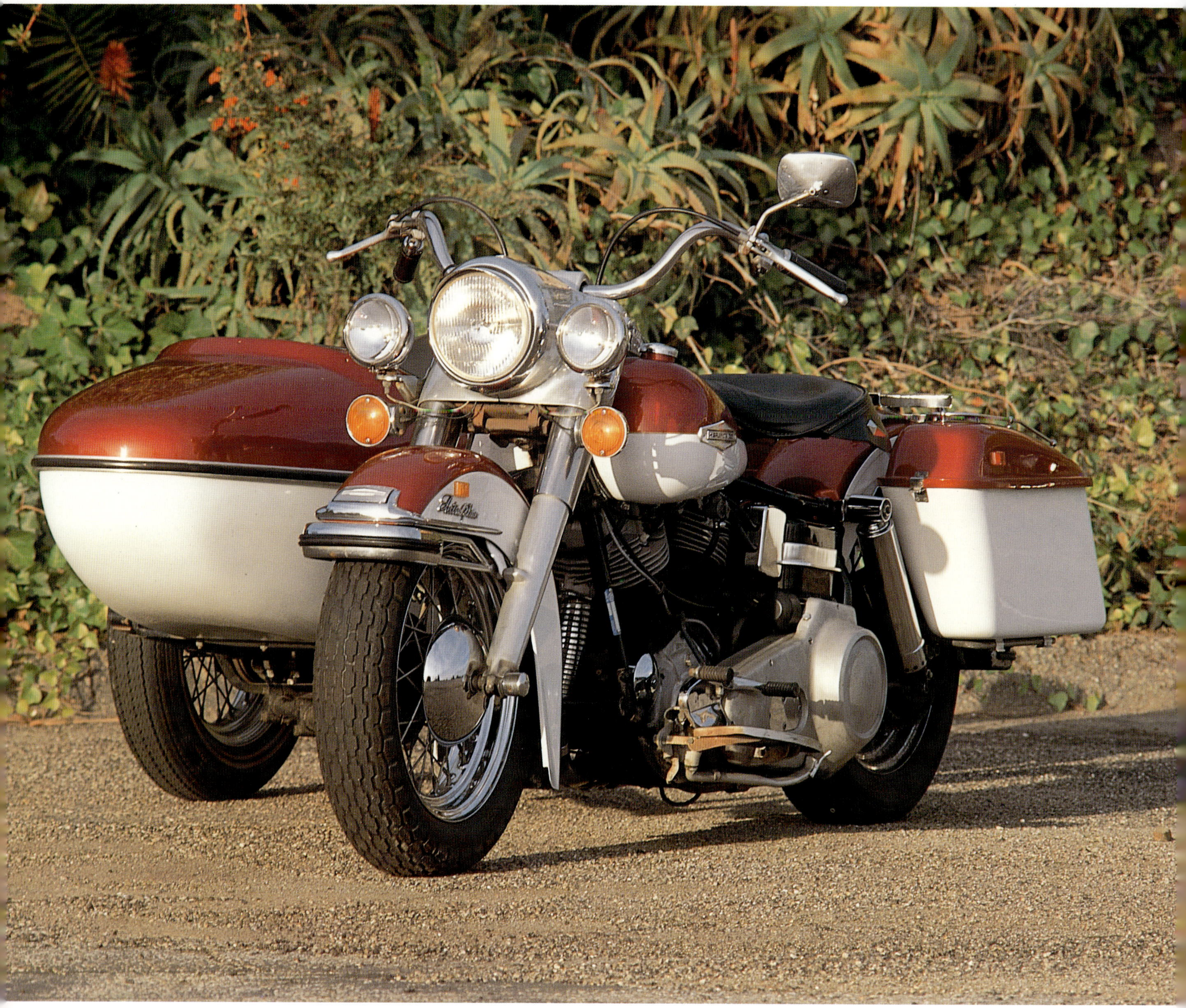

Kapitel 16

FLH „Shovelhead"

Lang lebe der „King of the Road"

Stop, noch nicht lesen! Bitte betrachten Sie zuerst einmal in aller Ruhe das Profil dieser FLH von 1969 und versetzen Sie sich in die Lage des durchschnittlichen, mittelalten Amerikaners. Für den Ex-68er und heutigen Familienvater ist diese Maschine nämlich *das* Motorrad schlechthin, und das hat zwei Gründe.

Zum einen waren Motorräder in den sechziger Jahren ziemlich aus der Mode gekommen, und es gab eigentlich nur eine Gesellschaftsgruppe, die sich eisern zum Motorrad bekannte. Nein, nicht die Hell's Angels, sondern – die Cops. Polizei-Indians gab es nicht mehr, und Alternativen wie Moto Guzzi, Kawasaki etc. sollten erst später angeboten werden. Folglich handelte es sich bei einem Motorrad fast immer um eine Harley, und die sah man, wenn überhaupt, mit blinkendem Rotlicht im Rückspiegel. Ein solcher Anblick bleibt im Gedächtnis haften, das kann ich Ihnen versichern.

Zum anderen war Harley-Davidson ziemlich stolz auf diese Art der Markenpopularität, und so bemühte man sich, dem Tourenmotorrad zu einer neuen Identität zu verhelfen.

Der erste Schritt in diese Richtung erfolgte 1966, als der große V-Motor zum wiederholten Mal neue Zylinderköpfe erhielt. Da man sich inzwischen an persönlich klingende Modellnamen gewöhnt hatte, hieß das neue Triebwerk „Shovelhead" („Schaufelkopf"), weil die neuen Ventildeckel nicht mehr wie Fingerknöchel oder Napfkuchenformen aussahen, sondern an umgedrehte Kohlenschippen erinnerten.

Im Prinzip entsprachen die Zylinderköpfe der des XL-Modells, mit dem einzigen Unterschied, daß sie bei der großen „Seventy-Four" aus Leichtmetall und bei der 883er-Sportster aus Grauguß gefertigt wurden. Warum dies so war, weiß heute niemand mehr; genausowenig, warum der Hubraum des großen Modells in Kubikzoll und der des kleinen in Kubikzentimetern angegeben wurde. Und weil wir gerade beim Thema sind: Das neue Modell hieß Electra Glide, ohne Bindestrich, obwohl man immer noch „Harley-Davidson" schrieb.

Die neuen Zylinderköpfe waren glattflächiger, robuster und erlaubten einen besseren Gasdurchsatz, den man zur Produktion zusätzlicher Pferdestärken nutzte. Mit 60 PS war die FLH nun um fünf PS stärker als die alte Panhead, doch mußte sie auch mehr Gewicht mit sich herumschleppen, weil verschiedene Bauteile wegen der erhöhten Leistung ja verstärkt werden mußten. Unterm Strich blieb da kein nennenswerter Vorsprung, aber die Electra Glide war trotz üppigen Zubehörs zumindest nicht lahmer geworden.

A propos Zubehör: Seit Anbeginn der Zeit boten Harley-Davidson und Konkurrenz jede Menge sinnvolles und weniger sinnvolles Zubehör an. Dieses reichte von ledernen oder ölgetränkten Spritzdecken für die Beine über stoffbespannte und plexiverglaste Windschutzscheiben, lederne Packtaschen und Werk-

Gespanne nehmen in der Welt des Motorrads immer noch eine Sonderstellung ein, um so mehr, wenn es sich bei der Zugmaschine um eine Harley handelt. Besitzerin: Gwen Hansen, Ventura, Kalifornien.

Packtaschen, Beiwagen und Kotflügel bieten jede Menge Platz für zusätzliche Leuchten.

Durch eine florierende Fiberglas-Tochtergesellschaft war Harley-Davidson als eine der wenigen Motorradmarken in der Lage, eigene Beiwagen zu bauen.

zeugkästen bis hin zu Zusatzleuchten und Chromblenden für fast jeden Schraubenkopf.

Gegen Ende der sechziger Jahre war Fiberglas das Material der Zukunft, und eine Harley-Tochterfirma hatte in der Produktion kleiner Golfwägelchen beachtliche Fertigkeiten im Umgang mit der klebrigen Masse entwickelt. Haben Sie übrigens den Beiwagen bemerkt?

Dumme Frage, einen Beiwagen übersieht man schließlich nicht so leicht. Schon in der Frühzeit des Automobils, als ein Verdeck noch Aufpreis kostete, gab es Leute, die sich lieber ein drittes Rad an ihr Motorrad schraubten, anstatt mit einer ordinären Blechkutsche durch die Gegend zu fahren. Motorräder mit Beiwagen, oder besser: Gespanne, sind etwas ganz Besonderes. Sie benehmen sich nicht wie Autos und schon gar nicht wie Motorräder. Anders eben.

Das hier abgebildete Gespann gehört Gwen Hansen, und noch bevor jemand besserwisserisch bemerkt, daß eine Harley 1969 noch nicht in Candy-Rot erhältlich war, will ich hinzufügen, daß es sich um ein Weihnachtsgeschenk von Gwens Ehemann Dave handelt. Gwen ist nämlich eher zierlich, was sie aber nicht davon abhalten konnte, sich in die Electra Glide zu verlieben, und um ihr das schweißtreibende Auf- und Abbocken zu ersparen, hat Dave ihr ein drittes Rad spendiert. Das Gespann ist übrigens täglich im Einsatz. Beiwagen werden schon so lange als Sonderzubehör geführt, daß sich nicht einmal die ältesten Harley-Mitarbeiter an die Zeit davor erinnern können. Und sie galten lange Zeit als die normalste Sache der Welt: Bis 1977 hatte der Käufer die Wahl zwischen einem Vierganggetriebe oder einem kürzer übersetzten Dreiganggetriebe mit Rückwärtsgang.

Ende der sechziger Jahre für europäische Betrachter bereits ein typisch amerikanisches Relikt aus der Frühzeit des Motorrads: Die auf dem Tank montierte Instrumentenkonsole.

Die Schaltwippe erlaubt das Hoch- und Zurückschalten durch Niedertreten mit Hacke oder Spitze, so daß auch polierte Straßenschuhe keinen blindgescheuerten Fleck davontragen.

In Verbindung mit dem Beiwagen gab es die FLH auf Wunsch auch mit einem Dreiganggetriebe mit Rückwärtsgang statt des normalen Vierganggetriebes.

Aber das Beiwagenboot war nicht das einzige Fiberglasteil. Harley hatte erkannt, daß Fiberglas ein idealer Ersatz für Stoff und Leder war, und bot alsbald für alle Modelle Koffer und Topcases an.

1966, im ersten Jahr der Shovelhead, erfand Harley-Davidson das Tourenpaket, bestehend aus Windschutzscheibe und Koffersatz. 1969 folgte als nächster Schritt logischerweise die Aufstockung des Paketumfangs auf Lenkerverkleidung, Koffersatz und Topcase, natürlich alles aus Fiberglas gefertigt.

Die übrigens nicht bei Harley gebaute Lenkerverkleidung war mit Lenker und Gabelholmen verschraubt, und wenngleich die Wissenschaft den Anbau einer Verkleidung an beweglichen Fahrwerksteilen nicht empfiehlt, so war dies dem „King of the Road" herzlich egal. Die Verkleidung war ausreichend hoch und breit, um Wind und Regen wirksam fernzuhalten, und außerdem schuf sie eine windstille Zone, in der man bei voller Fahrt sogar genüßlich eine Zigarette rauchen konnte.

Während die Konkurrenz ausnahmslos auf Fußrasten setzte, behielt die große Harley ihre ausladenden Trittbretter. Auch an der großvolumigen Bereifung aus der guten, alten Starrahmenzeit hatte sich bei der FLH nichts geändert, und der Einzelsitz schwebte nach wie vor auf einer langen, gedämpften

Leider gab es diese wunderschöne Farbkombination niemals in Serie. Das Gespann war ein Weihnachtsgeschenk und ist als solches in festlichem Candy-Rot lackiert.

Der an sich ausreichend dimensionierte Scheinwerfer wird von zwei Zusatzstrahlern flankiert, die im Ersatzteilkatalog als „Überholscheinwerfer" aufgeführt sind. Der breite Lenker ist angesichts der wenig gespanntauglichen Lenkgeometrie und der dicken Ballonbereifung keine Übertreibung.

Schraubenfeder im nahezu senkrechten Sattelrohr des museumsreifen Rahmens.

Die FLH hob sich von der Masse der Motorräder ab. Sie fuhr sich auch nicht wie andere Maschinen und klang mittlerweile ganz anders als alle anderen. Wenn die Kids mit Mama und Papa auf dem Highway unterwegs waren und plötzlich entzückt ausriefen: „Guck mal, ein Motorrad", dann meinten sie mit an Sicherheit grenzender Wahrscheinlichkeit eine FLH – andere Motorräder sah man auf amerikanischen Highways so gut wie nie.

Die anderen Motorradfahrer (gleichzusetzen mit „Andersgläubigen") rissen abfällige Witze über den Saurier, doch während meiner Zeit als Herausgeber der Zeitschrift *Cycle World* gelang es mir zweimal, einen eingeschworenen Harley-Gegner auf eine FLH zu locken. Der eine war ein Motocrosser und Engländer-Fan, der andere ein Straßenrennfahrer mit ausgeprägt italophilem Motorradgeschmack. Die ersten Parkplatzrunden hatten beide noch mit spöttischen Bemerkungen kommentiert, doch nach einer Woche FLH-Fahrens waren sie bekehrt und wunderten sich, wie sie so lange brauchen konnten, um hinter das Geheimnis des Big Twin zu kommen.

Für mich war das Geheimnis der Sattel. Er war nicht nur bequem, sondern auch genau richtig geformt, um den Fahrer im Zentrum der Maschine zu plazieren. Für andere war es die Sitzposition. Die Motorrad-Polizisten brachten schließlich den ganzen Tag im Sattel zu, und wenn sie auf eine aufrechte Sitzposition Wert legten, dann wußten sie, warum. Lenker, Trittbretter und Sitz saßen an den richtigen Stellen, und wenn man eine Windschutzscheibe oder eine Lenkerverkleidung montiert hatte, konnte man auch bei höheren Geschwindigkeiten völlig entspannt die vorüberfliegende Szenerie genießen. Mit nacktem Lenker hing man dagegen voll im Wind und nahm fast zwangsläufig die berühmte Eine-Million-Kilometer-Sitzposition ein – wie ein nasser Sack. Einige von uns (jaja, auch ich) kontrollierten ihre Haltung in den Schaufenstern der Geschäfte an der Hauptstraße und gaben sich alle Mühe, so auszusehen, als hätten sie schon mehr Kilometer zurückgelegt, als ein Siebzehnjähriger tatsächlich verkraften konnte.

Bis der Gesetzgeber einschritt, verfügte der Gasdrehgriff der FLH übrigens über keinerlei Rückholfeder. So konnte man den Lenker loslassen und sich während der Fahrt eine Zigarette drehen. Das klingt aber wieder viel gefährlicher als es in Wirklichkeit war.

Wieder andere lobten vor allem das Fahrverhalten der FLH. Wahrscheinlich täuschte der weich gefederte Sitz nur über den lächerlich kurzen Federweg des Hinterrads hinweg, dem es aber letztlich zu verdanken war, daß sich die FLH überhaupt so gutmütig verhielt. Die Lenkung war wegen der dicken Reifen schwerfällig und steckte deshalb Unebenheiten und Längsrillen unbeirrt weg. Mein schönstes FLH-Fahrerlebnis ereignete sich auf einer Schotterpiste im Norden Norwegens, als ich mit streifenden Trittbrettern und atemberaubenden Driftwinkeln einer Dreizylinder-Yamaha mit Stummellenker und Rennhöcker den Auspuff zeigen konnte. Und dann waren da noch die hübschen Mädels, die mir und meiner FLH auf der Isle of Man so fröhlich zuwinkten. Und die unzähligen europäischen Motorradfahrer, die trotz wahnwitziger Schräglagen die linke Hand vom Lenker nahmen, um dem „King of the Road" ihren Gruß zu erbieten.

Oh, die FLH hatte natürlich auch ihre Schwächen. Zum Beispiel fanden die Jungs vom Werk offenbar keine dauerhafte Befestigungsmöglichkeit für die Auspuffkrümmer, die sich mit schöner Regelmäßigkeit vom Auspuffstutzen losschüttelten. Dasselbe galt für den Anschluß des Lichtmaschinenkabels am Regler, und außerdem konnte man kaum die Worte „öldicht" und „FLH" in einem Satz aussprechen, ohne schamrote Ohren zu riskieren. Anfang der siebziger Jahre wurden FLH-Besitzer zusätzlich von Verarbeitungsmängeln geplagt, die jedoch in erster Linie darauf zurückzuführen waren, daß man in der „Motor Company" zu viele ungelernte Leute zu viele Motorräder in viel zu kurzer Zeit zusammenschrauben ließ.

In der Zwischenzeit hatte die Konkurrenz jedoch nicht geschlafen, und es stellte sich heraus, daß es für sie einfacher war, große Motorräder mit viel Zubehör anzubieten, als für Harley neue (oder zumindest zeitgemäße) Motoren, Fahrwerke und elektrische Anlagen zu entwickeln.

Als Harley-Davidson ein neues Tourer-Konzept vorstellte, gehörte die FLH über Nacht zum alten Eisen. Harley nahm den glorreichen Namen und verlieh ihn einem neuen Motorrad im alten Gewand – leider ohne Schwebesattel (seufz!).

Aber wir wollen nicht den Mut verlieren. Die Großserienhersteller (sprich: die Japaner) haben mittlerweile alle Kategorien fest im Griff, Allrounder, Tourer, Sportler, Supersportler, Geländemaschinen und Reiseenduros. Doch eine Nische konnten sie bis heute nicht besetzen, nämlich die von der FLH geschaffene. Zehn Jahre nach dem Verschwinden der „echten" Electra Glide weinen ihr noch viele Harley-Fans nach.

Einen vollwertigen Ersatz gab es nie, und es wird ihn wahrscheinlich auch nie geben. Und so werden wohl auch noch in Zukunft die Kids auf dem Rücksitz eine Electra Glide meinen, wenn sie rufen: „Guck mal, ein Motorrad!"

Motorräder mit Beiwagen, oder besser: Gespanne, sind etwas ganz Besonderes. Sie benehmen sich nicht wie Autos und schon gar nicht wie Motorräder. Anders eben.

Kapitel 17

FX Super Glide, 1971

Mut zur Lücke

Die Super Glide war eine äußerst gelungene Kombination von Big Twin und Sportster, wie sie private Umbauer schon seit Jahren in Eigeninitiative verwirklicht hatten. Besitzer: Harley-Davidson Motor Company.

Zitat: „Diese Maschine wird hierzulande einschlagen, wie noch kein neues Harley-Modell eingeschlagen hat" *Cycle*, November 1970).

Tatsache 1: Die FX von 1971, die erste Super Glide, wurde ein Ladenhüter.

Tatsache 2: Die Super Glide wurde für Harley-Davidson zum Fundament für den Überlebenskampf.

Werfen wir einen Blick zurück auf die späten sechziger Jahre. Die „Motor Company" befand sich in ernsten finanziellen Schwierigkeiten. Die anderen Hersteller hatten mittlerweile eine schier unüberschaubare Modellvielfalt vorzuweisen, mit der Harley-Davidson trotz des um die Aermacchi-Palette erweiterten Programms nicht mithalten konnte. Die Sportster war nicht mehr das schnellste Ding auf zwei Rädern, und die FLH hatte sich mit ihrer Entwicklung zum Tourenmotorrad schlechthin selbst aus dem normalen Motorradmarkt katapultiert.

Motorradfahrer sind komische Typen. Wenn die Hersteller spartanisch ausgerüstete Fahrmaschinen anboten, behängten sie sie mit allem möglichen Plunder, und wenn man ihnen komplett ausgerüstete Modelle hinstellte, montierten sie am liebsten alles wieder ab. „Choppen" (von „to chop" = „hacken" oder „stutzen") nannten sie das, oder „Bobben", wenn es um das Beschneiden von Kotflügeln ging. Privatiers und Hinterhofwerkstätten machten sich jedenfalls Ende der sechziger Jahre einen Spaß daraus, die soliden und massiven „Seventy-Fours" bis auf das nackte Rahmengerippe zu entblättern oder durch irrwitzige Vorderradgabeln in die Länge zu ziehen.

Willie G. Davidson war Chef der Stylingabteilung und wußte sehr wohl, was seine Kunden mit seinen Produkten anstellten, und er war ihnen nicht einmal böse. Im Gegenteil, er fand die Idee sogar gut. Leider hatte er nicht die Möglichkeit so kreativ (und unwirtschaftlich) zu arbeiten wie seine privaten Konkurrenten; statt dessen kombinierte er Serienteile verschiedener Modelle. Er nahm Rahmen und Antriebseinheit der FLH und montierte vorne die dürre Telegabel samt schmächtigem 19-Zoll-Rad und Mini-Scheinwerfer der XLCH. Darauf setzte er eine kleinere Version des FLH-Doppeltanks, entfernte den Elektrostarter, ersetzte die Riesenbatterie durch eine kleinere und krönte das Ganze schließlich mit einer Sitzbank-/Schutzblechkombination aus Fiberglas anstelle des voluminösen Kotflügels und des Schwebesattels.

Die Entwicklungskosten dieses Werks-Choppers waren gleich Null, denn alle Teile stammten aus dem Ersatzteilregal. Nicht einmal die „Boatback" („Bootsheck") genannte Sitzbank-/Schutzblechkombination war eine Einzelanfertigung, denn sie gab es in jenem Jahr auch als Sonderzubehör für die Sportster.

Für die „Motor Company" stellte dieser Schritt ein gewaltiges Wagnis dar, und so schickte Willie G. erst einmal Fotos zur Veröffentlichung an verschiedene Fachzeitschriften, wobei der Name Harley-David-

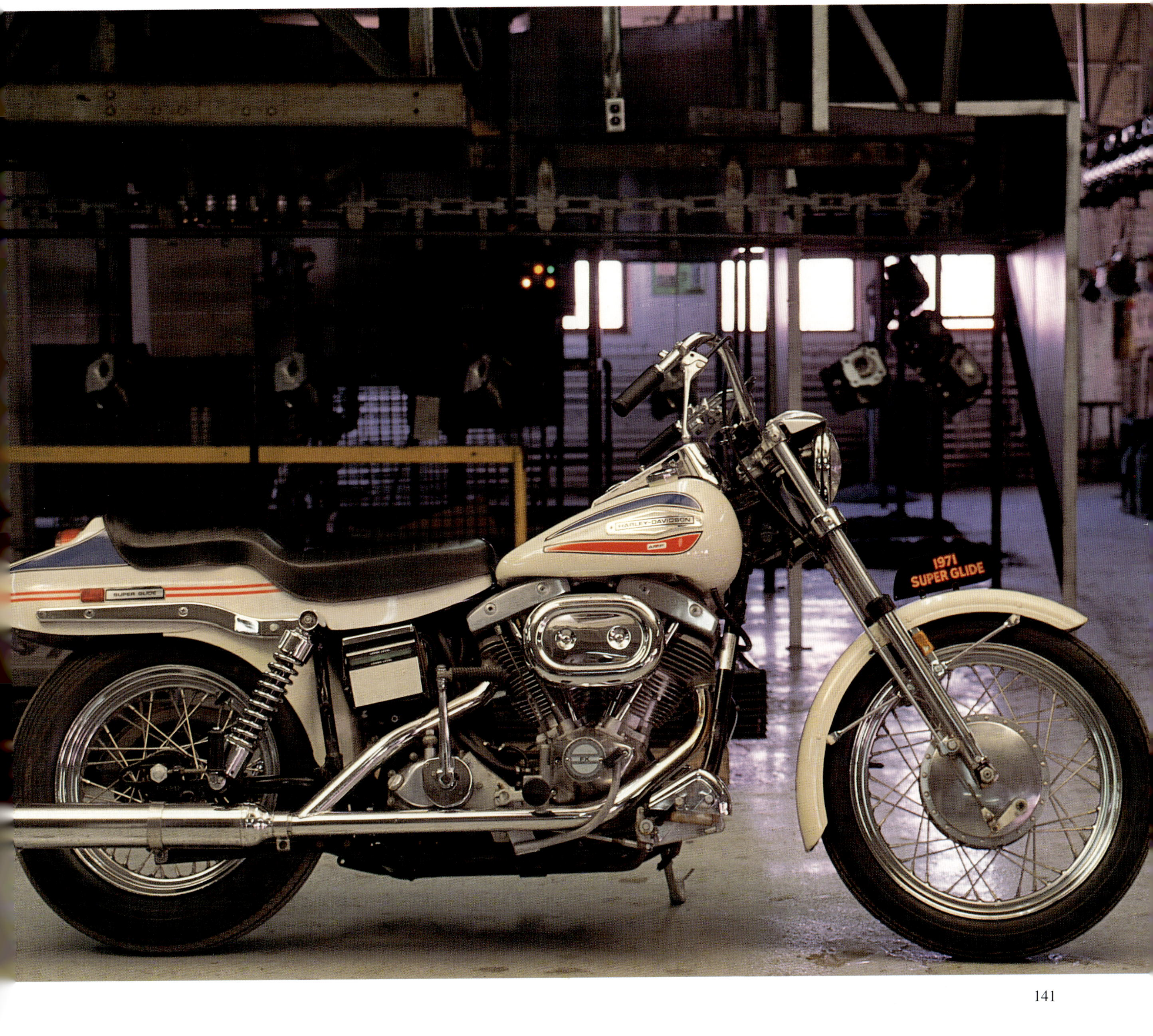
HARLEY-DAVIDSON
SUPER GLIDE
1971
SUPER GLIDE

Tank, Instrumente und Bedienungselemente stammten von der FLH. Mit der symbolischen „Nummer 1" versuchte Harley-Davidson zumindest die Motorradfahrer einer politisch gespaltenen Nation zu einen.

Willie G. und Company hatten sich mit der FX ein Sprungbrett für neue Spielereien und Experimente geschaffen. Sie wußten nun, daß man eine schmackhafte Hühnersuppe zur Not auch ohne Hühnerfleisch zubereiten konnte, wenn man sie nur richtig würzte.

son natürlich nicht erwähnt werden durfte. Die Reaktion der Motorradgemeinde war überwältigend, und so erhielt Willie G. grünes Licht für sein Projekt.

Harley unternahm keinen Versuch, die neue Maschine als etwas anderes zu verkaufen, als sie tatsächlich war. Die Bezeichnung lautete FX, wobei F für den großen Motor und X für die Sportster-Teile stand. Das Modell hieß Super Glide, ohne Bindestrich und ohne weitere Erklärung.

„Bootsheck" und Tank waren weiß lackiert und mit dünnen, roten und blauen Zierlinien versehen. Es war eine Zeit, in der beide Extreme des politischen Spektrums auf Patriotismus setzten. Man konnte durchaus gegen den Vietnamkrieg demonstrieren und trotzdem eine rot-weiß-blaue Mütze tragen. Amerikanisch war „in".

„In" war auch der neue Look der FX mit ihrem fetten Hinterreifen und dem massigen Motor. In Verbindung mit der filigranen Vorderhand wirkte die Maschine wie direkt dem Dragstrip entsprungen, und die Stufensitzbank mit der in die fließende Fiberglasform eingebetteten Rückleuchte setzte „schnelle" Akzente.

Und sie war sogar sehr schnell, wie das eingangs zitierte Magazin Cycle, das der FX im November

Der mächtige Shovelhead wurde unverändert von der FL übernommen und ließ sich anfangs nur per Kickstarter zum Leben erwecken. Durch die extrem weit vorne angebrachten Fußrasten mußte der Bremszylinder für die Hinterradbremse an ziemlich exponierter Stelle montiert werden.

Besonders reizvoll ist der Kontrast zwischen der filigranen, weitabgepreizten Vorderhand und dem förmlich am Boden kauernden Rest der Maschine.

„Bootsheck" und Sitzbank stammten aus dem firmeneigenen Fiberglaswerk. Die Designerteile erregten große Aufmerksamkeit, doch damit herumfahren wollte kaum ein Super-Glide-Besitzer, weshalb viele Exemplare nachträglich auf konventionelle Kotflügel und „Traktorsitz" umgerüstet wurden.

1970 eine Titelstory widmete, bestätigen konnte. Aus dem Datum geht hervor, daß die Jungs von *Cycle* die ersten waren, die die neue Maschine fahren durften, was im Normalfall eine wohlwollende Berichterstattung nach sich zieht.

Doch auch aus heutiger Sicht liest sich der Fahrbericht fair und objektiv. „Sie fährt sich, wie sie aussieht, und sie ist so schnell, wie sie aussieht", schrieb das Magazin, „nur schade, daß der Tank etwas zu breit geraten ist und die Bremsen überfordert sind." Wo sie recht hatten, hatten sie recht.

Die FX wog mit halbvollem Tank 256 kg. Das waren gut 50 kg weniger, als die FLH von 1971 und nur knapp 25 kg mehr, als die mittlerweile auf 1000 ccm aufgebohrte Sportster auf die Waage brachten. Die FX war zwar nicht so schnell wie die XL, aber sie wirkte aggressiver und tat sich mit ihren zusätzlichen Pfunden bei weitem nicht so schwer, wie es den Anschein hatte.

Cycle schrieb: „Und wie fühlt man sich auf dem Bike? Einfach großartig, wie ein König ... man muß einfach voll darauf abfahren, man kann gar nicht anders ... die FX wirkt unerhört selbstbewußt und brutal, und sie leistet sich keine wirklichen Schwächen."

Alle anderen amerikanischen Motorradmagazine schlugen in die gleiche Kerbe, und das wohl nicht nur, weil man markige Worte gerne druckt und man froh war, endlich wieder etwas zu schreiben zu haben.

Um so unverständlicher muß nun das Folgende klingen.

Das zahlungskräftige Publikum verschmähte die Super Glide. Ein Händler bekannte freimütig, daß er nur zwei FX mit Seriensitzbank verkaufte, alle anderen mußte er auf Wunsch der Kunden mit einem Blechkotflügel und dem alten „Traktorstuhl" oder einer Nachrüst-Sitzbank aus dem Zubehörhandel versehen. Willie G. war wohl etwas zu weit gegangen. Oder war er nur zu früh drangewesen? Fünfzehn Jahre lang wurden die ungeliebten Bootsheck-Fiberglasteile auf jedem Ersatzteil- und Tauschmarkt wie Sauerbier angeboten. Als sie dann rar wurden, gingen natürlich auch die Preise hoch – oder war es umgekehrt? Wie dem auch sei, heute sind die Originale viel seltener anzutreffen und deshalb wohl auch begehrter als die nachträglich Umgebauten, und aus diesem Grund habe ich dieses von Willie G. persönlich gerettete Exemplar in dieses Buch aufgenommen.

Harley reagierte schnell. 1972 verfügte die FX über einen Hinterradkotflügel aus Blech und eine chopperähnliche Zweimann-Sitzbank. 1973 wurde der wuchtige Doppeltank gegen das kleinere Benzinfaß (13 l) der von Aermacchi geerbten Einzylindermaschine ausgetauscht, und 1974 kam eine Variante mit elektrischem Anlasser, die FXE.

Was irgendwie vernünftig erscheint, denn das schönste Motorrad macht keinen Spaß, wenn man es nicht zum Laufen bringt. Egal, was die hartgesottenen Redakteure verschiedener Zeitschriften auch zu diesem Thema schrieben, manchmal möchte man eben auf Muskelkraft verzichten können.

Laut Werksunterlagen verkaufte Harley 1971 genau 4700 FX. Dem gegenüber standen 10.000 Sportster und 6500 FL und FLH. 1972 und 1973, also nach Entfernung der Fiberglasteile, kletterten die Verkaufszahlen auf 6500 gegenüber 17.000 Sportster und 10.000 Big Twins. Die elektrisch gestartete FXE verkaufte sich 1974 übrigens mit 6199 Exemplaren doppelt so gut wie die „Kicker-FX" (3034).

Cycle hatte sich ganz offensichtlich getäuscht: Die Super Glide wurde kein Verkaufsschlager. Dafür schnappte sie aber auch den Modellen FX und FLH keine Käufer weg, was die Händler wiederum beruhigt haben dürfte.

Die Geschichte hat natürlich auch wieder eine Moral, vor allem angesichts der (relativ) imposanten Verkaufszahlen der FXE. Wer gerne etwas brutaler aussieht, als er tatsächlich ist, dem kann es nur recht sein, wenn er nicht vor versammelter Mannschaft auf dem Kickstarter verhungert.

Längerfristig betrachtet sorgte die FX jedoch für einiges Aufsehen, denn sie demonstrierte eindrucksvoll, wozu Harley-Davidson allen Unkenrufen zum Trotz noch immer fähig war. Willie G. und Company hatten sich mit der FX ein Sprungbrett für neue Spielereien und Experimente geschaffen. Sie wußten nun, daß man eine schmackhafte Hühnersuppe zur Not auch ohne Hühnerfleisch zubereiten konnte, wenn man sie nur richtig würzte. Die Low Rider, die Fat Bob, die Wide Glide, ja sogar die Super Glide II und die FXRS Sport stammten in gewisser Weise in direkter Linie von der FX ab. Sie hatten dieses neue Sprungbrett gebraucht, denn ihr Konzept hätte sich weder mit der Sportster noch mit der FLH als Basis verwirklichen lassen.

Wenn wir also heute Sturgis, Softail oder Daytona fahren dürfen, dann nur deshalb, weil Willie G. eines Tages ein paar Fiberglasteile entwarf und sich traute, sie an eine Harley zu montieren.

Motorradfahrer sind komische Typen. Wenn die Hersteller spartanisch ausgerüstete Fahrmaschinen anboten, behängten sie sie mit allem möglichen Plunder, und wenn man ihnen komplett ausgerüstete Modelle hinstellte, montierten sie am liebsten alles wieder ab.

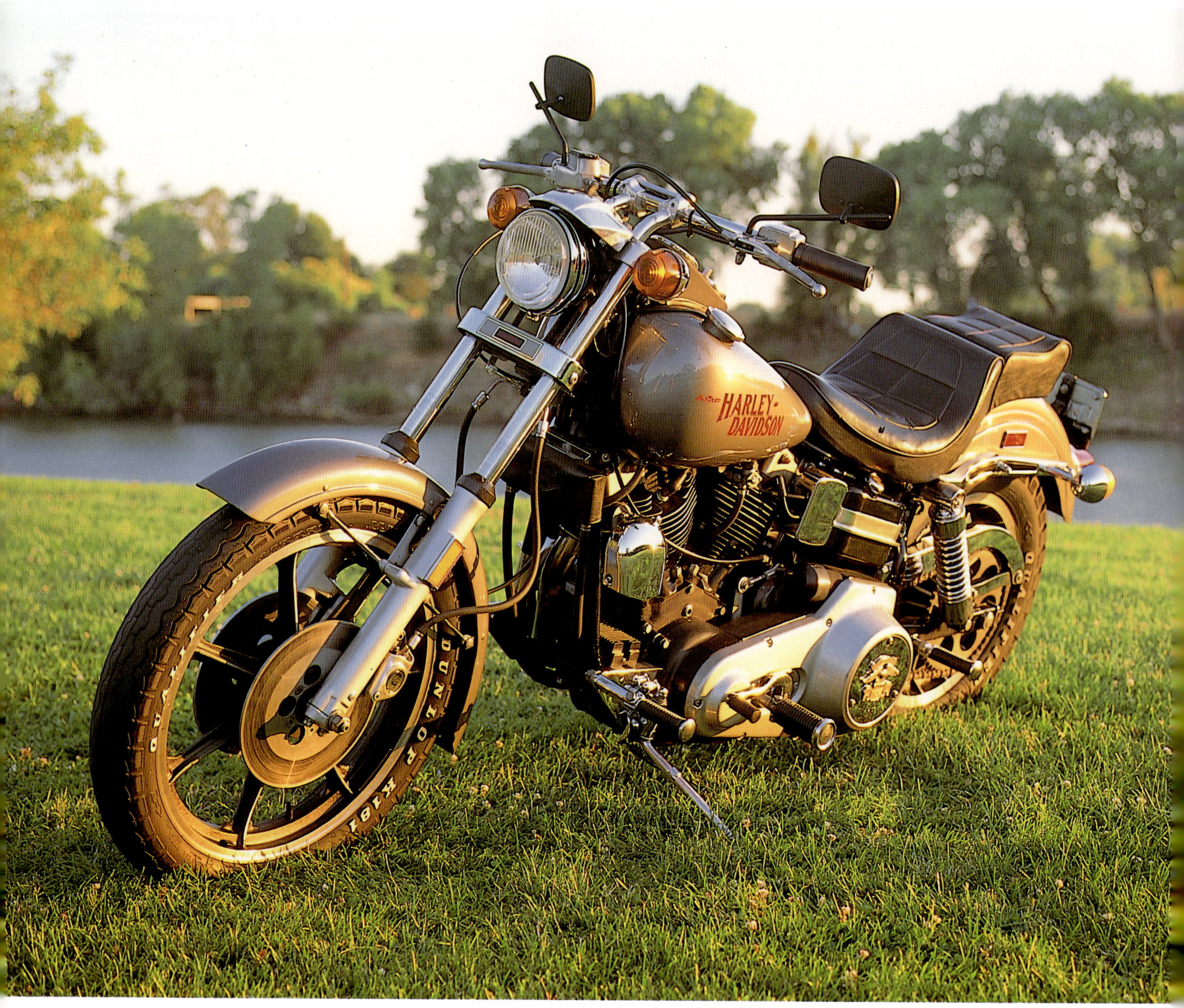
AMF HARLEY-DAVIDSON
DUNLOP K181

Kapitel 18

FXS Low Rider, 1977

Einen Schritt weiter

Irgendwie scheint es wohl doch so etwas wie ein Patentrezept zu geben, um sich mit minimalem Aufwand möglichst lange an der Spitze zu behaupten. Das beste Beispiel hierfür ist die Low Rider.

1977 waren die Motorrad-Zulassungszahlen förmlich explodiert. Alle Marktsegmente verzeichneten bislang nicht für möglich gehaltene Zuwachsraten, und dies nicht zuletzt, weil die Fernost-Importe mit neuen Modellen ihre Palette nach oben und unten kräftig ausgeweitet hatten.

Harley-Davidson profitierte vom Motorradboom, wenn überhaupt, nur indirekt. Der AMF-Konzern hatte die „Motor Company" vor dem Bankrott gerettet (so sehe ich das jedenfalls; wer mir nicht zustimmt, darf mir ruhig einen bösen Brief schreiben), aber leider verstanden sich die Herren von AMF eher auf Kapitalinvestitionen als auf die Entwicklung neuer Modelle. Hinzu kamen erneut verschärfte Sicherheits-, Lärm- und Abgasbestimmungen in den USA, so daß jeder Dollar des „Rettungsfonds" für entsprechende Notmaßnahmen verwendet wurde.

Willie G. Davidson erinnert sich schmunzelnd an die AMF-Zeit und gibt zu, daß die Vorstandschaft wohl keinen allzu guten Draht zu den Leuten der Entwicklungsabteilung hatte. „Aber wenn es wirklich darauf ankam, konnte ich mich immer durchsetzen."

Im Falle der FXS Low Rider bedeutete dies, daß Willie G. die grauen Eminenzen von der Notwendigkeit eines weiteren Werks-Choppers überzeugen konnte.

Als Basis diente die 1971 vorgestellte (und im vorangegangenen Kapitel besprochene) FX/FXE Super Glide, die sich im Nachhinein doch noch als Renner entpuppt hatte. Die geniale Mischung aus Sportster und Big Twin wurde zur Vorreiterin des in Großserie produzierten Custom-Bikes, und es war klar, daß die großen Vier (Honda, Yamaha, Kawasaki und Suzuki) nicht mehr lange tatenlos zusehen würden.

Willie G. nahm also den Rahmen der FL, das große 1200er-Triebwerk und die Sportster-Vorderradgabel und machte sich ans Werk. Die Hinterradfederung wurde so weit verkürzt, daß die Sitzbank bei schwächster Federvorspannung nur noch knappe 70 Zentimeter von der Fahrbahn entfernt war. Das Magazin *Cycle World* nahm den Zollstock zu Hilfe und ermittelte exakt 69,5 cm – Fahrer einer zeitgenössischen Honda CB 500 Four thronten 81 Zentimeter über dem Asphalt.

Die Gabel wurde etwas flacher angestellt, was die Höhe des Lenkkopfs senkte und gleichzeitig den Radstand in Chopper-Regionen streckte. Die Räder waren aus Leichtmetallguß gefertigt und trugen wie die metallic-grau lackierten Blechteile und die geschwärzten Zylinder und -köpfe mit ihren polierten Kühlrippen zum modernen Techno-Look bei. Willie G. ist übrigens überzeugt, diesen Look „erfunden" zu haben.

Die Fußrasten waren etwas nach vorne versetzt, was den Fahrer in Verbindung mit dem gegenüber der FX schmaleren und flacheren Lenker und der „King

Die Low Rider griff das Super-Glide-Thema auf und setzte noch eins drauf. Keine Fiberglasteile mehr, dafür eine radikal gestutzte Federung und eine abgrundtiefe Sitzposition. Besitzer: Lew Clark, Sacramento, Kalifornien.

Der Low-Rider-Rahmen stammte von der FLH, wie die schräg angelenkten Federbeine beweisen. Die modernen Gußräder erlaubten erstmals die Verwendung schlauchloser Reifen.

and Queen"-Stufensitzbank' in eine charakteristische Sitzposition zwang. Somit überragte selbst die zierlichste Sozia ihren langgestreckt hingelümmelten Chauffeur um Haupteslänge.

Die Redaktion der Zeitschrift *Cycle World* setzte sich gegen Ende der siebziger Jahre aus lauter Junghüpfern zusammen (ich muß es wissen, schließlich war ich damals mit dabei), was sich unter anderem darin zeigte, daß der Autor des ersten Low-Rider-Fahrberichts sich allen Ernstes über den breiten, aus zwei Hälften bestehenden „Fat Bob"-Tank mokierte. Der war jedoch, wie der Name schon sagt, ein Relikt aus der Zeit, in der man Motorräder nicht „choppte", sondern „bobbte", d.h. ihrer voluminösen Kotflügel beraubte und entchromte. Die Kids hatten schlichtweg übersehen, daß die erste FX ebenfalls mit einem breiten FLH-Faß ausgerüstet gewesen war und erst 1973 den schlanken Tank der italo-amerikanischen „Sprint" erhalten hatte.

Das Harley-Emblem auf den beiden Tankhälften wies zwar die schnörkelige Schrift des Ur-Logos von

1903 auf, doch verzögert wurde die Low Rider durchaus zeitgemäß von zwei Scheibenbremsen vorne und einer hinten. Neben dem serienmäßigen E-Starter gab es auch einen soliden Kickstarter – wie vieles an der Low Rider eine Mischung aus Tradition und Moderne.

Diese Tradition forderte allerdings ihren Tribut. Natürlich war die niedrige Sitzposition für kleingewachsene Motorradfreunde von großem Vorteil, doch auf der anderen Seite blieb mit den gestutzten hinteren Federbeinen nicht viel Federweg an der Hinterhand. Auch vorne war die Low Rider bockhart gefedert, und hinzu kam noch der schier unendlich lange Radstand, der in Verbindung mit dem flachen Anstellwinkel der Vorderradgabel zwar für einen phantastisch stabilen Geradeauslauf sorgte, der Maschine dafür im Stadtverkehr die Agilität eines Güterzuges bescherte.

Doch alle diese Nachteile wurden durch einen psychologischen Trick mehr als wettgemacht: Der flache, schmale Lenker und die knapp über dem Asphalt schwebende Stufensitzbank zwangen den Fahrer in jene „Eine-Million-Kilometer-Sitzposition", die unweigerlich Erinnerungen an die gute, alte Zeit weckte, in der die Satteltramps mit ausgestreckten Armen dem Sonnenuntergang entgegenritten. Obwohl diese Haltung nicht unbedingt besonders bequem war, sah sie doch einfach stark aus, und das zählte schließlich. Willie G. hatte einen Nerv getroffen: Die Low Rider hatte Stil – heute nennt man das wohl eher „Zeitgeist".

Da dieser bekanntlich die Welt regiert, störte es auch niemanden, daß die Funktion der Maschine sich in diesem Fall ganz eindeutig dem ästhetischen Empfinden des Betrachters unterordnete. Der neue Look war nämlich im Prinzip ein alter Hut. Als er „erfunden"

Die vorverlegte Fußrastenanlage mußte nach oben versetzt werden, um wenigstens ein paar Grad Schräglage zu erlauben. Zylinder und -köpfe wurden mattschwarz lackiert und mit polierten Kühlrippenkanten versehen.

Die in den FX- und XL-Modellen verwendete Telegabel war mittlerweile stärker dimensioniert und das Vorderrad mit einer wirkungsvolleren Doppelscheibenbremse ausgerüstet.

Die Journalisten wußten zwar auch nicht genau, warum, aber irgendwie fanden sie alle einen Grund, um den großen, flachen Saurier sympathisch zu finden. „Intellektuellen-Chopper" nannten ihn die einen, „Ausdruck eines individuellen guten Geschmacks" die anderen.

Nach einem kurzen Flirt mit dem schlanken Tank der von Aermacchi geerbten Modelle kehrte die Low Rider wieder zu dem aus zwei Hälften bestehenden „Faß" der ersten FX zurück.

wurde, hatten zwei Tankhälften noch durchaus ihre Berechtigung, und der Sattel konnte getrost so tief angeordnet werden, weil das Hinterrad ohnehin keinen Federweg beanspruchte.

Die amerikanischen Motorradmagazine wußten nur zu gut, daß Harley-Davidson schwere Zeiten durchlebte, und wollten ihr Schärflein zur Rettung ihrer Traditionsmarke beitragen. So entschlossen sich die großen Zeitschriften, nachdem sie jahrelang jede Novität aus dem Fernen Osten mit begeistertem Applaus empfangen hatten, 1977 erstmals wieder zu ausgiebigen Testberichten über ein Harley-Modell. Ein an sich lobenswertes Unterfangen – im Nachhinein betrachtet jedoch ein Schuß, der um ein Haar nach hinten losgegangen wäre, denn die FXS entzog sich schon aufgrund ihrer Konzeption den japanisch geprägten Kriterien der jungen Testergemeinde.

Was allerdings nicht heißen soll, daß der amerikanische Motorradjournalist kein lernfähiges Individuum sei. Er wußte ja schließlich, daß die solide Grundkonstruktion der FXS ihre Bewährungsprobe schon vor Jahrzehnten bestanden hatte, und auch die entspannte Art der Leistungsentfaltung des großen V-Motors hatte nichts von ihrer Faszination eingebüßt. Doch in den vergangenen Jahren hatten sich nicht nur die Journalisten, sondern auch die Leser an japanische Selbstver-

ständlichkeiten gewöhnt, und so war ihnen nur schwer plausibel zu machen, warum die Low Rider sich so schwerfällig benahm und ihre Bedienungselemente schier übermenschliche Kräfte erforderten. Und wie erklärt man einem jungen Leser, daß man bei einer FXS selbstverständlich zuerst die linke Tankhälfte befüllt, weil, wenn man zuerst rechts volltankt, der teure Saft nach dem Öffnen des linken (tiefer liegenden) Tankdeckels herausschwappt? Eine solche Rechtfertigung fällt um so schwerer, wenn dem Tester dies höchstpersönlich vor einem guten Dutzend feixender Zuschauer selbst widerfahren ist.

Die Journalisten wußten zwar auch nicht genau, warum, aber irgendwie fanden sie alle einen Grund, um den großen, flachen Saurier sympathisch zu finden. „Intellektuellen-Chopper" nannten ihn die einen, „Ausdruck eines individuellen guten Geschmacks" die anderen. So dachten wohl noch mehr Leute, und das sehr spät im Kalenderjahr 1977 vorgestellte Modell war kurz nach seiner Präsentation vergriffen. 1978 überholte die FXS die Super Glide und die FLH in all' ihren Spielarten, nur das Basismodell der kleineren Sportster verkaufte sich geringfügig besser. Aber kein anderes Harley-Modell hat jemals in einer so wichtigen Situation mit so bescheidenen Entwicklungskosten so viel erreicht wie die Low Rider.

Die Hinterradfederung wurde so weit verkürzt, daß die Sitzbank bei schwächster Federvorspannung nur noch knappe 70 Zentimeter von der Fahrbahn entfernt war – Fahrer einer zeitgenössischen Honda CB 500 Four thronten 81 Zentimeter über dem Asphalt.

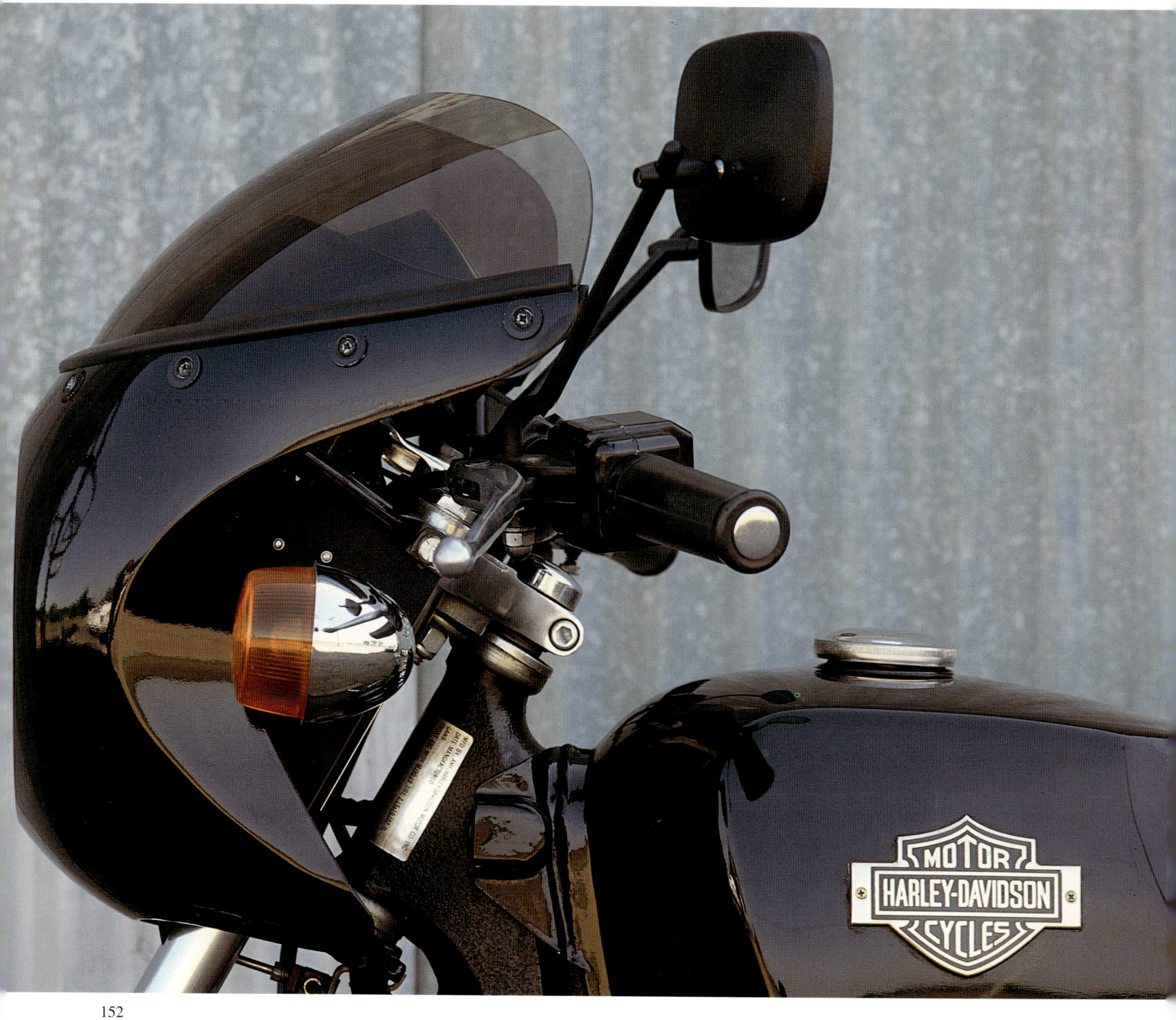
MOTOR
HARLEY-DAVIDSON
CYCLES

Kapitel 19

XLCR Café Racer, 1977

Der „schwarze Ritter"

Wenn Willie G. Davidson einen Fehler macht, dann mit Stil.

Die Geschichte der XLCR begann in den sechziger Jahren, als die ersten Motorradfahrer in Amerika begannen, ihre Maschinen optisch auf „Straßenrennen" zu trimmen. Diese Mode stammte aus Großbritannien und wurde in den Staaten hauptsächlich von Fahrern kopiert, die mit Speedway, Flat Track und Motocross nichts am Hut hatten und ein ehrliches britisches Flacheisen jedem amerikanischen oder japanischen Motorrad vorzogen. Die Motorradzeitschriften wurden bald auf diese Randgruppe der amerikanischen Motorradszene aufmerksam, zumal diese Jungs ihre Freizeit damit zubrachten, sich vor den „Truck Stops" und „All Night Cafés" am Rande der Highways mit Gleichgesinnten zu treffen und zu kleinen Wettrennen herauszufordern. So hatten sie rasch den Spitznamen „Café Racer" weg.

Dem weltoffenen Designer und Künstler Willie G. war diese Entwicklung natürlich nicht verborgen geblieben, ebensowenig wie die Tatsache, daß die Sportster Mitte der siebziger Jahre viel an Boden verloren hatte. Die Konkurrenz aus Europa und dem Fernen Osten hatte Harley-Davidson aus dem sportlichen Marktsegment völlig verdrängt, denn die Sportster entsprach schon lange nicht mehr dem Ideal eines Sportmotorrads und repräsentierte mittlerweile eine Klasse für sich.

Willie G. hatte ein paar Hits gelandet und versuchte nun erneut, mit bescheidenem Entwicklungsaufwand ein neues Modell zu kreieren. Seine Konstrukteure hatten sich um ein neues Fahrwerk gekümmert, und so kündigte die „Motor Company" 1977 ein in begrenzter Stückzahl erhältliches Sondermodell mit der Bezeichnung XLCR an – wobei die letzten beiden Buchstaben für „Competition" *und* „Racing" standen.

Die Modifikationen waren im Prinzip längst überfällige Verbesserungen. Die alte XL verfügte über einen antiquierten Rahmen, bei dem oberhalb der Hinterradschwingenaufnahme ein kompliziertes Gußgebilde Sattelstütze, obere Federbeinaugen, Batterieträger und Öltank aufnahm. Das Ganze baute sehr breit und hatte überdies den Nachteil, daß durch die niedrige Sitzposition die Federbeine stark nach vorne angewinkelt werden mußten. Dadurch konnte man ihre unteren Aufnahmeaugen aber nicht in der Nähe der Radachse anbringen, sondern mußte sie auf halbem Weg zwischen Radachse und Schwingenlager anlenken, was der Stabilität des dünnen Rohrprofils nicht gerade sehr zuträglich war.

Der neue Doppelschleifen-Rohrrahmen war eine Kopie des XR-750-Fahrwerks mit weit nach oben gezogenem Rahmenheck, an dem die Federbeine fast senkrecht in Höhe der Hinterachslinie an der neuen Kastenschwinge angelenkt werden konnten. Das aus-

Die XLCR kombinierte den Charme einer Straßenrennmaschine mit der Ausstrahlung eines Dirt-Tracker. Besitzer: Mike Shattuck, Sacramento, Kalifornien

Die kleine Viertelschalen-Verkleidung war groß genug, um ins Auge zu fallen, aber bei weitem zu klein, um sich dahinter zu verstecken – auch wenn sich der Fahrer noch so „lang" machte.

geprägte Rohrdreieck oberhalb der Schwingenaufnahme war überdies groß genug, um Batterie und Öltank aufzunehmen und so die Baubreite unterhalb der Sitzbank deutlich zu verringern.

Der Motor stammte aus der XL mit 1000 ccm Hubraum, war aber komplett in mattschwarz gehalten. Die beiden ebenfalls schwarzen Auspuffrohre berührten sich rechts neben dem vorderen Zylinder und wanden sich von dort aus in abenteuerlichen Schlangenlinien um den Motorblock, so daß das hintere Rohr an der rechten und das vordere an der linken Seite der Maschine entlanggeführt wurde.

Die (schwarzen) Gußspeichenräder stammten von Rennsportausrüster Morris, die Scheibenbremsen (zwei vorne, eine hinten) von Kelsey-Hayes. Zum ersten Mal verfügte eine Harley über zurückverlegte Fußrasten und einen leicht nach unten abgewinkelten, geradezu lächerlich schmalen Lenker, der hinter einer kleinen Scheinwerferverkleidung mit Windschutzscheibe fast verschwand. Der knapp bemessene und hart gepolsterte Einzelsitz ging in einen flachen Fiberglashöcker über, an dem auch Rückleuchte und Kennzeichenhalter befestigt waren. Der langgestreckte Tank faßte 15 Liter und war damit der größte jemals serienmäßig an einer 1000er montierte Kraftstoffbehälter – in den Serien-Tank der XLH paßten gerade mal 8,5 Liter!

Trotz ihres neuen Fahrwerks war die XLCR im Prinzip nichts weiter als eine zusätzliche Sportster-Variation, der man mit etwas Farbe und ein paar von anderen Modellen oder Zulieferern geborgten Bauteilen mit geringem Kostenaufwand ein neues Image verpaßt hatte. Das hatte natürlich auch seine Vorteile, denn die XLCR betrat den Markt als technisch ausgereiftes Motorrad ohne echte Schwächen. Durch die gegenüber der 1977er-XLH um einen Zahn kürzere

Endübersetzung überraschte die XLCR mit einem unerwartet kräftigen Antritt.

Selbst die eingefleischtesten Chopper-Freaks mußten zugeben, daß die „europäische" Haltung auf der XLCR im täglichen Betrieb bequemer war als die Sportster-Sitzposition, weil die gepolsterten Stellen der Chopper-Stufensitzbänke nicht immer mit den gepolsterten Stellen des menschlichen Allerwertesten korrespondierten. Durch die wegen des schmalen Lenkers etwas nach vorn gebeugte Haltung und die sinnvoll angebrachten Fußrasten ergab sich auf der XLCR eine auch bei höheren Highway-Geschwindigkeiten entspannte Sitzposition, die dennoch nichts mit der „rennmäßigen" Kauerstellung auf manchem privat umgebauten „Café Racer" gemeinsam hatte. So gesehen machte die XLCR nicht so viele stilistische Zugeständnisse an die Funktion, wie die mittlerweile zum Maßstab amerikanischer Fahrkultur avancierte Sportster.

Trotz beachtlichem Aufwand (mit Marktumfragen, Konstruktionsdebatten und schier endlosen Überzeugungsgesprächen mit der Harley-Vorstandschaft) blieben die XLCR-Verkaufszahlen weit hinter den Erwartungen zurück. Die „Motor Company" produzierte im Modelljahr 1977 knapp 2000 Stück und 1978 noch einmal 1200, aber das war's dann auch schon.

Einige Händler verkalkulierten sich gründlich: Arlen Ness kaufte zum Beispiel 22 Stück von einem texanischen Händler, der sich mit 50 georderten CR's einen zu großen Klotz ans Bein gebunden hatte. Ness gibt zu, das Modell zwar nicht sonderlich gemocht zu haben, hatte jedoch „einen guten Preis ausgehandelt."

Der neue Doppelschleifen-Rohrrahmen erlaubte eine günstigere Anbauposition der beiden Hinterrad-Federbeine. Zwei Jahre später sollten alle XL-Modelle von dieser Verbesserung profitieren.

„Black is beautiful", mochte sich Willie G. gedacht haben, und so sparte er nicht mit schwarzer Farbe. Die Auspuffrohre winden sich in abenteuerlichen Schlangenlinien um den gesamten Motorblock, um am Ende doch getrennter Wege zu gehen.

Der Mißerfolg ist ja bekanntlich eine Waise, und so kann man heute nur vermuten, warum die CR nicht wie erwartet einen neuen Custom-Trend begründete.

Schuld an ihrem kommerziellen Absturz war mit Sicherheit das schlechte Timing. Das Modell war bereits geraume Zeit angekündigt, bevor es endlich in die Ausstellungsräume der Harley-Händler kam – und zu diesem Zeitpunkt war das Interesse der Kundschaft schon wieder verblaßt.

Auch die strikte Einsitzer-Auslegung war nicht unbedingt nach dem Geschmack der eher sozial eingestellten amerikanischen Motorradfahrergemeinde, und welche Ehefrau bewilligt schon gemeinsame Haushaltsmittel für den Kauf eines Motorrads, auf dem sie nicht einmal mitfahren kann? Daran ver-

mochte auch die hastig nachgeschobene, ab 1978 gegen Aufpreis erhältliche Zweiersitzbank nichts mehr zu ändern.

Auch in puncto Farbgebung mußte sich Willie G. einige Vorwürfe gefallen lassen. Sicher, Schwarz war eine zeitlose, geradezu klassische Farbe, aber die paßte nach Ansicht seiner Landsleute eher zu Limousinen, Sonnenbrillen und Soul Music. In den siebziger Jahren war bunt angesagt, wie die knalligen Lackierungen der Werksrennmaschinen – Rot für Honda, Gelb für Yamaha, Orange für Harley-Davidson und Grün für Kawasaki – und die farbenfrohen Monturen der Motocross-Fahrer bewiesen.

Der eigentliche Grund, so glaube ich während meiner Zeit als Motorradjournalist herausgefunden zu

Der wegen seiner ovalen Form scherzhaft „Sardinenbüchse" genannte Luftfilterdeckel war schwarz verchromt.

Die Instrumente saßen bei der XLCR endlich dort, wo sie der Rest der Motorradbranche schon seit Jahrzehnten montierte: an der oberen Gabelbrücke.

haben, lag jedoch darin, daß die Harley-Fahrer keine „Café Racer" mochten und die „Café Racer" keine Harleys. In der Tat hatte sich das Harley-Werksteam schon Jahre zuvor aus dem Grand-Prix-Rennsport zurückgezogen, ohne daß die Verkaufszahlen auch nur im mindesten darunter gelitten hatten.

Willie G. lag mit seiner Idee jedoch nicht völlig falsch. Die XLCR war vom Start weg ein begehrtes Sammlerstück und als solches wenn auch keine Investitionsanlage, so doch so etwas wie ein Kultobjekt. Viele Leute ahnten, daß die Preise innerhalb weniger Jahre kontinuierlich steigen würden, was sie dann auch taten.

„Vielleicht haben wir wirklich zu langsam produziert", räumt Willie G. ein, „und vielleicht war auch das Timing nicht gerade glücklich." Wie dem auch sei, heute ist er darüber hinweg. Mike Shattuck, Besitzer der hier abgebildeten CR, ehemaliger Harley-Mitarbeiter und heute Inhaber einer Harley-Vertretung in Sacramento, ist jedoch überzeugt: „Der Café Racer hat Willies Herz gebrochen."

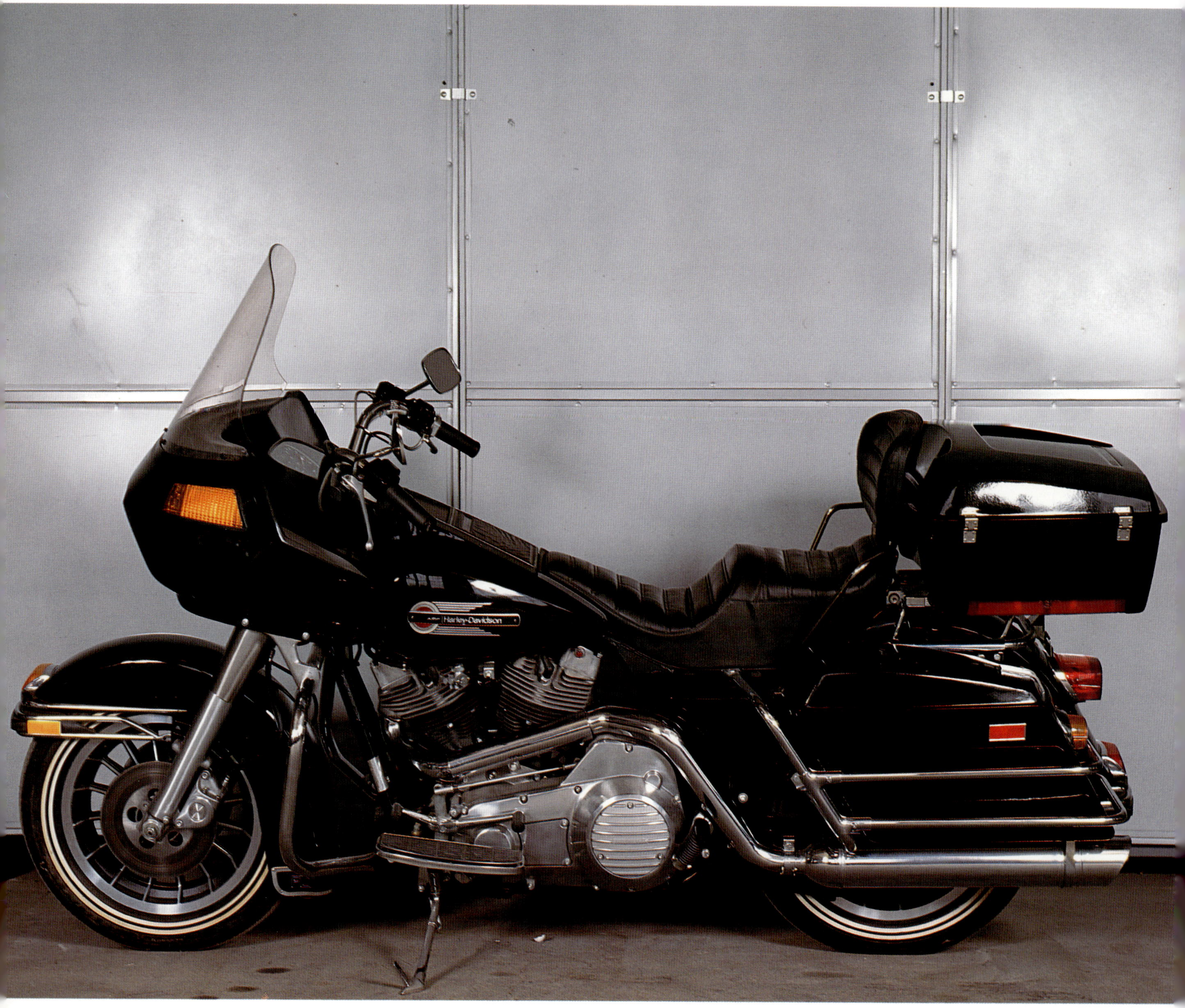
Harley-Davidson

Kapitel 20

FLT Tour Glide, 1980

Frischer Wind unter den Adlerschwingen

"Radikal" ist nicht gerade das Adjektiv, das einem spontan zur FL einfällt – wenigstens nicht, solange es Wörter wie „traditionell", „vertrauenerweckend", „solide" oder „massiv" gibt. Aber es ist ein durchaus zutreffendes Wort, und das verdanken wir einer glücklichen Verquickung von Praxisdenken und Politik.

Ende der siebziger Jahre steckte Harley-Davidson in mächtigen Schwierigkeiten. Die „Motor Company" war seit geraumer Zeit eine Tochtergesellschaft des „American Machine and Foundry"-Firmenkonglomerats, das zwar eine Menge Geld in die Rettung der Marke gesteckt hatte, dieses Geld aber in erster Linie für Kapitalprojekte verwendete und sich kaum um das Produkt als solches kümmerte. Folglich war das Modellprogramm total veraltet, und der amerikanische Motorradfahrer hatte jede Hoffnung auf eine Neuentwicklung aus Milwaukee aufgegeben.

Es gab jedoch auch intelligente Leute bei H.-D. und AMF; Leute, die ihren Markt kannten und sich immer wieder finanzielle Mittel für kleinere Entwicklungsprojekte abzweigten. Diese cleveren Jungs erkannten ganz klar, daß Harleys Stärke im Moment bei den großen Tourern lag.

Das neue Projekt war ein Griff in die Vollen, ein neues Topmodell mit Komplettausstattung – und somit ein Ersatz für die angejahrte FLH. Leider hatten unsere Helden nicht völlig freie Hand, und so mußten sie sich zunächst noch mit dem betagten, auf 1300 ccm aufgebohrten FL-Triebwerk begnügen.

Der Schlüssel zum Erfolg des neuen Modells lag in den genialen Motoraufhängungen mit Gelenken und Gummipuffern, durch die der mächtige Zweizylinder-V-Motor ungehindert schütteln und vibrieren konnte, ohne deswegen gleich den Fahrer mitzuschütteln. Die Idee war nicht neu, aber sie funktionierte – und sie funktioniert noch! Eine positive Begleiterscheinung war die Tatsache, daß die weitgehend vom Rahmen ferngehaltenen Vibrationen weniger Schaden an Anbauteilen anrichteten und sich dadurch die Lebensdauer mancher Bauteile, die früher normalerweise irgendwann vor Erschöpfung aufgegeben hatten und abfielen, erheblich verlängerte.

Die neuen Motoraufhängungen (und natürlich auch der Wunsch nach einem einigermaßen kurventauglichen Fahrwerk) erforderten einen neuen Rahmen. Dieser war im Vergleich zum FLH-Gestell ungleich verwindungssteifer und dank des Verzichts auf Gußteile auch erheblich leichter. Besondere Beachtung verdient die Tatsache, daß der FLT-Rahmen von Anfang an auf den Anbau eines kompletten Tourer-Zubehörpakets wie Packtaschen, Topcase und Verkleidung ausgelegt wurde. Die Teile dieses Zubehörpakets waren sorgsam aufeinander abgestimmt, so daß der neue Tourer trotz seiner respektablen Abmessungen stilistisch wie aus einem Guß wirkte.

Die Tour Glide war in Wirklichkeit noch größer, als sie auf diesem Foto erscheint, und bot mit Verkleidung, Packtaschen, Topcase und Sturzbügel alles, was das Tourenfahrerherz begehrte. Besitzer: Harley-Davidson Motor Company.

Gußräder und Scheibenbremse harmonieren ausgezeichnet mit den typischen Harley-Tourer-Attributen wie polierten Gabelholmen und wuchtigem Vorderradkotflügel.

Aufgrund des neuen Rahmens konnten erstmals Vorder- und Hinterradaufhängungen mit größeren Federwegen verwirklicht werden. Der Motor saß höher über der Straße, was der Boden- und vor allem der Schräglagenfreiheit sehr zugute kam. Die Standrohre der Vorderradgabel waren kurioserweise nicht hinter, sondern vor der Lenkkopfachse angeordnet, was trotz flachem Gabelwinkel einen sehr kurzen, kurvenfreundlichen Nachlauf ermöglichte. Ohne hier in die Tiefen der Fahrwerkstheorie abgleiten zu wollen sei bemerkt, daß die FLT sich durch diesen Kunstgriff tatsächlich wie eine viel leichtere Maschine um die Ecken bugsieren ließ.

Der Motor profitierte von einer überarbeiteten Ölversorgung mit außenliegender Hauptstrom-Ölfilterkartusche, einer neuen, leiseren Auspuffanlage und einer kontaktlosen, elektronischen Zündanlage mit computerberechneter Zündzeitpunktverstellung.

Das in einem separaten Gehäuse befindliche Getriebe erhielt einen zusätzlichen Gang, wodurch sich das Drehzahlniveau im Fünften gegenüber der FLH um einige hundert Umdrehungen senken ließ. Die Sekundärkette lief völlig gekapselt in einem Ölbad-Kettenkasten, so daß die Harley-Fahrer endlich mitreden konnten, wenn die BMW-, Guzzi- und Gold-Wing-Piloten von ihrem ach' so tollen Kardanantrieb schwärmten.

Die ausladende Tour-Glide-Verkleidung mit ihren beiden Auto-Scheinwerfern war (die Ingenieure hatten ihre Lektion gelernt) am Rahmen montiert. Sie wies praktische, verschließbare Stauräume auf, die in Verbindung mit den ebenfalls serienmäßigen Packta-

Charakteristisch die Schaltwippe über dem Trittbrett, für den Big Twin eher untypisch dagegen die aufwendige Verlegung des vorderen Auspuffrohrs.

Die Verkleidung war im Gegensatz zur FLH direkt mit dem Rahmen verschraubt und brachte auch bei böigen Winden keine Unruhe in die Lenkung.

schen und Topcase eines der Hauptprobleme der Motorradfahrerzunft lösten. Zwar erlaubte der neue Rahmen nicht mehr die Verwendung des legendären Teleskopsattels, doch trotz der bestehenden Option eines Einzelsitzes votierten die meisten Tour-Glide-Käufer ohnehin für die Doppelsitzbank, weil sie niedriger war.

Die FLT war ein kompromißlos konzipiertes Tourenmotorrad mit einer Fülle sorgsam durchdachter Details, und die Rechnung der Harley-Entwicklungsingenieure ging voll auf: Die Leute akzeptierten das neue Produkt.

Auch die in- und ausländische Motorradpresse bescheinigte der Tour Glide einen hohen Reifegrad. Dies lag wohl zum Teil auch daran, daß mittlerweile wieder eine neue Journalistengeneration am Ruder saß, die den ewigen Kleinkrieg zwischen Japanern, Engländern und Harley gründlich satt hatte. Außerdem gehörte es nun auch in der Presse zum guten Ton, sich möglichst objektiv zu äußern und trotz eventueller Ressentiments fair zu bleiben, wodurch manche althergebrachten (Vor-) Urteile nach und nach revidiert wurden. So tauchte die Tour Glide beispielswei-

Der gute, alte Shovelhead war mittlerweile auf über 1300 ccm Hubraum gewachsen und komplett in Gummi gelagert, um nach Herzenslust stampfen und schütteln zu können, ohne die Besatzung abzuwerfen.

se als erste Harley seit langer Zeit in internationalen Vergleichstests auf, wo sie sich zur allgemeinen Verwunderung aller Beteiligten mehr als wacker schlug.

Möglicherweise lag der Erfolg der FLT aber auch daran, daß sie einfach ein gutes Motorrad war.

Alle Verbesserungen wurden dieser Bezeichnung gerecht. Der Shovelhead-Motor war ziemlich in die Jahre gekommen, aber er hatte dank seines riesigen Hubraums immer noch genügend „Punch", und durch die kleinen internen Modifikationen war er nun auch erstmals einigermaßen öldicht. Das neue Modell war zwar in puncto Höchstgeschwindigkeit der alten FLH unterlegen, doch das ging im wesentlichen auf das Konto des üppigen Zubehörs, das aber seinerseits für viele Interessenten von kaufentscheidender Bedeutung war, weshalb sich niemand beklagte. Die Käufer freuten sich vielmehr darüber, daß sich die FLT wie eine 500er bewegen ließ und trotz ihres gewaltigen Motors nicht schüttelte wie ein Preßlufthammer.

Mit der FLT wagte sich Harley-Davidson auch erstmals wieder an großangelegte Demonstrationsveranstaltungen, bei denen man Fahrer anderer Marken oder älterer Harley-Modelle mit Argumenten und Probefahrten zu überzeugen versuchte. Wer nicht gleich an Ort und Stelle kaufte (was relativ viele taten) ging doch zumindest tief beeindruckt nach Hause und erzählte es seinen Freunden.

Im Prinzip war es sogar eher diese Mundpropaganda, durch die Harley-Davidson am meisten von der neuen Maschine profitierte. Das Markenimage hatte in der Vergangenheit derart gelitten, daß niemand mehr an einen Fortschritt aus Milwaukee glauben wollte. Mit der Tour Glide setzte Harley einen echten Meilenstein und brachte den Markennamen über Nacht wieder in aller Munde, was der im Endeffekt mehr einbrachte als die Dollars, die für ein paar Tausend neue Tour Glides über den Tresen geschoben wurden.

Der wiedergewonnene Glaube an die „Motor Company" veranlaßte 1981 einige Vorstandsmitglieder aus der Gründerzeit (aber auch aus den Reihen der von AMF eingesetzten Verwalter), ihre gesamte Habe zusammenzukratzen und die Firma Harley-Davidson aus dem Großkonzern freizukaufen. Gleichzeitig gingen sie mit einigen Firmenanteilen an die Börse und ermöglichten so auch Kleinaktionären, „ihrer" Traditionsmarke zu neuem Startkapital zu verhelfen. Die Börsianer sind ja bekanntlich ständig auf der Suche nach neuen Helden – hier waren sie! Kaum ein guter Patriot mit etwas Investitionskapital konnte es sich leisten, keine Harley-Aktien im Schrank zu haben, und so ging die Rechnung der neuen Firmengründer auf.

Die FLT sollte indes nur den Anfang einer neuen Entwicklungsreihe markieren: Projekte wie der „Evolution"-Motor und der Zahnriemenantrieb lagen bereits fix und fertig in der Schublade – sie gehen noch auf das Konto der „bösen AMF", das muß ganz klar gesagt werden. Aber die FXR, die Sturgis, die neuen Motoren für die Modelle FL, FX und XL, die Rahmen und Radführungen sowie all' die pfiffigen neuen Entwicklungen kamen erst auf unsere Straßen, als der Harley-Adler wieder frei und ungebunden seine Kreise zog.

Die FLT war nicht einfach ein gutes Produkt. Sie war ein gutes Produkt zu einer Zeit, als ein gutes Produkt die einzige Rettungschance für Harley-Davidson darstellte.

Die erhöhte Sitzposition gewährte dem Sozius eine unbeschränkte Rundumsicht, und auf den endlosen Highways konnte er sich entspannt zurücklehnen – fast wie in Abrahams Schoß.

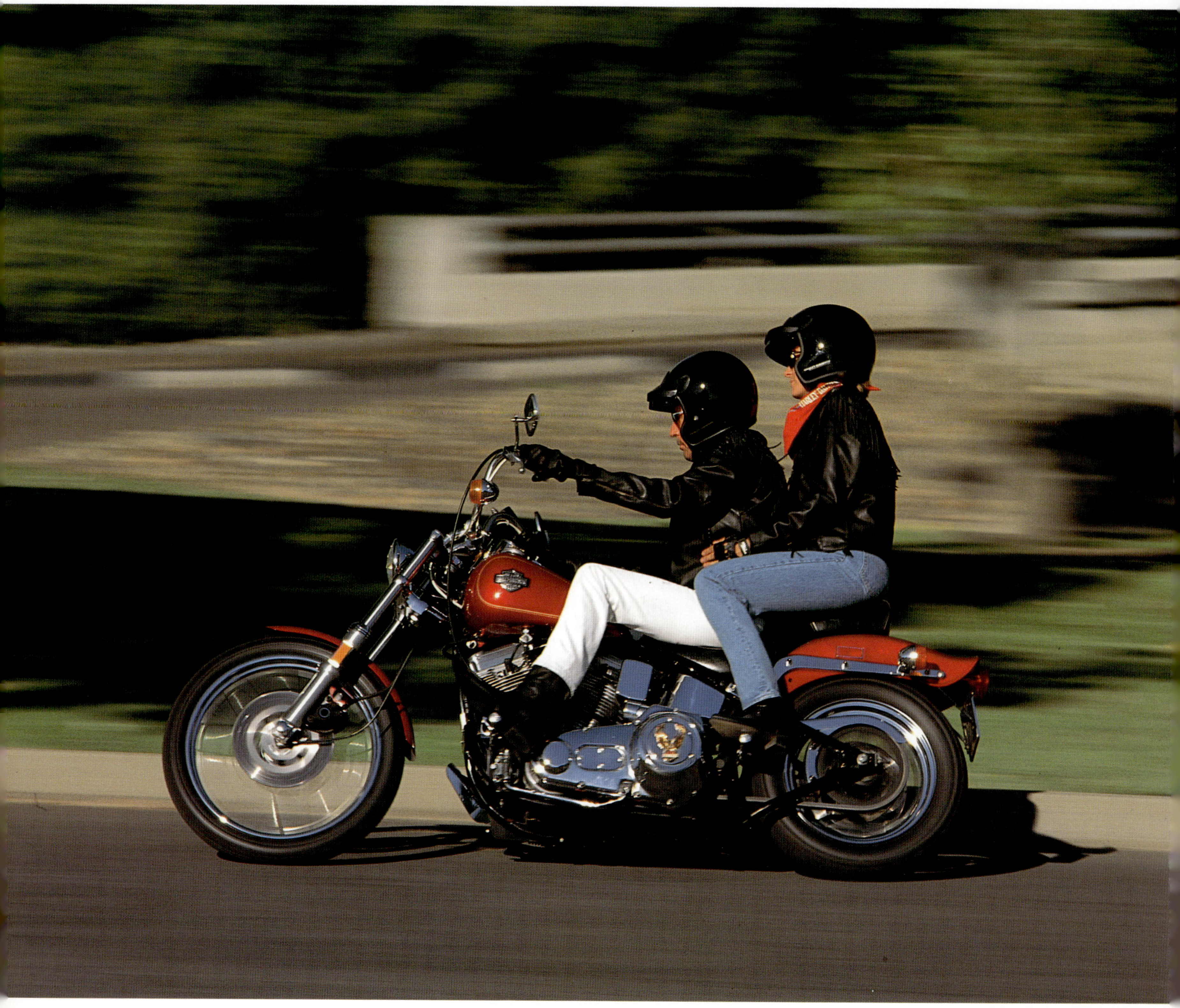

Kapitel 21

Evolution FXST Softail, 1984

Und sie bewegt sich doch

Die Hinterradschwinge der Softail (hier müßten wir eigentlich ein kleines R im Kreis einfügen, denn diese Bezeichnung ist geschützt). Ganz im Ernst, die FXST ist ein solcher Meilenstein in der Geschichte der Firma Harley-Davidson, daß sie eigentlich gleich zweimal in diesem Buch auftauchen müßte: Einmal als technische Wegbereiterin und ein zweites Mal als besonders pfiffiges Beispiel für die Vermarktung einer nostalgischen Weltanschauung.

Harley-Davidsons Einstieg in das heute so populäre „Retrostyling" vollzog sich unmittelbar nachdem einige Vorstandsmitglieder (mit der Hilfe zahlloser Kleinaktionäre) die Firma aus den Fängen des Großkonzerns AMF befreit hatten. Der Rückkauf war unter Aufbietung aller privater Geldressourcen erfolgt, und die Initiatoren wußten nur zu gut, daß Blauäugigkeit sie keinen Schritt weiterbringen würde.

Das langgehegte Produkt schrie förmlich nach einer Überarbeitung, doch als die Entwicklungsabteilung in den alten Werksunterlagen nachschlug und wahre Horrorgeschichten über die Kinderkrankheiten neuer Motorversionen erfuhr, drohte sie der Mut zu verlassen. Kein Wunder hatten sich ihre Vorgänger in der jüngeren Vergangenheit nur einmal an ein neues Triebwerk gewagt, den F-Motor, der sich jedoch direkt aus der 1936 vorgestellten Knucklehead-„Sixty-One" ableitete und als „Shovelhead" im Prinzip seit 1966 unverändert gebaut wurde. Da war man insgeheim sogar etwas erleichtert, daß im Moment wegen akuten Geldmangels an eine völlige Neuentwicklung nicht zu denken war.

So beschränkte man sich auf die Überarbeitung des vorhandenen Materials. Die Graugußzylinder wurden durch Aluminiumteile ersetzt und die dachförmigen Brennräume in moderne, keilförmige Kammern mit Quetschkante umgewandelt. Die neuen Kolben besaßen eine entsprechende Quetschstufe und übertrugen ihre Bewegung über stärker dimensionierte Pleuel an die Kurbelwelle. Die Zylinderköpfe erhielten eine wirksamere Ölrückführung, und die elektronische Zündanlage wurde durch eine von Ansaugunterdruck und Motordrehzahl abhängige Zündzeitpunktverstllung aufgewertet.

Zwar verdiente keine dieser Verbesserungen das Prädikat „radikal", wie die Zeitschrift *Cycle World* bemerkte, doch sie kurierten so ziemlich alle Unarten, die den großen Zweizylinder Zeit seines Lebens geplagt hatten. Außerdem erlaubten sie die Verwendung eines höheren Verdichtungsverhältnisses und höherer Drehzahlen. Der „Evolution"-Motor, wie das FX-Triebwerk in der Marketingabteilung genannt wurde, hatte 10 % mehr Leistung, 15 % mehr Drehmoment und brachte knapp 10 Kilo weniger auf die Waage als der „gußeiserne" Shovelhead.

Ich kann es mir nicht verkneifen, an dieser Stelle eine kleine Episode aus meiner Zeit als Chefredakteur der Zeitschrift *Cycle World* einzufügen: Der Autor des ersten FX-Fahrberichts, Steve Kimball, verlieh

Irgendwie traf Harley-Davidson mit neuen Modellen immer wieder genau den Nerv der Käuferschaft. Als der Zeitgeschmack sich in Richtung der fünfziger Jahre entwickelte, brachte Harley die Softail. Besitzerin: Carolyn Jensen, Sacramento, Kalifornien.

dem Motor nach alter Väter Sitte wegen seiner charakteristischen Zylinderkopfform den Spitznamen „Blockhead". Harley-Davidson bekannte sich nie zu dieser Bezeichnung, wohl weil der Begriff auch eine unliebsame menschliche Eigenart beinhaltet („Starrkopf" wäre die deutsche Entsprechung), aber die amerikanischen Biker mochten ihn.

In den Geschichtsbüchern wird das FX-Triebwerk eines Tages als Musterbeispiel für die gelungene Rettungsaktion einer angeschlagenen Firma zweirädriger Fortbewegungsmittel auftauchen, und in der Tat war der Evolution-Motor das Beste und Billigste, was Harley passieren konnte.

So viel zur „aus-alt-mach'-neu"-Geschichte.

Die „aus-neu-mach'-alt"-Geschichte begann, als Harley-Vorstandsmitglied Vaughn Beals eher zufällig auf einen neuen Trend aufmerksam wurde. Beals war einst von AMF als Verwalter eingesetzt worden und hatte sich derart vom Harley-Fieber anstecken lassen, daß er sein ganzes Privatvermögen und seine Karriere als Industrieboss aufs Spiel setzte, um die „Motor Company" freizukaufen.

Der Kontaktgeber der elektronischen Zündung sitzt hinter dem Gehäusedeckel von Nockenwelle und Drehstromgenerator.

Die Besitzerin dieser Maschine hat ihrer Softail alle erdenklichen Chrom-Zubehörteile spendiert, die ein gutsortierter Harley-Händler für seine individualistische Kundschaft bereithält.

166

Die Tankkonsole wurde von den früheren Modellen übernommen. Der aus dem Zubehörhandel stammende Tankdeckel mit Adler-Motiv gehört schon fast zum guten Ton.

Aus dieser Perspektive ist ganz offensichtlich, warum man im Harley-Jargon von „Hirschgeweih"-Lenker und „Wide Glide"-Gabel spricht.

Beals erblickte bei einem Motorradtreffen den gekonnten Umbau eines freien Konstrukteurs namens Bill Davis, der die Hinterradschwinge seines Choppers so umgemodelt hatte, daß das einzelne Federbein waagerecht liegend unter dem Motor versteckt war, während der Rest der Hinterradführung auf den ersten Blick wie ein starres Rahmenheck aussah.

Zukünftige Generationen werden vielleicht verständnislos den Kopf schütteln, aber just zu dem Zeitpunkt, als Harley-Davidson wieder eigene Wege gehen konnte, begann sich weltweit ein neuer Mode- und Designtrend zu entwickeln, der sich sehr stark an der „guten, alten Zeit" orientierte. „Retrostyle" nannte man das, und wer in Motorradkreisen etwas auf sich hielt, der fuhr plötzlich wieder eine alte Maschine.

Die Verlockung, das charismatische Äußere eines klassischen Motorrads mit moderner Technik zu paaren, war natürlich unwiderstehlich. Eine alte Harley mit moderner 12-Volt-Elektrik, guten Bremsen und zuverlässiger Mechanik, das war's.

„Klick" machte es, und der Harley-Geschäftsleitung ging ein Licht auf.

Alle Abteilungen machten sich mit Feuereifer an die Arbeit zu einem neuen Modell, das zwar den verbesserten Evolution-Motor erhalten sollte, nicht aber das mancherorts als überflüssig betrachtete Fünfganggetriebe. Und der Motor sollte wieder Mann und Maschine durchschütteln dürfen, so daß man bewußt auf die 1980 ausgetüftelte, vibrationsdämpfende Motoraufhängung verzichtete.

Und nun kommt das eigentlich Unverständliche: Die Softail (übersetzt etwa „Weichheck"), so genannt, weil sie in Wirklichkeit über eine Hinterradfederung verfügte, obwohl sie wie eine Starrahmen-Harley aussah, bot aufgrund der beschnittenen Federwege weniger Fahrkomfort als die anderen FX-Modelle, schüttelte und vibrierte wie anno Tobak und zwang ihre Besatzung wieder in die unbequeme Sitzposition, die Hollywood den „echten" Motorradfahrern angedichtet hatte. Und die Leute fuhren voll darauf ab!

Man mußte kein Prophet sein, um vorauszusagen, daß die Softail zum Hit der Saison wurde. Und alle Motorradmagazine schrieben seitenlange Abhandlungen darüber, wie man Motorräder baut. *So* jedenfalls nicht, und sie hatten vielleicht sogar recht, so *baut* man wirklich keine Motorräder. So *verkauft* man Motorräder!

Der inzwischen leider verstorbene Charley Thompson, ein Motorradfreak, der sich bis zum Präsident der Harley-Davidson Motor Company hochgearbeitet hatte, sagte einmal: „Die größte Aufgabe eines Motorradhändlers besteht nicht darin, Motorräder zu verkaufen. Er muß den Käufern Dinge aufzeigen, die sie mit ihrem Motorrad anstellen können."

Die Softail war genau das, was die Leute wollten. Da konnte man noch so oft darauf hinweisen, daß die Anbaulage von Fußrasten, Lenker und Sitzbank für eine Amerika-Durchquerung von Küste zu Küste viel zu unbequem war. Der Softail-Fahrer hörte sich das alles an und sagte dann: „Mag ja schon sein, aber ich fahr' ja nur mal am Sonntag in die Stadt oder zum Baggersee und vielleicht ein-, zweimal im Jahr mit meiner Holden übers Wochenende in die Berge. Wenn ich von New York nach Frisco will, nehm' ich die American Airlines, obwohl die Flugzeugsitze auch nicht gerade bequem sind."

Wie Recht er hatte: Kein Mensch in der industrialisierten Welt braucht heutzutage noch ein Motorrad, wenigstens nicht als billiges, platzsparendes Fortbewegungsmittel. Motorradfahren ist ein Sport oder ein Freizeitvergnügen, und wenn einer lieber gut aussieht als gut zu sitzen, soll er doch. Dies ist ein freies Land.

Und ein freier Markt (wenigstens teilweise), auf dem die Softail einen gewaltigen Erfolg landen konnte, dem die Konkurrenz ungläubig hinterherhechelte.

Seite gegenüber:
Der „Evolution"-Motor verfügt über komplett neue Zylinderköpfe, Leichtmetallzylinder und ein überarbeitetes Kurbelgehäuse.

Das vermeintlich starre Rahmenheck und der unter der Sitzbank angeordnete Öltank wecken Erinnerungen an die alten Harley-Modelle der fünfziger Jahre. Die Federbeine sind waagerecht liegend unter dem Motor versteckt.

Nicht-Harley-Fahrer vermögen sich im allgemeinen nicht vorzustellen, wie man mit einer Hand gleichzeitig Gas, Bremse *und* Blinkertaste betätigen kann.

Mark Twain soll zuhause häufig Wörter benutzt haben, die unsereins beim Militär lernt. Seine Frau regte sich darüber so auf, daß sie es ihm mit gleicher Münze heimzahlen wollte, um ihm Manieren beizubringen. Der alte Twain hat nur gelächelt und gesagt: „Schätzchen, Du hast zwar den Text gelernt, aber nicht die Melodie!"

Das gilt auch für die „Großen Vier": Sie taten ihr Bestes und bauten Motorräder mit flachen Gabeln, dicken Hinterreifen, V-Motoren und absurden Chromblenden an den Stellen, wo bei Harley echtes Metall verwendet wird, doch es half alles nichts. Die japanischen „Soft-Chopper" waren und bleiben Imitationen, und wer das nicht erkennt, der verdient nichts anderes.

Wenn es je ein Motorrad gab, das nur Harley bauen konnte, dann war es die Softail.

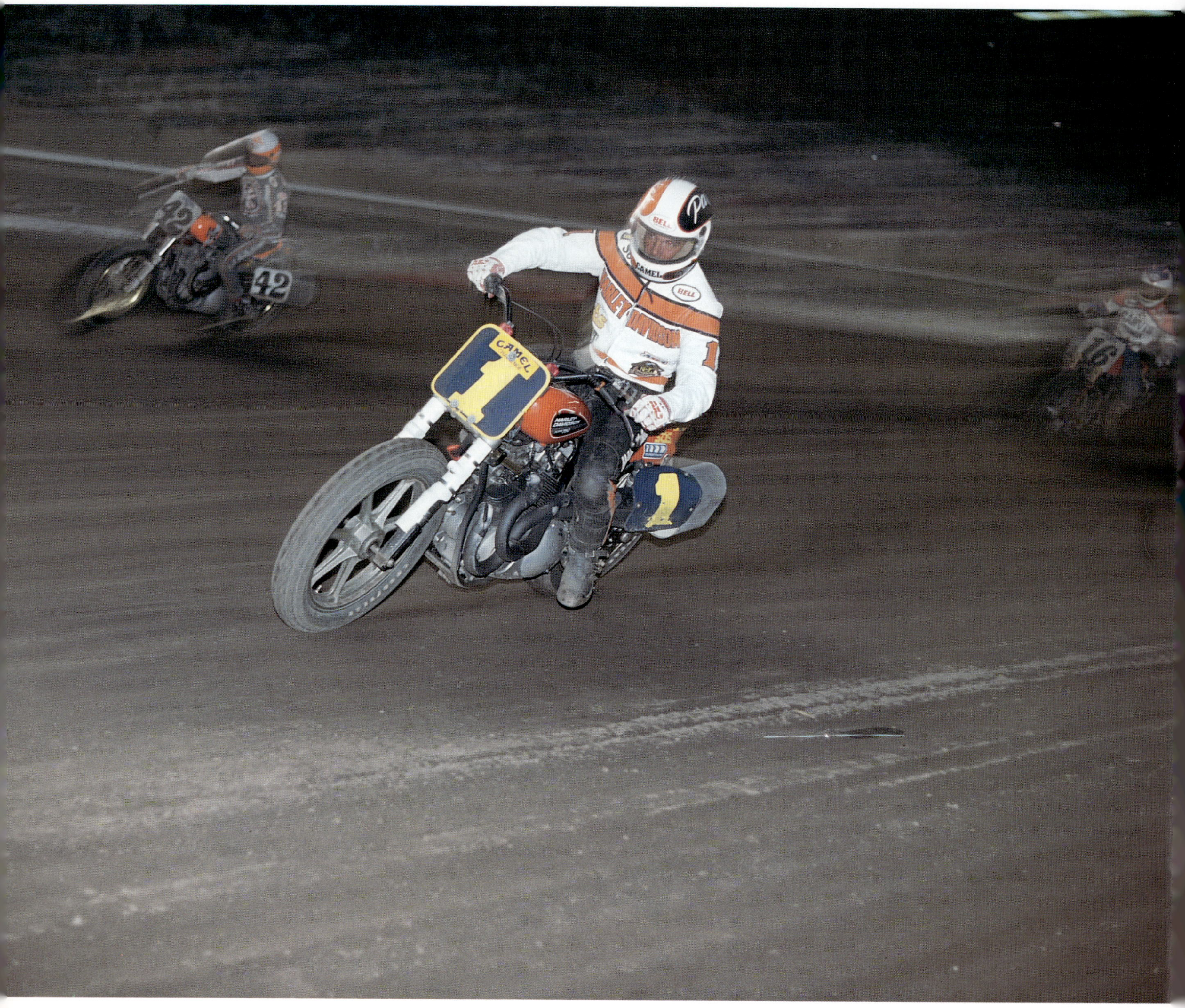
CAMEL
1
42
16
BELL

Kapitel 22

XR-750, 1972–1991

Die Königin des Dirt Track

Als die XR-750 das Licht der Welt erblickte, hatte sie schlechte Karten. Doch es sollte noch schlimmer kommen.

Gegen Ende der sechziger Jahre gelang es der britischen Lobby in der amerikanischen Motorrad-Rennsportvereinigung (AMA), die seit den dreißiger Jahren bestehende Hubraumregelung von 750 ccm für Seitenventiler und 500 ccm für ohv-Motoren abzuschaffen. Sie hatte allen Grund dazu, denn die britischen Motorradhersteller verfügten über eine Armada moderner (na ja, für damalige Verhältnisse) Paralleltwins und Dreizylinder, mit denen sich jeder Fahrer gute Chancen auf den amerikanischen Meistertitel ausrechnen konnte.

Sie hatten Harley-Davidson mit heruntergelassenen Hosen erwischt. Ihr heißestes Eisen im Feuer war die gute, alte KR, die zwar gerade noch vorne mithalten konnte, der technischen Entwicklung aber im Prinzip um mindestens zehn Jahre hinterherhinkte.

Der Leiter der Rennabteilung, Dick O'Brien, tat das einzig Vernünftige: Er nahm den Motor der XLCH Sportster mit seinen Graugußzylindern, reduzierte den Hub, um innerhalb des Hubraumlimits von 750 ccm zu bleiben, und verpflanzte ihn in das Fahrwerk der KR. Das Ganze nannte er dann XR-750, weil es sich um die Rennversion des X-Motors handelte. Doch die XR-750 war übergewichtig, untermotorisiert und viel zu anfällig. Die Motoren explodierten reihenweise, und von den 200 zur Anerkennung als „Serienfahrzeug" gebauten Exemplaren wurde gut die Hälfte verschrottet oder als Ersatzteilspender mißbraucht. Triumph und BSA bekamen die Meisterschaft 1970 und 1971 fast geschenkt.

So etwas nennt man „Schande", und die verdaut ein Amerikaner irischer Abstammung besonders schlecht. Natürlich wußte O'Brien, daß sein Versuch mit dem „gußeisernen" Sportster-Motor nur eine Übergangslösung sein konnte. Aber Harley-Davidson wurde gerade von AMF gerettet (oder verschlungen, je nach persönlicher Einschätzung des Betrachters), und da war für die Rennabteilung einfach kein Geld vorhanden, um gleich beim ersten Mal alles richtig zu machen.

Doch 1972 entstand die XR-750 ein zweites Mal. Sie gewann auf Anhieb alles, was ihr in die Quere kam, und tut es auch heute noch, zwanzig Jahre später. Triumph, BSA, Norton und die anderen britischen Marken sind mittlerweile von der Bildfläche verschwunden. Yamaha hatte zwei Anläufe unternommen und war zweimal geschlagen worden, nur Hondas hochtechnisierte und sündhaft teure Harley-Kopie konnte mit der XR-750 mithalten.

Das klingt fast zu schön, um wahr zu sein, vor allem, wenn man sich die XR aus der Nähe betrachtet. Der Motor stammt ganz ohne Zweifel vom Sportster-Triebwerk ab: Zwei Zylinder im 45-Grad-Winkel voneinander abgespreizt auf einem gemeinsamen Motorblock mit integriertem Getriebegehäuse, dazu vier in einem Halbkreis hintereinander angeordnete Nockenwellenstummel mit langen Stößelrohren rechts und ein voluminöser Primärkettenkasten auf der linken Seite.

Wer die Kunst beherrscht, mit Vollgas und ausbrechendem Hinterrad aus einer Kurve herauszubeschleunigen und dabei trotz abgehobenem Vorderrad die Maschine in exakt die gewünschte Richtung zu dirigieren, der kann sich mit Dirt-Track-Fahrern wie Scotty Parker messen. Rechtlicher Eigentümer: Harley-Davidson Motor Company; Besitzer: Bill Werner.

Die XR ist ein Motorrad von geradezu ergreifender Schlichtheit. Nahezu alle meßbaren Größen – Radstand, Bodenfreiheit, Lenkkopfwinkel etc. – lassen sich zur Abstimmung auf bestimmte Streckenverhältnisse verändern.

Doch das XR-Kraftpaket unterscheidet sich ganz erheblich vom XL-Ballermann. Mit 79 mm Bohrung und 75,7 mm Hub weist dieses Harley-Triebwerk als einziges ein überquadratisches Hubverhältnis auf, Merkmal aller hochdrehenden Konstruktionen. Das Kurbelgehäuse ist aus einer leichteren, steiferen und teureren Leichtmetall-Legierung gegossen als sein Serien-Pendant. Bei den Kurbelwellen-Hauptlagern handelt es sich um selbstzentrierende Kugellager, die leichter laufen und höhere Belastungsspitzen vertragen. Die aufwendig verrippten Zylinder und Zylinderköpfe sind ganz spezielle, diesem Renntriebwerk vorbehaltene Bauteile, ebenso die Mikuni-Vergaser, die abgestimmte Auspuffanlage mit ihrem hochgelegten Resonanzschalldämpfer und die elektronisch gesteuerte Induktionsstrom-Doppelzündung.

Die XR-750 nimmt in der Welt des Rennsports eine absolute Sonderstellung ein, denn die 1972 vorgestellte Production-Rennmaschine hat sich über die Jahre zu einem echten Baukasten-Motorrad entwickelt.

Das Reglement hatte 1972 200 identische Motorräder gefordert, die samt allen Ersatzteilen für jedermann über die Ladentheke normaler Harley-Händler erhältlich sein mußten. Die AMA ist jedoch ein ziemlich kleiner Haufen verschworener Individualisten, die am liebsten alles selbst machen und sich nicht gerne mit dem zufriedengeben, was man ihnen vorsetzt.

So entstanden zunächst nur die geforderten 200 Exemplare, dann noch einmal knapp über 100, dann noch einmal 100, bis die Produktion eines Tages schließlich nur noch dahintröpfelte und die XR-750 heute buchstäblich nur aus einem Handbuch und einem Ersatzteilkatalog besteht. Das Werk baut nur noch Motoren, das heißt eigentlich eher Motorenteile, wie Zylinder, Gehäuse, Kurbelwellen und so weiter – den Rest der Teile bezieht die Rennabteilung von über 100 kleineren Zulieferern. Dies ist um so bemerkenswerter, als Harley-Davidson nur ein paar hundert Kunden zu betreuen hat – Sie haben richtig gelesen, selbst die AMA-Flat-Track-Spezialisten kaufen direkt beim Harley-Händler!

Ein paar historische Zufälle, wie zum Beispiel die Erfindung des Moto-Cross und der damit verbundene Rückgang der Flat-Track-Veranstaltungen in den USA, sowie die naturgegebene Spezialisierung des Rennsports hatten dazu geführt, daß sich die Produktion kompletter Motorräder für Harley-Davidson nicht mehr lohnte. Außerdem hatten sich die Regeln zusehends gelockert, so daß am Ende nur noch der Motor selbst vorgeschrieben war, während Rahmen, Tanks, Radaufhängungen, Räder und Bremsen freigestellt wurden. Da kleine Spezialbetriebe viel schneller auf die Erfordernisse des Rennsports reagieren können als ein großer Hersteller, bezieht Harley-Davidson heute einen Großteil der XR-Komponenten von außerhalb. Einen XR-Rahmen kann Ihnen der freundliche Harley-Händler nicht verkaufen, höchstens vielleicht ein paar Gehäuseteile und eine Zündanlage. Aber er wird Ihnen mit Sicherheit sagen können, wo Sie den Rest herbekommen.

Das Triebwerk repräsentiert den vorläufigen Endpunkt einer Entwicklung, die im Prinzip auf das Jahr 1957 und den ersten XL-Motor zurückgeht. Um auf die 100 PS Leistung zu kommen, ohne die man sich heutzutage keine ernsthaften Hoffnungen auf einen der vorderen Plätze machen sollte, mußte das Sportster-Triebwerk jedoch zahlreiche Modifikationen über sich ergehen lassen. So wurde beispielsweise der hintere Zylinderkopf um 180 Grad verdreht, damit zwei Vergaser montiert werden konnten. Fußbremse und Schaltung sind übrigens beide rechts angeordnet, weil der linke Fuß als „Gleitkufe" verwendet wird.

Gewicht sparen, heißt die Devise, weshalb Fußraste, Kupplungs-Ausrückhebel und Bremszylinder an einem gemeinsamen Gußteil befestigt sind.

1972 entstand die XR-750 ein zweites Mal. Sie gewann auf Anhieb alles, was ihr in die Quere kam, und tut es auch heute noch, zwanzig Jahre später.

Von den Tunern nämlich, die auf Wunsch auch jedes Motorrad auf eine bestimmte Strecke, eine bestimmte Außentemperatur oder Luftfeuchtigkeit abstimmen können. Da wird mit Nockenwellen, Auspuffanlagen und Vergaserbestückungen jongliert. Da werden Verdichtungsverhältnisse angepaßt, Getriebe und Endübersetzungen abgestuft, ja sogar die Höhe des Schwingendrehpunkts variiert, um die Maschine für jedes Ereignis optimal vorzubereiten. So sind im Prinzip die Ausgangsbedingungen für alle XR-750 gleich, obwohl es keine zwei identischen Exemplare gibt, und das hatten wir ja schon einmal. In den vergangenen Jahren gab es ein Team, das aus diesen Ausgangsbedingungen das Maximum herausholte: Tuner Bill Werner und Fahrer Scott Parker, denen auch die hier abgebildete Maschine gehört. Das Reglement schreibt ein Mindestgewicht von 143 kg vor, und genausoviel bringt Parkers XR mit leeren Tanks auf die Waage. Der Radstand bewegt sich mit 1448 mm noch immer auf dem Niveau von 1972, doch die Motorleistung ist förmlich explodiert: Zwar läßt sich kein Tuner über die Schulter schauen, aber so um die 100 PS bringt ein guter KR-750-Motor schon auf die Rolle! Dahinter steckt wieder

Für Action-Filmaufnahmen wird am hinteren Schutzblech von Parkers Maschine auch schon einmal eine Videokamera samt Recorder angebracht.

Werksfahrer Kevin Atherton, „Meistermacher" Bill Werner und Dirt-Track-Champion Scotty Parker (v.l.n.r.) sind über die im Training erreichten Rundenzeiten nicht gerade entzückt.

Nächste Seite:
Scott Parker 1991 auf dem Halbmeilen-Oval von Pomona, Kalifornien. Die Startnummer 1 weist ihn als Titelverteidiger aus – eine Aufgabe, der er ein weiteres Mal gerecht wurde. Das Startnummernschild ist in den blauen und gelben Sponsorfarben der Zigarettenmarke Camel gehalten.

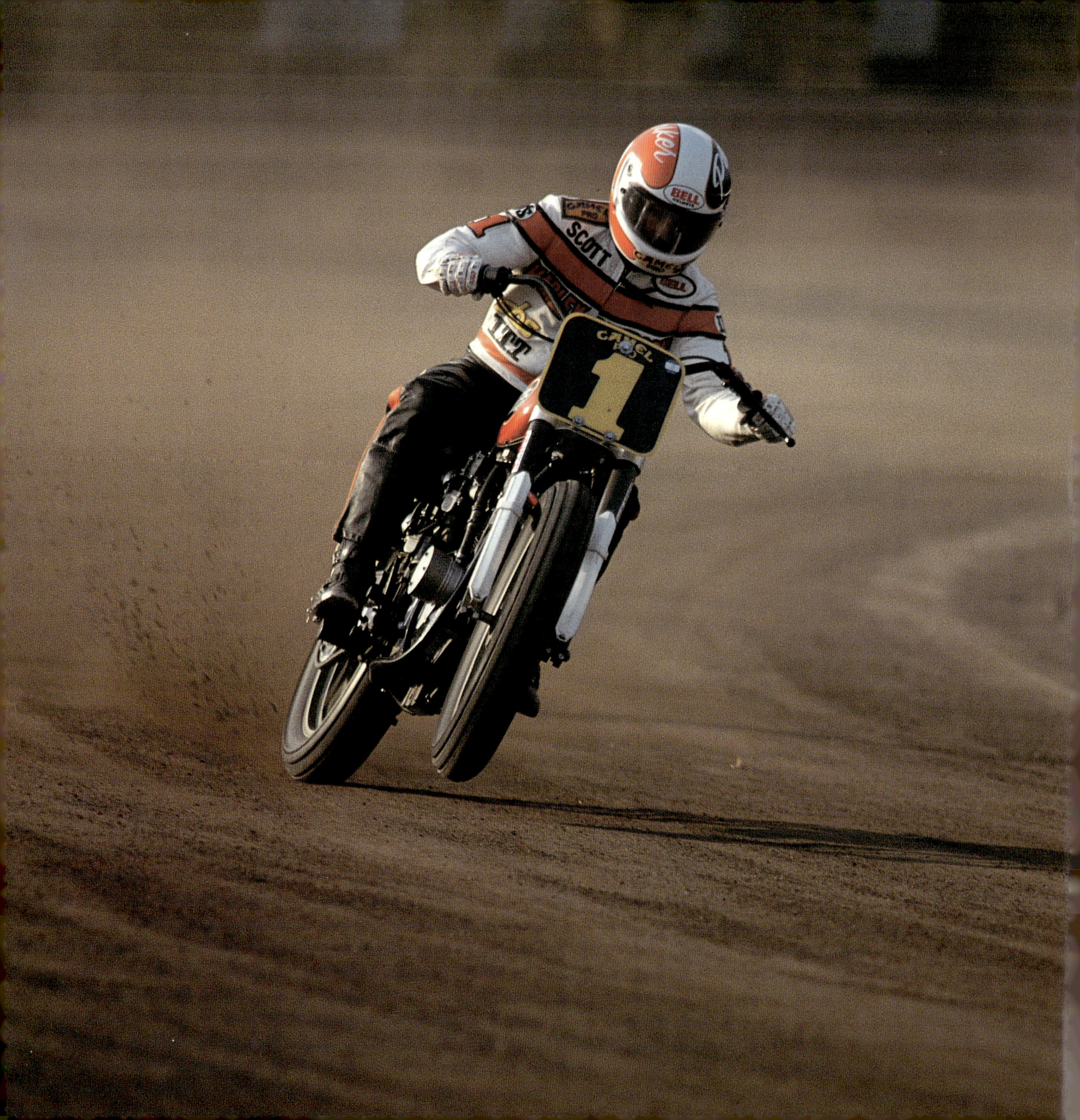
SCOTT
BELL
CAMEL
1

einmal mehr Magie als Technologie. Der von Terry Knight nach Werners Vorgaben gefertigte Doppelschleifenrahmen aus Spezialstahl verfügt zum Beispiel über konventionelle Radführungselemente. Während Parkers Ersatzmotorrad zwar mit einer relativ modernen Upside-Down-Gabel aus dem Moto-Cross bestückt ist, weist die Einsatzmaschine jedoch eine normale Telegabel auf, und die Hinterhand stützt sich über eine altbewährte Schwinge mit zwei Federbeinen am Rahmen ab. Wie viele seiner Kollegen hält Werner nichts von den hypertechnischen Umlenkungen mit Zentralfederbein, wie sie im Moto-Cross- und Grand-Prix-Rennsport mittlerweile üblich sind. Die XR-750 ist eine giftige, hochspezialisierte und geradezu gefährlich schnelle Rennmaschine, reduziert auf das absolut Notwendige und gerade in ihrer ergreifenden Schlichtheit ein technisches Kunstwerk. Wer diese kleinen Monster einmal gehört und mit eigenen Augen gesehen hat, wie ihre verwegenen Fahrer sie mit knapp 160 Sachen auf eine Kurve zufliegen lassen, der muß sich eingestehen, daß man dazu schon eine gehörige Portion Mut braucht. Und ein besonderes Motorrad: eine XR-750.

Trotz der ungewohnterweise links verlegten Auspuffrohre ist der Harley-Motor unschwer an seiner charakteristischen Primärtrieb-„Blase" zu erkennen. Man beachte den hydraulischen Lenkungsdämpfer, der etwas Ruhe in die Vorderhand bringt.

Kapitel 23

Evolution XLH Sportster, 1986

Hilfe vom „kleinen Bruder"

Die Evolution-Sportster war ein ausgesprochener Glücksgriff und gewann der Marke viele neue Freunde. Besitzer: Steve Kimball, El Toro, Kalifornien.

Es gehört in Harley-Kreisen schon fast zum guten Ton, daß sich die Big-Twin-Gemeinde über die Sportster-Fahrer lustig macht. Den Grund dafür habe ich nie herausgefunden, aber es war offenbar schon immer so.

Da gibt es eine zierliche, kleine Frau, die einen Beiwagen an ihre FLH montieren mußte, weil sie ohne „drittes Standbein" an der ersten roten Ampel von ihrem Eisenhaufen erschlagen würde. Eine XL als Alternative kommt für sie nicht in Frage: „Sportster sind Mopeds."

Man nennt sie auch Baby-Bikes oder Damenräder. Arlen Ness, der übrigens selbst mehrere XL sein eigen nennt und dessen markige Sprüche deshalb nicht unbedingt ernst genommen werden sollten, prägte den Begriff des „Halbstarken-Motorrads".

Diese hämischen Bemerkungen lassen Sportster-Fahrer nun schon seit Jahrzehnten mit stoischer Gelassenheit über sich ergehen. Schließlich wissen sie, daß „ihre" Sportster der Urahn des modernen Superbikes ist und die XLCR einst einen völlig neuen Trend in der Motorradphilosophie einleitete – auch wenn ihr kein kommerzieller Erfolg beschieden war. Seit 1986 haben sie einen Grund mehr, spöttische Bemerkungen auf die leichte Schulter zu nehmen, denn damals schrieb „ihre" Sportster einmal mehr ein Kapitel Harley-Geschichte.

Die XLH-Story beginnt 1983, als die wieder auf eigenen Füßen stehende „Motor Company" sich nach der Devise „weniger ist mehr" aus den roten Zahlen manövrierte. Als Basis diente das XL-Triebwerk von 1972 beziehungsweise 1956 (oder gar 1952, wenn man einige Details außer acht läßt).

Durch eine glückliche Fügung profitierte Harley-Davidson von einer Neuordnung der Weltfinanzen. Ob nun der Yen zu stark oder der Dollar zu schwach geworden war, sei dahingestellt. Auf jeden Fall mußten die japanischen Motorradhersteller ihre Preise in den USA drastisch anheben, und Harley-Davidson konterte mit einer Sportster-„Sparversion" namens XLX, die mit kleinem Tank, Einzelsitz und viel schwarzer Farbe statt Chrom nur 3995 $ kostete. Sie war ein echtes „Köderangebot", wie man in der Branche zu sagen pflegt, das heißt, Hersteller und Händler arbeiteten mit wenig oder Null Profit.

Die Kampagne hatte nur ein Ziel: Man wollte potentielle Kunden, die eine Harley bislang gar nicht in Erwägung gezogen hatten, weil sie sie im Vergleich zu einem japanischen Motorrad für zu teuer gehalten hatten, in die Verkaufsräume locken und sie zum Kauf ihrer ersten Harley bewegen.

Leider war die 1983 angebotene Maschine hoffnungslos veraltet, schleppte viel zu viel Gewicht mit sich herum und erwies sich (seien wir ehrlich) als nicht gerade sehr zuverlässig. Doch die Jungs von der Entwicklungsabteilung waren genauso fleißig wie die Marketing-Strategen, und so folgte bereits 1986 ein

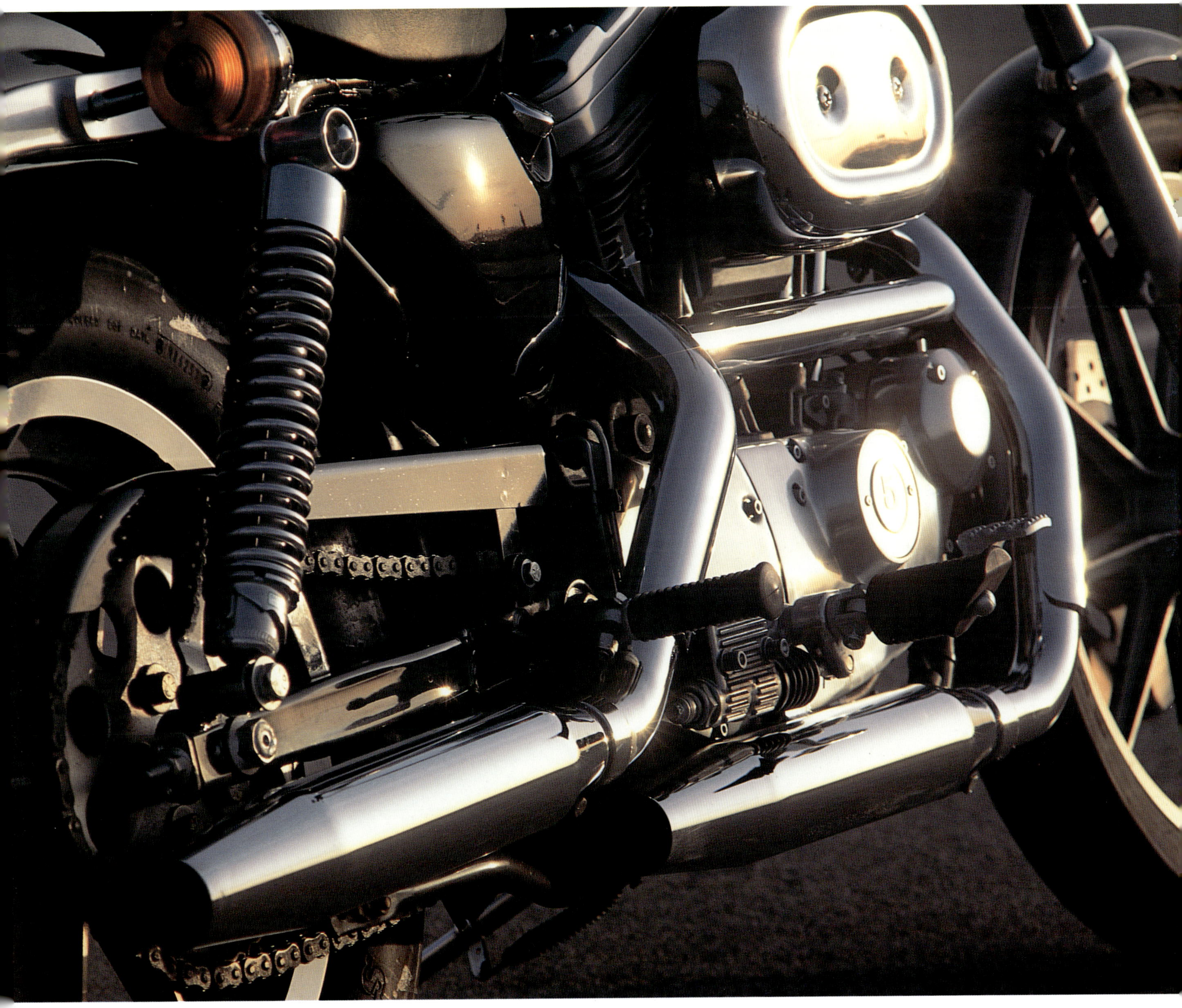

neues Modell, das in guter Harley-Tradition einen Mix aus alt und neu verkörperte.

Alt war die Idee von einem „Stripper", einem Einsteigermodell ohne Zierat, mit kleinem Tank, kleinem Einzelsitz und einem scharf kalkulierten Kampfpreis.

Neu war dagegen das Triebwerk der XLH-883, das mit 76 mm Bohrung und 96 mm Hub exakt den gleichen Hubraum bot wie das der 1957 vorgestellten Ur-XL. Auch am Motorenkonzept mit 45 Grad Zylinderwinkel und vier einzelnen Nockenwellen hatte sich nichts geändert. Doch Zylinder und Zylinderköpfe bestanden aus Aluminium statt Grauguß und verfügten mit neuen Ventilen, größeren Kanälen und effizienten Brennraumformen über das gewisse Quentchen moderner Technologie, das bereits dem „großen" Evolution-Motor so gut zu Gesicht stand.

Harley-Davidson veröffentlichte eine Statistik, nach der das alter XL-Triebwerk aus 455 Einzelteilen bestanden hatte. Der neue Leichtmetallmotor brachte es nur auf 426 Teile, von denen über 200 komplett neugestaltet waren.

Die Verjüngungskur wirkte wahre Wunder. Der Motor hielt, was er versprach. Er war bei gleicher Lei-

Das vom Gesetzgeber geforderte Geräuschniveau war nur durch ein unschönes Interferenzrohr zwischen den beiden Auspuffkrümmern einzuhalten.

Die Evo-XL verfügt über Leichtmetallzylinder und vollkommen überarbeitete Zylinderköpfe mit optimierter Kanalführung. Dennoch hat der Motor nichts von seiner althergebrachten Ausstahlung eingebüßt, sogar Kaltstarthebel und Zündschloß sind noch an ihrer traditionellen Konsole unter dem Tank angebracht.

stung leichter und kleiner als sein Vorgänger und deshalb effektiver, thermisch gesünder und langlebiger. Die Betätigungskräfte von Kupplungs- und Schalthebel konnten deutlich reduziert werden, was der Sportster einen neuen Freundeskreis erschloß.

Die XLH-883 schlüpfte in die Rolle der XLX. Das Grundpaket bot wie zuvor neben viel schwarzer Farbe, einem flachen Lenker, einem kleinen Tank und einer spartanischen Einzelsitzbank lediglich eine einzelne Scheibenbremse am Vorderrad. Unverändert geblieben war auch der Preis: 3995 $.

Durch das neue Triebwerk war jedoch all' jenen der Wind aus den Segeln genommen, die der XLX eher skeptisch gegenübergestanden hatten. Bei der

Die sportliche Note liefert der kleine „Erdnußtank" der XLCH, die ihn ja bekanntlich den Rennmaschinen abgeguckt hatte. Zweimannsitzbank gegen Aufpreis.

hatte nämlich nur der Preis gestimmt – der Rest war von vorgestern.

Jeder Verkaufsleiter kennt verschiedene Tricks, mit denen potentielle Kunden zu Käufern gemacht werden. Man kann es über einen attraktiven Preis versuchen oder über eine neue Mode. Oder man hängt ein Schild dran: „Neue, verbesserte Version".

Die Evolution-Sportster trug zweifellos ein solches Schild, und sie war ein ausgesprochenes Sonderangebot. Seit der Vorstellung der teuren 1200er-Maschinen gab es einen großen Kreis potentieller Käufer, die sich gerne eine neue Harley zugelegt hätten, wenn sie es sich hätten leisten können. Ich gebe zu, ich machte da keine Ausnahme.

Mit der Einführung der Evo-Sportster hatten wir plötzlich keine Entschuldigung mehr, keine neue Harley zu fahren. Wer sich dennoch keine Sportster zulegte, der hätte automatisch zugegeben, mit seinem Kreditberater auf Kriegsfuß zu stehen. Also pilgerten wir zu Zehntausenden zu unseren Banken und redeten mit Engelszungen auf die Krawattenträger ein, um unser Gesicht zu retten.

Auf die 883 folgte eine auf 1100 ccm aufgebohrte Version für eine ganze Stange mehr Geld. Harley-Davidson verstand es prächtig, uns die Kohle aus der Tasche zu ziehen. Die 1100er wurde bald durch eine 1200er abgelöst, dann kam ein Fünfganggetriebe, ein Zahnriemenantrieb und ein größerer Tank. Dazu gab es natürlich höhere Lenker, Drehzahlmesser, Doppelsitzbank, Packtaschen, Sonderlackierungen und all' die netten Zubehörteile, mit denen sich der Preis des Grundmodells so schön manipulieren läßt. Und wenn man sich noch so sehr vornahm, sein Budget nicht zu überschreiten, irgendwie ließ man sich nur allzu bereitwillig vom Enthusiasmus des Händlers anstecken. Wie sagte doch die Schriftstellerin Nora Ephron einmal: „Kannst Du jemanden hassen, der Deine Telefonnummer hat?"

Die neue XL hatte für Harley-Davidson jedoch noch einen weiteren Vorteil: Man hatte in bezug auf Rationalisierung und Kostendämpfungsmaßnahmen einiges von den Japanern gelernt, und so wurden Produktions- und Lagerhaltungssystem gründlich überarbeitet. Je weniger Zeit ein Ersatzteil im Händlerregal zubringt, desto kürzer ist schließlich die Zeitspanne, in der das Geld zurückfließt. Somit erwirtschaftete die neue XL sowohl für die Händler als auch für die „Motor Company" trotz ihres Dumpingpreises einen nicht unerheblichen Profit.

Das Werk bewies darüber hinaus bei zwei Rückrufaktionen (Getriebe und Gußräder) große Kompetenz bei der Beseitigung kleinerer Kinderkrankheiten

Seite gegenüber:
Bis heute unerreicht ist die schlanke Silhouette, die nur vom mächtigen „Sardinendosen"-Luftfilterdeckel gestört wird.

Gußfelgen sind mittlerweile Standard, doch für Nostalgie-Fans gibt es auch weiterhin blitzende Drahtspeichenräder. Die Liste der Sonderausstattungen umfaßt neben größeren Tanks, einer kompletten Tourenausrüstung und einem Fünfganggetriebe auch ein auf 1200 ccm aufgebohrtes Triebwerk.

Das Basismodell hat als einziges Instrument einen winzigen Tachometer.

und im Umgang mit einer anspruchsvoller und kritischer gewordenen Kundschaft.

All' dies wäre jedoch keinen Pfifferling wert gewesen, wenn die XLH-883 nicht als ernst zu nehmendes Motorrad überzeugt hätte. Die Evo-Sportster eröffnete Harley-Davidson neue Perspektiven und brachte zahlreiche zusätzliche Motorradfahrer und -innen (meine Frau fährt eine Sportster) in den Genuß des „American Way of Ride". Das sollte noch einmal ganz ausdrücklich gesagt werden.

Kapitel 24

FXRS Sport, 1980

Das beste Motorrad, das Harley je gebaut hat

Eine gedrungene Silhouette und ein flacher Einmann-Höcker verliehen der FXRS Sport einen Hauch von Café Racer. Besitzer: Bruce Fischer, Irvine, Kalifornien.

Als ich einmal auf der malerisch gewundenen Küstenstraße an der amerikanischen Westküste unterwegs war, überholte mich eine Dreiergruppe Motorräder, deren Fahrer sich offenbar einen Dreck um unser „Speed Limit" scherten. So weit eigentlich nichts Besonderes, wenn sich unter das schrille Kreischen zweier Fernost-Vierzylinder nicht das dumpfe Grollen einer Zweizylinder-V-Maschine gemischt hätte, die sich partout nicht abschütteln lassen wollte.

„Endlich", dachte ich damals bei mir, „endlich baut Harley wieder richtige Motorräder."

Aber ich glaube, ich sollte das kurz erklären. Ich habe mich auf den vorhergehenden Seiten lang und breit über 90 Jahre Motorradgeschichte ausgelassen, Aufstieg und Niedergang und Neuaufstieg nachgezeichnet, von technischem Pioniergeist, marktwirtschaftlichen Schachzügen und glücklichen Fügungen erzählt. Harley-Davidson kam endlich in die richtigen Hände und schrieb sogar wieder schwarze Zahlen – ohne richtige Motorräder gebaut zu haben?

Nun, lassen Sie mich etwas weiter ausholen. Als ich noch Chefredakteur einer Motorradzeitschrift war, lautete meine erste Devise: „Keine Witze über anderer Leute Motorräder. Dies ist ein freies Land, und Dein Nachbar hat mit größter Wahrscheinlichkeit einen anderen Geschmack als Du. Wenn er also ein Motorrad fährt, das Du nicht in Deiner Garage haben wolltest, soll er doch. Aus diesem Grund haben wir ja auch zwei verschiedene Garagen."

Bevor ich das Material zu diesem Buch zusammentrug, habe ich alle möglichen Experten, Historiker, Restaurierer und Händler nach ihren Wunschkandidaten gefragt. Dann wertete ich die Nennungen aus, fügte einige (aber nicht alle) meiner persönlichen Favoriten hinzu und gelangte schließlich zu der hier vorliegenden Auswahl von Meilensteinen in der Geschichte der Firma Harley-Davidson.

Mit den Ansichten der Experten verhält es sich wie mit einander überlappenden Kreisen: Sie haben manche gemeinsame Faktoren, aber mit verschiedenen Gewichtungen. Alle meine Jurymitglieder sind Motorradfreaks mit einem ausgeprägten Faible für Harleys, aber ein Historiker hat nun einmal einen anderen Betrachtungswinkel als beispielsweise ein Chopper-Umbauer. Alle Perspektiven sind erlaubt, aber keine ist die allein gültige.

Als ich also bemerkte, daß in meiner „vorläufig endgültigen" Liste die FXRS Sport fehlte, setzte ich sie einfach hinzu. Das mag undemokratisch sein, aber schließlich mußte ich ja das Buch schreiben, und so war es mir letztendlich egal, ob irgend jemand lieber eine auf antik getrimmte Vorderradgabel abgebildet gesehen hätte oder eine Hinterradfederung, die besser funktioniert als sie aussieht. Meiner Meinung nach verdient die Sport ihren Platz in diesem Buch, und ich würde fast sagen, sie ist das beste Motorrad, das Harley je gebaut hat.

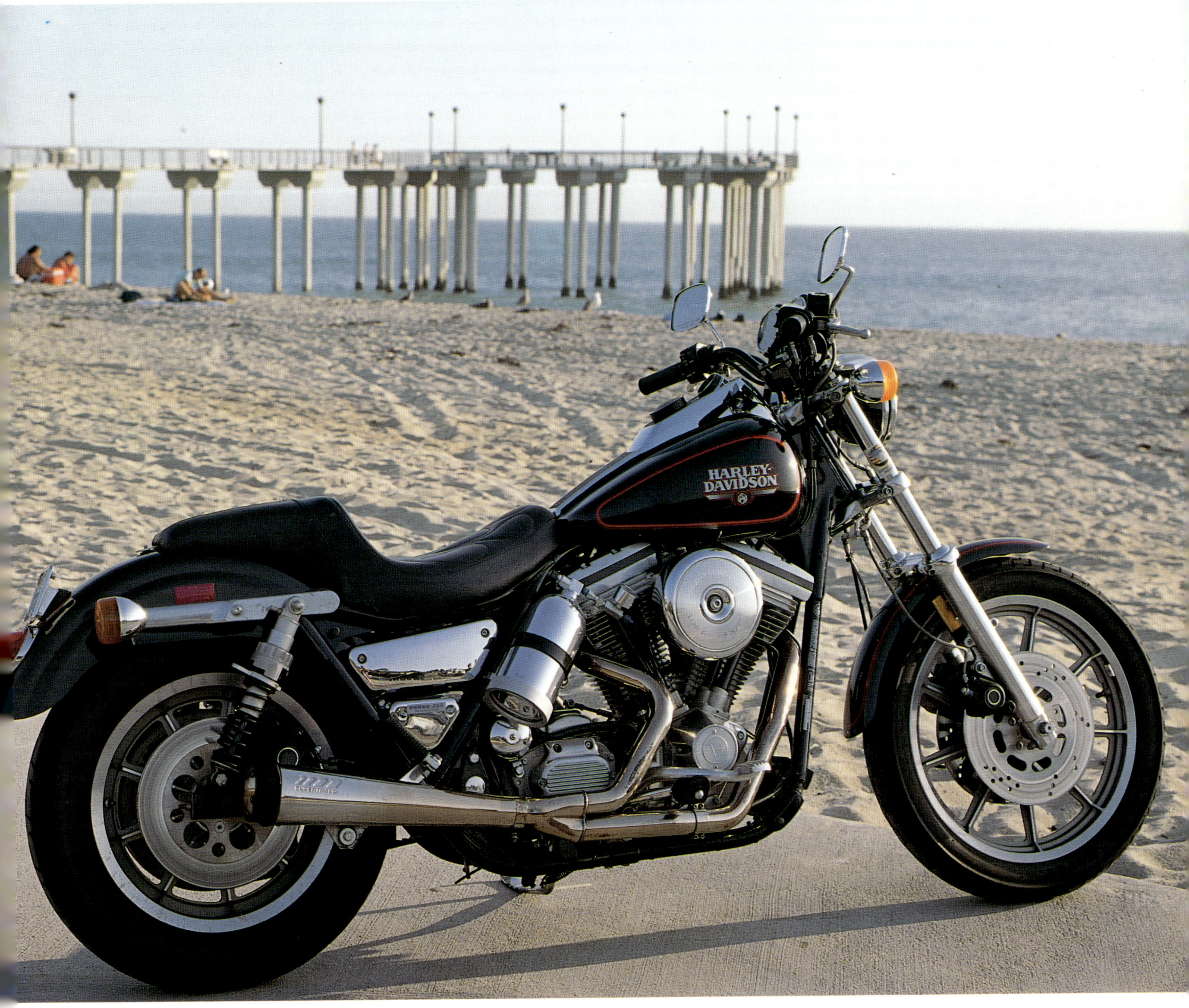
HARLEY-
DAVIDSON

Zurück zur jüngeren Geschichte. Als die Entwicklungsingenieure die FLT mit ihrer neuen Vorderradgabel, ihrer genialen Motoraufhängung und ihrem neuen Getriebe konstruierten, wollten sie in diesem Aufwasch gleich eine etwas weniger verkleidete und verzierte Version nachschieben. Doch die entblätterte Ausführung wirkte ohne Packtaschen und Verkleidung irgendwie nackt, und die umgedrehte Vorderradgabel war angesichts des verringerten Gewichts ein unnötiger technischer Gimmick.

So machte man Nägel mit Köpfen und spendierte der Maschine gleich einen neuen Rahmen, der fünfmal verwindungssteifer war als das alte FX-Gestell. Er erhielt die Gummi-Motoraufhängungen, das Fünfganggetriebe und den Zahnriemenantrieb der FLT, dazu jedoch die konventionelle Vorderradgabel der Sportster. Die offizielle Typenbezeichnung lautete ursprünglich „Super Glide II", doch diese wich bald dem Kürzel FXR, wobei das „R" für Gummi („rubber") stand und die neue Maschine von der alten FX (mit dem alten Rahmen und starrer Motoraufhängung) abgrenzte. Beide Versionen verfügten bis zum Erscheinen des Evolution-Motors über den alten Shovelhead mit reichlich 1300 ccm Hubraum.

Die Gußräder erlauben die Verwendung schlauchloser Reifen mit sportlichem Profil.

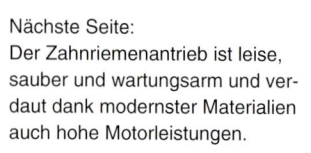

Der kleine Luftfilterdeckel läßt keinen Zweifel an der Leistungsfähigkeit des Triebwerks.

Nächste Seite:
Der Zahnriemenantrieb ist leise, sauber und wartungsarm und verdaut dank modernster Materialien auch hohe Motorleistungen.

Die FXR wurde noch in ihrem Präsentationsjahr 1982 ein großer Erfolg und sollte bald eine rasante Entwicklung erleben. Wie aus den vorhergehenden Kapiteln zu ersehen, übten sich die Designer fleißig in stilistischen Klimmzügen (Wide Glide, Disc Glide und Softail, und wie sie alle hießen). Diese verkauften sich zwar blendend, aber im Prinzip gingen die Experimente allesamt auf das Konto der Allround-Fahrtauglichkeit.

Mit der FXR beschritten die Ingenieure den umgekehrten Weg. Keine nostalgischen Show-Spielereien, dafür eine Polizei-Ausrüstung und ein Tourenpaket mit schlanken Koffern und konventioneller Verkleidung. Es entstanden Harleys für Leute, die Motorrad fahren wollten.

1984 drohte jedoch diese Entwicklung ins Gegenteil verkehrt zu werden. Die Verkaufsabteilung hatte ja bekanntlich schon immer eine Schwäche für niedrige Sitzhöhen, und so wurde die FXR durch Kürzen von Federbeinen und Gabel um knappe 3 Zentimeter tiefergelegt. Um genügend Schräglagenfreiheit zu erhalten, mußten die Federelemente natürlich straffer abgestimmt werden, was dem Fahrkomfort und der Straßenlage gleichermaßen abträglich war. Aber die Geschäftsleitung hatte mittlerweile ein offenes Ohr für Anregungen aller Art, und so war bereits 1985 für lumpige 150 $ Aufpreis ein sogenanntes Sport-Paket erhältlich, das den Status quo vor der Tieferlegung wiederherstellte und als „Bonbon" eine zweite Scheibenbremse für das Vorderrad beinhaltete.

Wahrscheinlich war dies ursprünglich nur als Experiment gedacht – zumindest erhielt die erste Version noch nicht einmal ein eigenes Buchstabenkürzel (was für Harley-Davidson äußerst untypisch ist). Allerdings muß man hier einfügen, daß der Zusatz „Sport" bereits für die Tourenversion der Super Glide verwendet werden mußte, da der Begriff „Touring" immer noch von der FLT belegt war.

Die aufgewertete Bremsanlage und das bessere Fahrwerk bewogen mich jedenfalls zu der Behauptung, die FXRS Sport sei das beste Motorrad, das Harley je gebaut hat. Aus dem einfachen Grund, weil sie ein voll entwickeltes, funktionstüchtiges und zeitgemäßes Motorrad zum Fahren ist.

Es gab in der Geschichte von Harley-Davidson Zeiten, in denen die Ingenieure in ihren Motorrädern absichtlich nicht alle ihre Erkenntnisse verwirklichten. Aber sie waren stets in der Lage, schnell zu reagieren und ohne falsche Scham „heiße Eisen" aufzugreifen (siehe die jüngste Wiederbelebung der „Springer"-Gabel).

In die „Sport" packten sie jedoch alles, was sie über modernen Motorradbau wußten. Die elektroni-

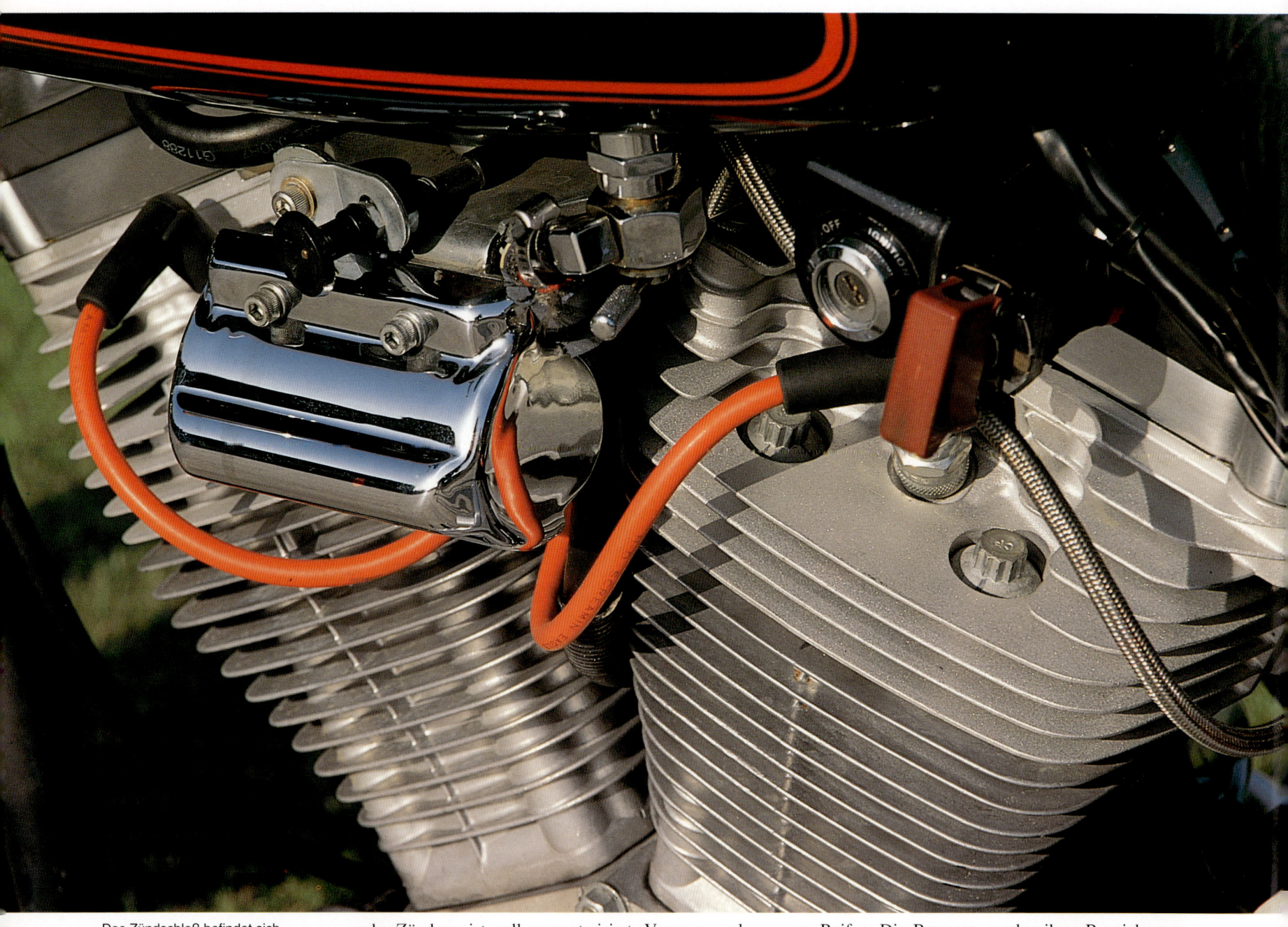

Das Zündschloß befindet sich irgendwo hinter der linken Kniekehle des Fahrers. Unter der verchromten Abdeckung versteckt sich die Zündspule.

sche Zündung ist voll computerisiert, Vergaser und Federelemente stammen von japanischen Herstellern – weil die Qualität der Bauteile kaum zu verbessern ist und die Japaner mit H.-D. ins Geschäft kommen wollten, während viele amerikanische Zulieferer gar kein Interesse an den knapp 50.000 Produktionseinheiten der „Motor Company" haben.

Die „Sport" rollt auf modernen Gußrädern mit guten, sporterprobten und (Gott sei Dank) schlauchlosen Reifen. Die Bremsen werden ihrer Bezeichnung gerecht, und der Tank ist groß genug, um auch mal über die Stadtgrenze hinauszukommen. Die Sitzposition paßt für alle Größen, und die Bedienungselemente sitzen genau an den richtigen Stellen.

Der Zweizylinder-V-Motor repräsentiert den Stand der Technik, das heißt er ist so modern, wie ein luftgekühlter, längs eingebauter ohv-Motor eben sein kann. Zwar vermag er auf dem Papier nicht mit den

Die FXRS Sport ist – objektiv betrachtet – ein ziemlich großes, schweres Motorrad, doch nur im Stand. Mit zunehmender Fahrgeschwindigkeit scheint die perfekt abgestimmte Maschine immer leichter zu werden.

Nächste Seite:
Wem die Raubkatzensilhouette noch keinen Respekt einflößt, der wird spätestens beim Anblick dieser kleinen Flasche bedauern, daß er den FXRS-Fahrer zum Ampelrennen herausgefordert hat.

modernen Einliter-Vierzylindern mit obenliegenden Nockenwellen zu konkurrieren, aber er geht kräftig zur Sache und bringt seine Leistung kontrollierbar auf die Straße – auch wenn die nackten Zahlenwerte kaum einen Sechzehnjährigen vom Hocker reißen. Und er läuft mittlerweile mit uhrwerksgleicher Zuverlässigkeit. Mehr noch: Der V2 der „Sport" ist besonders sauber abgestimmt (sprich: leicht frisiert).

„Leicht frisiert" ist auch das auf diesen Seiten abgebildete Exemplar, wie Sie als Experte sicher gleich an dem rechts montierten Behälter für Distickstoffmonoxyd – im Volksmund auch Lachgas genannt – erkannt haben. Diesen „Street Burner" habe ich in mein Buch aufgenommen, weil er einen Einblick in die heutzutage in Amerika üblichen Praktiken gewährt. Die „Sport" eignet sich wie kaum ein zweites Motorrad für alle möglichen Tuningmaßnahmen wie Aufbohren, Höherverdichten, scharfe Nockenwellen, optimierte Kanäle und all' die anderen seit 1903 erfundenen Kunstgriffe. Sie dienen allesamt dem Zweck, ein Motorrad schneller von A nach B zu bewegen und dem Fahrer nach Möglichkeit noch dazu ein breites Grinsen zu entlocken.

Vor einigen Jahren begannen verschiedene fremdländische Hersteller die amerikanische Motorradkultur zu imitieren, was innerhalb kürzester Zeit zu einem wahren Kleinkrieg zwischen den Befürwortern der japanischen Großserien-„Custom Bikes" und den Freunden der „ältesten Chopper-Schmiede der Welt" führte. Kurioserweise konnte ich aber zu eben dieser Zeit meine Kawasaki Z900 auch vor einer von Hell's Angels frequentierten Kneipe abstellen, ohne Dresche zu beziehen, und mit meiner kleinen Enduro an einer von „Café Racers" beanspruchten Raststätte tanken, ohne deswegen blöd angemacht zu werden. So kam ich zu dem Schluß, daß der ganze Streit im Prinzip gar nicht um hochgezogene oder untenliegende Auspuffanlagen ging, sondern um „echte" Motorräder und „falsche Fuffziger".

Als Harley und die Davidsons ins Geschäft einstiegen, wollten sie einfach gute Motorräder bauen. Sie gaben dafür ihr Bestes, machten sich die modernsten Technologien zunutze und drückten sogar noch einmal die Schulbank. Dieser ehrliche Ansatz ist letzten Endes auch der Grund, warum die Firma Harley-Davidson wuchs, gedieh und am Ende auch überlebte. Der robuste, niedertourige und zuverlässige Einzylinder der frühen Tage erfüllte seine Aufgabe perfekt, während die technisch verspielteren oder radikaleren Lösungen rasch in Vergessenheit gerieten. Die FXRS Sport ist ein legitimer Erbe dieser großen Tradition. Die Harley-Davidson Motor Company ist ihren Prinzipien nicht untreu geworden. Und deshalb verdienen sie, daß auch wir ihnen die Treue halten.

Vergleichen Sie zum Abschluß diese Aufnahme mit dem Bild der Einzylindermaschine von 1909, und Sie werden den Sinn meiner Worte verstehen: Harley baute immer Motorräder.

Index

American Machine and Foundry (AMF), 147, 159, 163, 166, 171
American Motorcycle Association (AMA), 64, 87, 105, 107, 109, 171, 173
Andres, Brad, 109, 111
Andres, Len, 109
Arena, Sam, 119

Baker, Joy, 13, 19
Beales, Vaughn, 166
Berndt, Ralph, 109
Bond, John R., 130
BSA, 81, 102, 171

Cameron, John, 49
Clark, Lew, 147
Curtiss, Glenn, 16
Custom Chrome Industries, 30
Cycle World, 139, 147, 148, 165
Cycle, 116, 140, 143, 145
Cyclone, 41

Davidson, Arthur, 10, 11, 19
Davidson, Janet, 11
Davidson, Walter, 10, 19, 47, 109
Davidson, William A., 10,11
Davidson, Willi G., 7, 9, 46, 49, 140, 145, 147, 151, 153, 157, 165
Davis, Bill, 166
De Dion, 13
Dixon, Freddy, 44, 49
DKW, 81, 82, 83
Duo-Glide, 128

Eagles, Johnny, 7, 59, 61, 99
Ekins, Bud, 7, 69
Electra Glide, 124-133
Emblem, 41
Evolution, 165-169, 178-183
Excelsior, 41

Fat Bob, 145, 148
Fischer, Bruce, 184
Ford, Henry, 62
Gurzny, Frank, 66

Ham, Fred, 69
Hansen, Davis, 81, 84
Hansen, Gwen, 133, 135
Harley, William S., 10, 11, 19, 30, 35, 44, 73
Harley-Davidson 8-Valve Racer, 40-49
Harley-Davidson Evolution XLH, 178-183
Harley-Davidson FLH Shovelhead, 132-139
Harley-Davidson FLT Tour Glide, 158-163
Harley-Davidson FXRS Sport, 184-191
Harley-Davidson FXST Softail, 164-169
Harley-Davidson JD, 58-65
Harley-Davidson KHK, 110-115
Harley-Davidson KR, 102-109
Harley-Davidson Low Rider, 146-151
Harley-Davidson Model 5, 12-21
Harley-Davidson Model 5D, 22-29
Harley-Davidson Model E, 72-79
Harley-Davidson Model J, 30-39
Harley-Davidson Model S, 80-85, 111
Harley-Davidson Panhead, 124-131
Harley-Davidson Sprint, 149
Harley-Davidson Super Glide, 140-145
Harley-Davidson VLH, 8, 66-71
Harley-Davidson W Series, 94-101
Harley-Davidson WJ Sport Twin, 50-57
Harley-Davidson WR, 86-93
Harley-Davidson XLCH, 116-123
Harley-Davidson XR-750, 8, 9, 153, 154, 170-177
Hatfield, Jerry, 7, 47, 49, 68, 76
Hot Rod, 123
Hummer, 82, 84, 107
Hydra-Glide, 128

Indian, 8, 35, 41, 46, 47, 51, 54, 55, 59, 62, 66, 68, 70, 76, 77, 87, 97, 102, 107, 111, 130, 133
IOE (Intake Over Exhaust), 16, 29, 30, 41, 47, 59, 61, 62

Janson, Randy, 116

Kimball, Steve, 165, 178
Knight, Terry, 177
Knucklehead, 73-79, 111
Leonhard, Joe, 109

Magri, Armando, 7, 51, 73, 84
McKean, Grace, 95, 99, 100
Merkel, 41
Moto Guzzi, 133
Motor Cycling, 123
Museum of Flying Action, 124

Ness, Arlen, 7, 123, 155, 178
Nix, Fred, 109
Nixon, Gary, 109
Norton, 91, 102, 171

O'Brien, Dick, 171
Ossimider, Dean, 102
Ottaway, William, 44

Panhead, 124-131
Parker, Scott, 9, 175
Petrali, Joe, 87

Resweber, Caroll, 109
Ricardo, Harry, 44
Road & Track, 124, 130
Robinson, Dot, 69

Shattuck, Mike, 7, 153, 157
Shirey, Bob, 87, 91
Shovelhead, 132-139
Sifton, Tom, 109
„Silent Grey Fellow", 19, 37
Smiley, Pete, 41, 49
Sportster, 116-123, 178-183
Statnekov, Daniel, 49

Thompson, Charley, 168
Thor Motorcycle Co., 29, 44
Triumph, 102, 109, 115, 171

Werner, Bill, 9, 171, 175, 177
Wide Glide, 145
„Wrecking Crew", 40-49
Wright, David, 28
Wright, Steve, 46, 49